Diario de un poeta reciencasado

(1916)

Letras Hispánicas

Juan Ramón Jiménez

Diario de un poeta reciencasado
(1916)

Edición de Michael P. Predmore

CUARTA EDICIÓN

CÁTEDRA
LETRAS HISPÁNICAS

Ilustración de cubierta: Juan Ramón Jiménez. Pintura de E. Sala

© Herederos de Juan Ramón Jiménez
© Ediciones Cátedra (Grupo Anaya, S. A.), 2001
Juan Ignacio Luca de Tena, 15. 28027 Madrid
Depósito legal: M. 29.472-2001
ISBN: 84-376-1602-6
Printed in Spain
Impreso en Anzos, S. L.
Fuenlabrada (Madrid)

Índice

INTRODUCCIÓN 15

Prefacio 17
El trasfondo del *Diario* 19
El *Diario* como género literario 20
El verso libre 24
El poema en prosa 27
El tema central 35
La poesía norteamericana 62
El significado del contacto de Juan Ramón con la
  poesía norteamericana 65
La herencia europea romántica y simbolista en la
  obra de Juan Ramón 68

ESTA EDICIÓN 79

AGRADECIMIENTOS 88

BIBLIOGRAFÍA 89

DIARIO DE UN POETA RECIENCASADO (1916) 95

I. HACIA EL MAR 101

    I.   ¡Qué cerca ya del alma 103
    II. Raíces y alas 103
    III. Mientras trabajo 104
    IV. Clavo débil 104
    V.   La Mancha 104
    VI. Soñando 105
    VII. Los rosales 106
    VIII. ¡Giralda! 107
    IX. Amanecer dichoso 107

X.	Madrigal	108
XI.	Primer almendro en flor	108
XII.	Gracia	109
XIII.	Moguer	110
XIV.	Tarde en ninguna parte	110
XV.	A una mujer	111
XVI.	Amanecer	111
XVII.	Duermevela	112
XVIII.	Tú y Sevilla	113
XIX.	De la *Guía Celeste*	113
XX.	¡Dos Hermanas!	114
XXI.	Tren de todas las tardes	115
XXII.	A una andaluza	115
XXIII.	¡Adiós...!	116
XXIV.	Puerto Real	116
XXV.	La terrible amenaza	117
XXVI.	Aun cuando el mar es grande	118

II. EL AMOR EN EL MAR 119

XXVII.	¡Tan finos como son tus brazos	121
XXVIII.	Cielo	121
XXIX.	Soledad	121
XXX.	Monotonía	122
XXXI.	Venus	123
XXXII.	Despertar	124
XXXIII.	¡Estrellas!	124
XXXIV.	Cielo	125
XXXV.	Nocturno	126
XXXVI.	Cielos	127
XXXVII.	Los nubarrones tristes	127
XXXVIII.	Sol en el camarote	128
XXXIX.	Menos	129
XL.	Mar	129
XLI.	Mar	130
XLII.	Sensaciones desagradables	130
XLIII.	Cielo	131
XLIV.	¡No!	132
XLV.	Hastío	132
XLVI.	¡Qué peso aquí en el corazón	133
XLVII.	Fiesta natural	134
XLVIII.	Argamasilla del Mar	135
XLIX.	Estela verde y blanca	135
L.	Mar llano	135

LI.	¿No ves el mar?	136
LII.	Niño en el mar	136
LIII.	Fin de tormenta	137
LIV.	Llegada ideal	137
LV.	La rosa has hecho	139
LVI.	¡Sí!	139
III. AMÉRICA DEL ESTE		141
LVII.	Te deshojé	145
LVIII.	Ocaso de entretiempo	145
LIX.	Golfo	146
LX.	*Sky*	147
LXI.	Rubén Darío	148
LXII.	*Physical culture*	150
LXIII.	Todo el día	150
LXIV.	Bebimos	151
LXV.	Túnel ciudadano	151
LXVI.	*Berceuse*	152
LXVII.	Fililí	153
LXVIII.	¡Qué trabajo	154
LXIX.	De Boston a New York	154
LXX.	Sueño en el tren	157
LXXI.	Felicidad	158
LXXII.	Espina	158
LXXIII.	La muerte	159
LXXIV.	*New Sky*	160
LXXV.	Sí. Estás conmigo ¡ay!	161
LXXVI.	Orillas del sueño	161
LXXVII.	Tus imágenes fueron	162
LXXVIII.	La casa colonial	162
LXXIX.	Todo dispuesto ya	163
LXXX.	Iglesias	163
LXXXI.	Humo y oro	164
LXXXII.	Cementerio	166
LXXXIII.	El prusianito	166
LXXXIV.	¡Qué dulce esta tierna trama!	167
LXXXV.	Silencio	167
LXXXVI.	En Subway	168
LXXXVII.	En la sortija	168
LXXXVIII.	Pesadilla de olores	169
LXXXIX.	La negra y la rosa	169
XC.	Epitafio ideal	170
XCI.	¡Fuego!	171

XCII.	Cuando, dormida tú	172
XCIII.	Primer día de primavera	172
XCIV.	Cementerio en Broadway	173
XCV.	¡Qué débil el latido	174
XCVI.	Abril, dulce	174
XCVII.	A Nancy	174
XCVIII.	¡Qué angustia!	175
XCIX.	Crepúsculo	175
C.	Primavera	176
CI.	Domingo de ramos	176
CII.	Tormenta	177
CIII.	Abril	177
CIV.	Saliste, entonces	178
CV.	Tarjeta	178
CVI.	¿Sencillo?	178
CVII.	¿Primavera?	179
CVIII.	¿...?	179
CIX.	El árbol tranquilo	180
CX.	Desvelo	181
CXI.	La luna	182
CXII.	Primavera	183
CXIII.	Idilio	183
CXIV.	Garcilaso en New York	184
CXV.	Oasis	185
CXVI.	¡Viva la primavera!	186
CXVII.	Canción	187
CXVIII.	Alta noche	187
CXIX.	Serenata espiritual	188
CXX.	Sí. Aprenden de nuestro sueño	189
CXXI.	Amor	190
CXXII.	Prolongación de paisaje	191
CXXIII.	De pronto, cayendo ya el sol	191
CXXIV.	Día de primavera en New Jersey	192
CXXV.	Epitafio	195
CXXVI.	Mariposa malva	196
CXXVII.	Puerto	197
CXXVIII.	Cementerio alegre	197
CXXIX.	Tarde de primavera	198
CXXX.	«Me siento azul»	199
CXXXI.	Nocturno	200
CXXXII.	¿El cielo?	201
CXXXIII.	Marina de alcoba	202
CXXXIV.	Noche en Huntington	203

CXXXV.	Elegía	205
CXXXVI.	Aquí está ya	205
CXXXVII.	¡Qué distancia, aquí!	206
CXXXVIII.	Tarde de primavera	206
CXXXIX.	Hemos estado en ello	208
CXL.	Cementerios	209
CXLI.	Dejarse mandar	210
CXLII.	Nocturno	211
CXLIII.	Rectificación con el sol	212
CXLIV.	Nota a Miss Rápida	212
CXLV.	Paisaje de Constable	213
CXLVI.	Remordimiento	213
CXLVII.	A Miranda, en el estadio	214
CXLVIII.	Amanecer	215
CXLIX.	Abril	216
CL.	Retrato de niño	216
CLI.	Ausencia de un día	217
CLII.	La moral en el amor	218
CLIII.	Víspera	218
CLIV.	Puerto	220
CLV.	Remordimiento	221
CLVI.	Despedida sin adiós	221
IV. MAR DE RETORNO		223
CLVII.	Nostalgia	225
CLVIII.	Mar de pintor	226
CLIX.	¡Desnudo!	226
CLX.	Sol en el camarote	227
CLXI.	Mar	228
CLXII.	Al fresco	228
CLXIII.	El mar	229
CLXIV.	¡Oh mar, cielo rebelde	230
CLXV.	Mar de pintor...	230
CLXVI.	¡El mar acierta!	230
CLXVII.	... Lo recuerdo, de pronto	231
CLXVIII.	Hoy eres tú	231
CLXIX.	Ya solo hay que pensar	233
CLXX.	Convexidades	234
CLXXI.	Agua total	234
CLXXII.	Nocturno	235
CLXXIII.	Mar despierto	236
CLXXIV.	La luna blanca	237

CLXXV.	Partida	237
CLXXVI.	Día entre las Azores	239
CLXXVII.	Los tres	241
CLXXVIII.	Por el cielo de la Atlántida	242
CLXXIX.	Iris de la tarde	243
CLXXX.	Nocturno en la tarde	244
CLXXXI.	Amanecer	244
CLXXXII.	Oro mío	245
CLXXXIII.	Nocturno	246
CLXXXIV.	Melodía	247
CLXXXV.	Vida	248
CLXXXVI.	¿?	249
CLXXXVII.	Nocturno	250
CLXXXVIII.	Niño en el mar	250
CLXXXIX.	Ciego	251
CXC.	No sé si el mar es, hoy	252
CXCI.	Todo	253
CXCII.	¡Ya!	253
CXCIII.	Iberia	254
CXCIV.	Noche última	255
CXCV.	¡Ya!	256
CXCVI.	Despedida matinal	257
CXCVII.	Dentro	258
V. ESPAÑA		259
CXCVIII.	Cádiz	261
CXCIX.	Fresquitos matinales	262
CC.	Cádiz	263
CCI.	Plaza nocturna	263
CCII.	De Cádiz a Sevilla	264
CCIII.	Claveles	265
CCIV.	Orillas nocturnas	266
CCV.	*Semper*	266
CCVI.	Trigo y jaramago	267
CCVII.	Madre	267
CCVIII.	¡Niebla, roja en el verde	268
CCIX.	¡Qué bien le viene al corazón	268
CCX.	Coro de canónigos	269
CCXI.	¡Adiós!	270
CCXII.	Amanecer	270
CCXIII.	Mañana	271
CCXIV.	¿El mar este	272
CCXV.	Soñando	272

12

CCXVI.	Elegía	273
CCXVII.	Sencillez	273

VI. Recuerdos de América del Este escritos en España.. 275

CCXVIII.	De Emily Dickinson	277
CCXIX.	*National Arts Club*	279
CCXX.	Boston en domingo	280
CCXXI.	Banquete	280
CCXXII.	El mejor Boston	281
CCXXIII.	¿El cielo?	281
CCXXIV.	Andan por New York	281
CCXXV.	Duermevela	282
CCXXVI.	*Colony Club*	283
CCXXVII.	Sección	284
CCXXVIII.	Ex Mrs. Watts	285
CCXXIX.	Tranvía	286
CCXXX.	*Authors' Club*	286
CCXXXI.	¡Dulce *Long Island...!*	287
CCXXXII.	Walt Whitman	288
CCXXXIII.	¡No puedo más!	289
CCXXXIV.	*Cosmopolitan Club*	290
CCXXXV.	Las viejas coquetas	290
CCXXXVI.	Washington desde su obelisco	292
CCXXXVII.	Teatro	292
CCXXXVIII.	Broad Street	293
CCXXXIX.	La cama de Franklin	293
CCXL.	Un imitador de Billy Sunday	294
CCXLI.	La casa de Poe	296
CCXLII.	Deshora	297
CCXLIII.	Cristales morados	298

Nota del poeta 300

Apéndices 301

Apéndice I	303
Apéndice II	310
Apéndice III	329

Introducción

A Izita siempre

Juan Ramón Jiménez

PREFACIO

«Con el *Diario* empieza el simbolismo moderno en la poe-
sía española»[1]. Con esta observación, Juan Ramón Jiménez
señala la enorme importancia histórica de lo que es proba-
blemente, en el mundo hispánico, la obra poética más im-
portante del siglo xx. Entre las *Soledades* (1903, 1907) de An-
tonio Machado y la mejor poesía de la generación Guillén-
Lorca-Neruda de los años veinte, el *Diario* marca un hito
decisivo en el desarrollo de la poesía lírica de su tiempo, y
mueve al poeta a explicar con precisión:

> El *Diario* fue saludado como un segundo primer libro
> mío y el primero de una segunda época. Era el libro en que
> yo soñaba cuando escribía *Ninfeas;* era yo mismo en lo mis-
> mo que yo quería. Y determinó una influencia súbita y bené-
> fica en los jóvenes españoles e hispanoamericanos, y la burla
> de todos los césares de España. La crítica mayor y mejor está
> de acuerdo en que con él comenzó una nueva vida en la poe-
> sía española (un «gran incendio poético», dijo uno). En reali-
> dad, el *Diario* es mi mejor libro. Me lo trajeron unidos el
> amor, el alta mar, el alto cielo, el verso libre, las Américas dis-
> tintas y mi largo recorrido anterior. Es un punto de *partidas*[2].

Efectivamente, es un «punto de partidas» en muchos sen-
tidos. El *Diario* es una obra enormemente innovadora por la

---

[1] Ricardo Gullón, *Conversaciones con Juan Ramón,* Madrid, Taurus, 1982,
pág. 93.

[2] «El modernismo poético en España y en Hispano-América», *Política poé-
tica* (Madrid, Alianza, 1982), págs. 150-151.

combinación de verso y prosa en un mismo libro. Además de iniciar un nuevo modo de composición poética, figura entre las primeras obras en prosa de lengua española que recogen las imágenes de Nueva York. Desarrolla notablemente el poema en prosa, mostrando grados sorprendentes de modernidad y sensibilidad social[3]. La prosa del *Diario* lo sitúa también como obra clave en el desarrollo del arte del retrato[4] junto con la representación de paisajes urbanos. Desde las crónicas de José Martí hasta el *Poeta en Nueva York* de García Lorca, el *Diario* de Juan Ramón es un eslabón esencial en el desarrollo de la «mirada urbana» y la «escritura de la ciudad»[5].

No hay duda de que el *Diario* es una obra excepcional, con varios estratos de significado: autobiografía lírica escrita en forma de diario, viaje de novio y reciencasado que recorre la España del centro y sur, el Atlántico Norte y la América del Este, gran poema en verso y prosa que canta y cuenta la experiencia de Nueva York, «breve guía de amor por tierra, mar y cielo», y extraordinaria obra poética que capta, por medio del «simbolismo moderno», una profunda experiencia del alma. Una obra capital en la historia de la lírica española, que es, a la vez, como toda obra maestra, «un paradigma y una ruptura»[6]. Es un paradigma en el sentido de sintetizar

---

[3] Véase el excelente artículo de Jennifer Forrest y Catherine Jaffe, «Figuring Modernity: Juan Ramón Jiménez and the Baudelairian Tradition of the Prose Poem», *Comparative Literature* (verano de 1996), en que nos ofrecen, entre muchas cosas interesantes, un espléndido análisis de «La negra y la rosa», págs. 265-293.

[4] En el valioso estudio de Teresa Gómez Trueba, es acertada la importancia que concede al *Diario* en el desarrollo del arte del retrato «del sentimentalismo de *Platero* al distanciamiento irónico de las 'caricaturas líricas' de *Españoles*», en *Estampas líricas en la prosa de Juan Ramón Jiménez. Retratos, paisajes y recuerdos* (Valladolid, Universidad de Valladolid, 1995). Véase, sobre todo, el capítulo II, «El retrato», págs. 41-120.

[5] Véanse los estimulantes estudios de Juan Manuel Rozas, «Juan Ramón y el 27: Hodiernismo e irracionalismo en la parte central del *Diario*», *Juan Ramón Jiménez en su centenario* (Cáceres, Universidad de Extremadura, 1981), págs. 146-169, y de Dionisio Cañas, *El poeta y la ciudad* (Madrid, Cátedra, 1994).

[6] Empleamos aquí la feliz formulación de Edwin Williamson, aplicada a *Don Quixote*. Véase el tomo del que es colaborador y editor, *Cervantes and the Modernists: The Question of Influence* (Londres, Tamesis, 1994), pág. 8.

hermosamente toda una brillante tradición de poesía lírica europea, y una ruptura con esta tradición; una ruptura de géneros, ruptura de fronteras entre verso y prosa, ruptura con modos tradicionales de versificación.

Lo más extraordinario, a mi juicio, y de acuerdo con la opinión del autor mismo, es la elevación (para emplear su lenguaje) «de lo propio» (de una experiencia muy personal) «a lo universal»[7] —la transformación de un drama íntimo del alma en un arquetipo de la experiencia humana. Tanto por su captación, por primera vez en las letras españolas, de los paisajes urbanos de Nueva York, y por sus brillantes retratos de la vida social y cultural de Norteamérica, como por su profunda exploración de la psique humana, inédita en la literatura española hasta ese momento, Juan Ramón Jiménez nos ofrece en su *Diario de un poeta reciencasado* una honda experiencia transatlántica de inaugural y duradera modernidad.

EL TRASFONDO DEL «DIARIO»

Sería difícil exagerar el enorme cambio en la vida del poeta que representa este viaje por mar de España a América, sobre todo si se contrasta su vida en Moguer, desde 1906 hasta finales del 1911, con esta gran aventura de amor «por tierra, mar y cielo». La vida rural y solitaria, tranquila y protegida, de Moguer se cambia por la enajenante y agitada vida de la gran metrópoli del mundo. La vida familiar en Moguer, con madre y hermanos, se reemplaza por una intensa vida social en Nueva York, con la familia de Zenobia y su extenso círculo de amigos. Las cortas distancias de Moguer y sus alrededores se transforman en las enormes distancias del Océano Atlántico y el continente de América. Los pequeños paseos y caminatas con Platero por el campo de la Andalucía litoral en Huelva se convierten en viajes largos en tren, barco, taxi, autobús y metro en el Nuevo Mundo. La tierra y el cielo de Moguer se reemplazan por el mar y el cielo del Atlántico y

---

[7] *Conversaciones con Juan Ramón*, pág. 108.

por los rascacielos y los *subway* de Nueva York. Las proporciones y dimensiones de este mundo nuevo se agrandan tremendamente y se complican por la arquitectura e ingeniería del hombre, hasta tal punto que el escritor es forzado a luchar por asimilar y «nombrar» poéticamente este desconocido universo. Seguir, en estas circunstancias, el camino del amor y del mar, de ida y vuelta, e independizarse de su tierra, con los lazos afectivos que le atan tan fuertemente a su pasado (madre, nido y niñez) plantea una rigurosa prueba y desafío para este poeta de Moguer. Le crea un conflicto y un dilema fundamental que condiciona en casi todo momento su percepción de la realidad de este viaje. De hecho, como se explicará más adelante, superar este problema interior y cambiar el viejo mundo por el nuevo, lo cual implica una renovación de su ser, un renacer, constituye el tema central del *Diario*.

EL «DIARIO» COMO GÉNERO LITERARIO

A Miguel A. Pérez Priego le debemos un excelente artículo sobre el género literario del *Diario de un poeta reciencasado*. Destaca las particularidades literarias del diario —«relato personal, referencial y cotidiano», subrayando su carácter intimista[8]— y nos proporciona un valioso resumen de la historia y prehistoria del género. Nos recuerda, además, que «el diario carece literariamente de un orden constructivo, estructural. No existe en él otro hilo ordenador que el puramente cronológico, el que va imponiendo el ritmo del paso del tiempo día tras día»[9]. Efectivamente, el diario como género literario es una forma libre, abierta, inmediata y personal, en la que cabe todo. Sin duda, la mejor prueba de este carácter libre y heterogéneo nos la ofrece el *Diario* de Juan Ramón.

---

[8] «El género literario de *Diario de un poeta reciencasado*», *Juan Ramón Jiménez en su centenario* (Cáceres, Universidad de Extremadura, 1981), pág. 103.

[9] Pérez Priego, «El género literario», pág. 103.

Zenobia Camprubí

Demos cuenta, aunque muy esquemáticamente, de los materiales y componentes artísticos de este texto extraordinario. El carácter de «diario» se anuncia en seguida con precisiones de fecha, lugar y, a veces, hora del día, a la cabeza de cada poema. Hay, a lo largo de la obra, impresiones de viaje, registradas desde el tren, el barco, la calle, la cama, y desde lo alto de los edificios y monumentos. Hay hermosos paisajes verdes y floridos de Andalucía, paisajes marinos de absoluta desolación, e impresionantes paisajes urbanos de Nueva York. Se expresa interés y emoción ante la belleza de los monumentos arquitectónicos: la Giralda de Sevilla, el obelisco de Washington, el Woolworth Building de Nueva York, que era el edificio más alto del mundo en esa época. Se pintan paisajes líricos inspirados siempre por la naturaleza (un árbol, una flor, un pájaro), en los campos de Moguer, o en los parques y cementerios de Nueva York. No faltan tampoco ironía, enajenación y crítica social provocada por las fealdades y pesadillas de la ciudad comercial.

No todo es, sin embargo, impresión de viaje. Hay hermosos poemas de amor y alegría, como también poemas de duda, miedo y angustia. Hay diálogos, conversaciones, monólogos interiores y visiones oníricas. Impresionante es la vida social y cultural de Juan Ramón y Zenobia en Nueva York: contacto con centros culturales, visitas a museos y bibliotecas, y asistencia a teatros, conciertos y recitales. Esta vida cultural (alta cultura y cultura popular) se manifiesta en todas partes en el *Diario:* referencias literarias (Garcilaso, Lope de Vega) que se deben a las lecturas de la pareja en su hotel de Nueva York, y referencias a pinturas que vieron en los museos de Nueva York y Boston, y, sobre todo, nombres y citas de autores ingleses y norteamericanos que reflejan el nuevo y directo contacto de Juan Ramón con lo que más le interesaba de la vida literaria norteamericana de aquel momento. Incorporados en sus anotaciones líricas y sus poemas en prosa, se encuentran trozos de poesía española medieval, romances populares, versos de Rubén Darío y de una copla popular de Cádiz, como también versos en inglés de Francis Thompson, Amy Lowell y Shakespeare, y unos versillos jocosos burlándose del esnobismo de la elite de Boston. De especial interés son las evocaciones de Poe, y las traducciones al español de un poema de Robert Browning y tres de Emily Dickinson. Hay, finalmente, transcripciones de anuncios comerciales y anuncios de la iglesia protestante, revelando la vulgaridad de cierto tipo de evangelismo, cuya propaganda emplea el argot del béisbol profesional. A lo largo del *Diario*, se mezclan, entre estas interesantísimas acumulaciones de notas, un fino sentido del humor, un ojo para el detalle expresivo y una penetración psicológica, como se advierte tan bien con «la sufragista» en el *subway* del poema 86.

Todo esto revela el alto estado de alerta en que se mantiene el poeta. Su vida íntima no disminuye su interés en el mundo público y social que le rodea. Su sensibilidad social, su respeto por lo mejor de la cultura norteamericana, y su reacción a acontecimientos internacionales impresionan a cada momento. Todo lector responde en seguida a su fina y sensible representación de los negros en Nueva York («La negra y la rosa», «Alta noche»), claros anticipos del tema más ampliamente desarrollado posteriormente por Lorca en *Poeta en Nueva York*. Menos aparente quizá, pero no menos intenso, es su respeto y admiración por los grandes poetas y escritores norteamericanos. Su manera de rendirles homenaje toma la forma de incluir traducciones de sus poemas, como en el caso de Emily Dickinson, o de señalar y visitar, cuando se puede, las casas de las grandes figuras —Mark Twain, Edgar Allen Poe, Walt Whitman.

Son conmovedores los poemas escritos en homenaje a sus distinguidos colegas y amigos: a Rubén Darío, cuando Juan Ramón se entera en el barco el 8 de febrero de 1916 de la muerte del gran nicaragüense; y a Enrique y Amparo Granados, cuando le alcanza la trágica noticia de sus muertes el 27 de marzo, tres días después del hundimiento del barco en que viajaban, el *Sussex,* torpedeado por los alemanes en el Canal de la Mancha. Se manifiesta, además, una aguda sensibilidad hacia otras tragedias de la Primera Guerra Mundial, como la compraventa de niños que se narra en «El prusianito». Terminemos aquí esta muestra del contenido del *Diario,* suficiente para señalar la gran diversidad y riqueza de sus materiales artísticos.

Esta gran libertad, que permite el diario de ir escogiendo y registrando materiales de toda clase, va acompañada por igual libertad de emplear diferentes formas de expresión. Como observa certeramente M. A. Pérez Priego: «... el contacto íntimo con la realidad y el registro diario de las impresiones hubo de favorecer el empleo de un vehículo expresivo, natural y libre, en que se aproximaran los límites entre verso y prosa. De ahí surgirían el 'verso desnudo' y la 'prosa poética' que indistintamente se emplean en la obra»[10]. Son esclarecedores, además, los comentarios que hace el poeta sobre la génesis y la importancia histórica de su verso libre. En unas notas tituladas «Mi verso desnudo», fechadas en la capital estadounidense («Washington, 1942»), y publicadas por Ricardo Gullón, el autor del *Diario* explica:

> La verdadera realización mía de este verso, que había de ser decisiva en mi obra y en la poesía española y americana de su época, me la trajo el mar. En 1916, enero, en el traqueteante tren, camino de Cádiz para embarcarme a América, empecé a escribir unas notas en verso libre que yo consideré provisionales en el primer momento, movidas por el traqueteo del tren y ya con la oleada del Atlántico. Al llegar a Cádiz, y ponerlas en limpio en el reposado cuarto del hotel de Francia, comprendí que eran el jermen de un nuevo yo poético.
>
> Casi todo el «Diario» está escrito en este verso, y luego «Eternidades», «Piedra y cielo», etc. Era el verso desnudo que con la canción y el romance habrían de ser permanentes en mí.
>
> [...]
>
> Inmediatamente después de mi «Diario», 1916, este verso desnudo empieza a ser seguido en España [...]. No hay más que ver la lírica española y americana anterior a mi «Diario»

---

[10] Pérez Priego, «El género literario», pág. 118.

(Darío, Unamuno, Lugones, Antonio Machado, Silva, etc.) y la posterior (Juana de Ibarbourou, Salinas, Neruda, etc.) hasta este curioso estado actual, en que casi nadie escribe más que en este verso mío y, como en lo popular, sin darse cuenta de quién lo dejó en el aire y en la luz de España[11].

Las anotaciones a la cabeza de cada poema del *Diario* indican que aproximadamente 9 de los 25 poemas de la primera parte, «Hacia el mar», están escritos en el tren. Todos los 30 poemas de la segunda parte, «El amor en el mar», están escritos en el barco. Así que 39 de los primeros 56 están inspirados o influidos, según el autor, por los ritmos de su locomoción. En un trabajo titulado «A Luis Cernuda»[12], de la misma época de la nota citada arriba, Juan Ramón destaca especialmente la influencia del contacto con el mar: «El oleaje, la comunicación de cielo y mar, la nube, les dio a mi sentimiento y a mi pensamiento libres mi verso desnudo»[13]. Efectivamente, es el movimiento del mar, más que el del tren, de que el poeta más se ha compenetrado. Los veinticuatro días de viaje transatlántico, de ida (30 enero-11 febrero) y vuelta (7-19 junio), causaron en él una poderosa conmoción saludable de alma y espíritu que el poeta nunca olvida y que comenta en varias ocasiones años más tarde. Diez años después del pasaje citado arriba, en 1953, en conversaciones con Ricardo Gullón, Juan Ramón vuelve a insistir en la importancia de la presencia del mar, el contacto con el mar, en la gestación de la obra: «El libro está suscitado por el mar y nació con el movimiento del barco que me traía a América. En él usé por vez primera el verso libre: éste vino con el oleaje, con el no sentirme firme, bien asentado»[14]. Y señala una vez más, en esas mismas conversaciones, lo que es, para él, la importancia histórica de su verso libre: «El verso libre mío [...] es

---

[11] *Diario de un poeta recién casado* (Madrid, Taurus, 1982). Prólogo de R. Gullón, págs. 13-14.
[12] Es contestación al trabajo publicado por el autor de *La realidad y el deseo* en *El Hijo Pródigo*, revista mexicana, el año 1943.
[13] Recogido en *La corriente infinita* (Madrid, Aguilar, 1961), pág. 174.
[14] *Conversaciones con Juan Ramón*, pág. 84.

muy diferente del de Unamuno que es bíblico [...] En otros poetas hay verso libre como el del *Diario,* pero es que ha salido de allí. La mitad de la poesía moderna, en España, viene del *Diario.* Vea, si no: León Felipe; Salinas y su *Presagios,* publicado por mí en la Biblioteca de *Índice,* en 1923; Moreno Villa y su *Evoluciones...*»[15].

Aunque las observaciones del poeta son acertadas en lo fundamental, habría que matizar algo de lo dicho arriba. A Isabel Paraíso le debemos dos valiosos estudios que nos ayudan a apreciar mejor el origen del empleo del verso libre por Juan Ramón y a precisar mejor sus aportaciones a la práctica poética de este siglo[16]. En su estudio del verso libre en la España de principios de siglo, Isabel Paraíso empieza con estas certeras palabras: «Bien es verdad que el terreno ya estaba abonado para esta entrada solemne del verso libre en España. Además del prestigio de Rubén y otros modernistas que esporádicamente lo habían utilizado, su cultivo por parte de Unamuno (desde 1907), por parte de Pérez de Ayala (entre 1905 y 1916) y otros, le facilita la tarea a Juan Ramón. Aires de renovación soplan también en España venidos del extranjero»[17]. Después de un cuidadoso examen de las formas métricas de Juan Ramón, la profesora Paraíso afirma que el verso libre de Juan Ramón «procede de la silva modernista arromanzada»[18]. Y la gran vitalidad de la silva dentro de la totalidad de la obra del poeta, le permite subrayar que «la silva, con su libertad rítmica, es la forma métrica más adecuada para la espontaneidad versificativa juanramoniana»[19]. A la luz de esta investigación, Isabel Paraíso nos ofrece un excelente resumen de las formas expresivas más empleadas por Juan Ramón a partir del *Diario:*

---

[15] *Conversaciones con Juan Ramón,* pág. 90.

[16] *Juan Ramón Jiménez. Vivencia y palabra* (Madrid, Alhambra, 1976) y *El verso libre hispánico. Orígenes y corrientes* (Madrid, Gredos, 1985).

[17] *El verso libre hispánico,* págs. 200-201.

[18] *El verso libre hispánico,* pág. 202. Y dice a continuación en esta misma página: «Esta silva, Juan Ramón la cultiva abundantemente en los libros inéditos de su 'primera época' (1900-1915), especialmente a partir de 1908, y en cambio aparece poco en sus libros publicados.»

[19] *El verso libre hispánico,* pág. 203.

El Diario de un poeta reciencasado, escrito por Juan Ramón en uno de sus momentos vitales más exultantes y de mayor seguridad de sí mismo, se plasma casi exclusivamente en tres formas de expresión: verso libre, silva modernista arromanzada impar, y poema en prosa. Dada la extremada proximidad entre el verso libre y la silva, ambos entran en competición (inconsciente) en el poeta, y prevalece el primero en los libros sucesivos. Desaparece así la silva, y el poeta se queda con dos formas libérrimas: el verso libre y el poema en prosa [...][20].

Concluye este fino estudio destacando, por una parte, «la vitalidad de la silva libre juanramoniana en la poesía española contemporánea, y por otra el hecho de que, si bien Juan Ramón no fue un innovador de la métrica española, sí fue un certero y sutil renovador que ha dejado en ella, por la excelencia de su poesía, su huella de maestro»[21].

EL POEMA EN PROSA

El mayor número de poemas en prosa del *Diario* se encuentra en la tercera parte, «América del Este», y en la sexta, «Recuerdos de América del Este, escritos en España». Los poemas en prosa de la tercera parte, la más larga, ocupan un poco más de la mitad de esta sección (que consta de cien poemas), y dificultan la interpretación de la obra tanto por la complejidad de la materia como por las observaciones posteriores del autor. Juan Ramón ha sido el primero en señalar que la prosa del *Diario* es «descriptiva e irónica»[22] y «está es-

---

[20] *El verso libre hispánico,* pág. 203.
[21] *El verso libre hispánico,* pág. 206. Más evidencia de la importancia histórica e impacto en futuras generaciones que tenía la obra de Juan Ramón a partir de su *Diario* nos la ofrece también I. Paraíso con estas puntuales observaciones: «Las formas de poesía que él cultivó durante su 'segunda época' fueron precisamente las más cultivadas por la poesía española después: el verso libre (generación del 27 y siguientes hasta hoy); el romance (Lorca, Villalón, romanceros de la guerra civil, etc.); la canción (Lorca, Alberti, C. Lagos, etc.); el poema en prosa (Cernuda, postguerra); y el soneto (grupos de *Garcilaso* y *Escorial,* Blas de Otero, etc.)», pág. 205.
[22] Juan Guerrero Ruiz, *Juan Ramón de viva voz* (Madrid, Insula, 1958), página 130.

27

crita contra lo que vi en los Estados Unidos»[23]. Manifiesta su descontento con la organización del *Diario* e indica su deseo de dividir la obra en dos libros, uno en verso, con la lírica, y, el otro, en prosa, con las impresiones de América[24]. Así, el autor nos da a entender que considera que la prosa de las partes III y VI tiene otro carácter y merece un tomo separado. En cuanto a la sexta parte, Juan Ramón tiene plenamente razón en querer incluirla en otro libro. Añadida como está al final del *Diario,* esta sección no es esencial a la estructura y sentido de la obra, como se verá al final de nuestro estudio. Pero la prosa de la tercera parte es más complicada y no es tan fácilmente separable de la lírica en verso. Quizá por esta razón el poeta decidió sabiamente al final de su vida no realizar el proyecto de dividir el *Diario* en dos o más libros[25].

Examinemos ahora a grandes rasgos la complejidad de las composiciones en prosa de «América del Este». Hay tres categorías de impresiones registradas en los poemas en prosa suscitados por Nueva York, no obviamente distinguibles: primero, impresiones y descripciones de la realidad «objetiva» de la ciudad, o, por lo menos, impresiones fácilmente compartibles por todos; segundo, impresiones de la ciudad y sus habitantes en que el dilema personal del autor sutilmente se insinúa; y tercero, reacciones al mundo exterior bajo la fuerte influencia del estado anímico del poeta. Repasemos brevemente la visión de Nueva York reconocible por todos, para luego demostrar cómo esta visión de la realidad urbana va siendo determinada cada vez más por la peculiar condición interior del poeta[26].

---

[23] *Conversaciones con Juan Ramón*, pág. 90.

[24] *Juan Ramón de viva voz*, pág. 130.

[25] Volveremos sobre este tema con más detalle en el apartado «Esta edición».

[26] Estas distinciones no pretenden de ninguna manera captar el arte de Juan Ramón en su complejidad y sutileza. El poeta emplea muchas modalidades —humor, ironía, sátira, parodia, visión onírica, visión mitopoética, etc.— que condicionan su mirada de artista y su selección de materia y que determinan la recepción y experiencia estética del lector. Como veremos pronto, el verdadero logro de Juan Ramón es haber transformado estos materiales del «diario» en una obra coherente, haber creado de su diario una obra maestra.

La enormidad de los edificios, la velocidad de los medios de transporte y los ruidos ensordecedores son todos aspectos que chocan y desorientan al recién llegado a Nueva York. Los altísimos edificios disminuyen el tamaño de todo. Las iglesias son «iglesitas de juguete»; unos árboles que «fueron grandes en su niñez agreste, [son] pequeños, hoy que son viejos, entre los terribles rascacielos» (pág. 166). La velocidad y el ruido de los elevados, los tranvías, los taxis y los subterráneos son imágenes recurrentes y «la baraúnda de las calles enormes» con su insistente confusión de timbres, bocinas, silbatos y martillos de remache persiguen al poeta por todas partes. Este asalto a los ojos y oídos también afecta al olfato con pujantes malos olores, pero en ningún momento más dramáticamente que en la angustiada atmósfera de «Pesadilla de olores». De todos los aspectos de Nueva York que desagradan al poeta, son quizá los anuncios luminosos del comercio lo que más le enajenan. Entre los anuncios y los rascacielos de Manhattan, de día, apenas puede vislumbrar el cielo, nunca puede disfrutar de una hermosa puesta de sol, al atardecer, y, de noche, en Broadway, está sumido en la más absoluta confusión absurda de «anuncios mareantes de colorines sobre el cielo. Constelaciones nuevas: El Cerdo [...] La Botella [...] La Pantorrilla eléctrica [...]» (pág. 182). Confundido por este espectáculo de figuras y luces artificiales, el poeta se ve obligado a preguntar al final, al mirar al cielo en busca de orientación: «¿Es la luna, o es un anuncio de la luna?» (pág. 183). En estos paisajes urbanos tan comerciales y falsos, casi ha desaparecido toda la orientación simbólica del poeta con respecto al mundo natural.

De vez en cuando, sin embargo, encuentra lugares y momentos agradables que le permiten reestablecer el contacto saludable con la naturaleza. Frecuenta con gusto Washington Square, su plaza favorita cerca del hotel en Manhattan donde se alojó con Zenobia. Todas las noches visita un «árbol viejo, bello y solitario [que] vive en la primera casa de la Quinta Avenida, muy cerca de la que fue de Mark Twain, en este sitio grato en que la iluminación disminuye y el gentío, y se sale, como a un remanso, a la noche azul y fresca de Washington Square, en la que, como en su fuente, se bañan, puras, las estrellas, apenas perturbadas por algún que otro anuncio triste y lejano [...]» (págs. 180-181). Hay escapadas también al campo del estado vecino de New Jersey, con sus árboles, pájaros y espléndidas puestas del sol que le llenan de «visiones de armonía y de hermosura» (pág. 193). Pero el lugar favorito del poeta, en las ciudades de América que visita, es, sin duda alguna, el cementerio (poemas 82, 94, 128, y 140). No hay nada que le ofrezca más paz y tranquilidad en contacto íntimo con la naturaleza:

> Otra vez, sí. ¡Y ciento! El mayor atractivo, para mí, de América, es el encanto de sus cementerios sentidos, sin vallas, cercanos verdadera ciudad poética de cada ciudad, que atan con su paz amena y cantada de pájaros, en medio de la vida, más que los jardines públicos, que los puertos, que los museos [...]
> ¡Cómo vence aquí la belleza a la muerte, ejemplo tranquilo y grato en medio de tantos malos ejemplos de prisa y malestar! (págs. 209-210).

Hasta ahora las impresiones y estampas de Nueva York que hemos comentado responden a lo que vería y sentiría quizá todo extranjero recién llegado a esta imponente metrópoli, o, por lo menos, las impresiones registradas por Juan Ramón son, en su gran mayoría, comprensibles. Pero hay otra categoría de reacción a Nueva York que expresa una visión y una voz más compleja. Es más compleja, menos visible y más difícil de comprender, porque es gobernada por el dilema de personalidad del poeta. Veamos un par de ejemplos: el poema 88, «Pesadilla de olores», y el 89, «La negra y la rosa». Ofrecen ambos las mejores muestras de la prosa de Juan Ramón en la tercera parte, expresan altos grados de sensibilidad social, proyectan visiones completamente opuestas de la realidad de Nueva York, y contienen elementos de una experiencia privada y oculta que debemos desentrañar. En el primero, las proporciones del sufrimiento y del mal entre los pobres inmigrantes y minorías del Nueva York de entonces han alcanzado grados alarmantes de siniestra agresividad: «Es como si en un trust de malos olores, todos estos pobres que aquí viven —chinos, irlandeses, judíos, negros—, juntasen en su sueño miserable sus pesadillas de hambre, harapo y desprecio, y ese sueño tomara vida y fuera verdugo de esta ciudad mejor» (pág. 169). La aguda visión onírica aquí proyecta una respuesta colectiva, corporativa por parte de los pobres para luchar contra el comercio y el capitalismo con sus propias armas. Y no es seguro que la primavera pueda sobrevivir el efecto mortal de este «gran envenenador», incluso bajo la protección de la policía: «¡Y ya pueden sonar, ligeros de ropa, los timbres de alarma de la desvelada primavera!» (pág. 169). El mal de Nueva York está creando un infierno sin esperanza y sin redención.

En el poema 89[27], al contrario, la inocente negra pobre, sentada en un *subway* de Nueva York, con la hermosa rosa blanca en la mano, tiene un efecto transformador sobre su ambiente subterráneo e infernal, y logra comunicar por un momento eterno una realidad mejor. Los terribles venenos y malos olores del poema 88 ceden a los buenos aromas y esencias del 89, donde todo al final «huele un punto a rosa blanca, a primavera mejor, a eternidad...» (pág. 170). La miseria, el crimen y el infierno del poema 88 se transforman en el 89 en inocencia, belleza y renovación. Y así, el último juicio sobre Nueva York queda abierto. ¿Caerá en una vida sin esperanza para los pobres y condenados de la tierra, o tendrá posibilidades de redención para una vida mejor? El poeta es sensible a estas realidades invisibles y se mantiene constantemente alerta a posibilidades de «otra New York ideal de ilimitadas márgenes de oro, la New York verdadera que viene bien a mi corazón» (pág. 205). No son muchos los momentos que inspiran confianza y esperanza de poder encontrar este ideal de ciudad, pero se puede notar, por lo menos, su actitud positiva y su simpatía por cierta tradición histórica, en «La casa colonial» (poema 78), por cierta cultura (su interés en las casas y las obras de las grandes figuras norteamericanas), y por aquellos lugares y ocasiones en que el mundo natural —sol,

---

[27] Este impresionante poema en prosa ha recibido más atención crítica. Véanse, sobre todo, el prólogo de Ricardo Gullón en su edición del *Diario de un poeta recién casado,* y el artículo citado arriba de J. Forrest y C. Jaffe, «Figuring Modernity», *Comparative Literature* (verano de 1996), págs. 265-293.

31

rosa, pájaro— puede expresarse libre y plenamente[28]. Hay, incluso, un momento en lo alto del Woolworth Building, «New Sky» (poema 74), en que el poeta experimenta, exaltado, la sensación de dejar el viejo mundo por una nueva vida, «sin historia», en este nuevo mundo[29].

Sin embargo, la compleja experiencia que tiene Juan Ramón de Nueva York no es fácil de determinar ni de definir con seguridad. Un pasaje señalado muy de paso por la crítica como ejemplo del entusiasmo del poeta por Nueva York ocurre al final del poema 69, «De Boston a New York», que concluye con esta exclamación: «¡New York, maravillosa New York! ¡Presencia tuya, olvido de todo!» (pág. 157). Pero lo que no se ha comentado aquí es que a esta exclamación siguen inmediatamente expresiones de nostalgia por su Andalucía. El viaje en tren de Boston a Nueva York le ha producido una duermevela en que hay una interferencia entre los lugares tan conocidos de la Andalucía atlántica y la América del Este: «Nostalgia y frío fresco solo. Me despierto otra vez... ¿Cádiz?... ¡New London!... [...] Huelva?... ¿Me había dormido? Pero... ¿Las once? ¡Ya! ¡New York otra vez! Duro despertar frío y fuerte» (pág. 157). Cuando el viajero exclama, «¡New York, maravillosa New York!», después de esta confusión de recuerdos y realidades inmediatas, no es necesariamente una valoración positiva de Nueva York. Es más bien un sentido de alivio de que la imponente presencia de Nueva York le ha borrado por el momento un ataque de nostalgia y malestar.

De hecho, los recuerdos de España y el dilema que supone separarse de su viejo mundo de Moguer invaden los re-

[28] En otro estudio de la prosa del poeta, *La obra en prosa de Juan Ramón Jiménez* (Madrid, Gredos, 1975), destaqué con demasiado ahínco los aspectos negativos de la visión que tiene Juan Ramón de Nueva York. Véanse especialmente las págs. 139-158 del capítulo V. Ahora quisiera señalar ciertos aspectos positivos de su visión de la tradición y cultura norteamericana, como se indicará más adelante con más detalle.

[29] Véase el buen comentario de este poema por John P. Devlin, «The prose of Jiménez's *Diario de un poeta reciencasado*. A revaluation», *BHS*, LIX (1982), págs. 312-313.

cuerdos, sueños e impresiones del diario a cada paso, a lo largo de la tercera parte. El mismo poema, «Pesadilla de olores», empieza dramáticamente así: «¡No! ¡No era el mar!... Pero ¡qué angustia!» (pág. 169). Otra vez hay una superposición de dos planos, su realidad inmediata (las calles en el barrio chino de Manhattan), y sus recuerdos del mar, que le producen angustia por razones que se explicarán más adelante. Oculta también en estas dos espléndidas estampas, «Pesadilla de olores» y «La negra y la rosa», está otra realidad invisible pero pertinente al estado anímico del poeta, que condiciona la sensibilidad manifiesta aquí. En los dos poemas en prosa, en medio de tanta pobreza y miseria, de grupos minoritarios, de personas marginadas y pisoteadas en esta tremenda sociedad comercial sin corazón, hay una intensa y hermosa preocupación por la primavera, por la renovación en espera de una transformación en una realidad mejor. Pero el poeta también es, en cierto sentido, un marginado, como extranjero en un mundo nuevo y como reciencasado cogido entre dos mundos (niñez y madurez) que son incompatibles. Se identifica tan intensamente con esta humanidad marginada con necesidad de transformaciones porque él también es un marginado en busca de su propia primavera y renovación. Es enormemente revelador que este poema en prosa, «Pesadilla de olores», que expresa el más alto grado de sensibilidad y preocupación social en el *Diario,* comienza y termina con elementos (mar y primavera) que captan aspectos del dilema personal del poeta y que provocan en él una recurrente angustia y malestar.

La nostalgia y malestar que hemos visto en el poema 69, «De Boston a New York», igual que la preocupación por la primavera, van intensificándose a lo largo de la tercera parte, tanto en la prosa como en la poesía. Al mismo tiempo, las agudas impresiones y estampas de Nueva York empiezan a ser menos frecuentes después del poema 118, «Alta noche». El malestar y la ansiedad se convierten claramente en crisis en el poema 134, «Noche en Huntington», donde el poeta pasa una noche de tormenta, trueno y ventarrón, noche también de sofocación, fiebre y pesadilla. La conmoción nocturna refleja dramáticamente el tumulto interior del poeta que se expresa la mañana después con esta serie de preguntas angustiosas:

> Y entro y salgo en mi sueño de la madrugada, casa, como ésta, de dos puertas —¿el sueño o la casa?—. ¡Qué amanecer tan largo y tan igual a sí mismo! ¡Siempre el mismo tras mi sueño! ¿Es que amanece? ¿Es que lo que yo creo amanecer es la entrada de la primavera en Huntington? (págs. 204-205).

Al ver la conexión entre la noche de tormenta y la difícil y problemática llegada del amanecer y de la primavera, tenemos que entender que aquí operan otros significados que señalan una realidad oculta e invisible. Además, este poema está fechado el 8 de mayo. La primavera ya es una realidad en Nueva York, pero la clave es que no ha llegado todavía para el poeta.

A partir de este momento, se nota que la realidad de Nueva York figura cada vez menos en esta tercera parte, mientras que las condiciones atmosféricas ocupan cada vez más el primer plano y señalan el clima emocional en deterioro del poeta. Es una gran ironía también que el tiempo se empeore notablemente hacia el final de esta sección, precisamente durante la mejor época (mayo y principios de junio) de la estación primaveral en Nueva York. En rápida sucesión, nos llaman la atención la «tormenta» del poema 145, el «crepúsculo lluvioso» del 146; «la tormenta» que «truena sordamente» del 148; «¡Cuánta nube, esta noche de tormenta» del 149; el pensar «con nostalgia en el otoño de New York, ahora que entra la primavera» del 150; las exclamaciones «¡Mirar tu luz! Ni sueño, / ni ensueño. Sólo amor, [...] ¡Muera mi fantasía!» del 151; la terriblemente triste «Víspera» del 153, que termina, «y lloramos, ya lejos, con los ojos / contra el viento y el sol, que luchan, locos»; y la más dura «despedida sin adiós» del 156, «Salida dura y fría, sin dolor, como una uña que se cae, seca, de su carne; sin ilusión ni desilusión», en un día de llovizna, «tan cubierto y tan cerrado». La causa de este estado anímico tan angustiado la encontramos en el poema 154, «Puerto». Aquí se nos habla en términos altamente simbólicos (que se explicarán más adelante) del apagar de «una remota primavera» por la noche. Al poeta le es negada su primavera, su renacer, al final de la tercera parte. De esta manera, vemos cómo las impresiones y estampas de Nueva York hacia el comienzo y el medio de «América del Este» ceden el paso hacia el final a la crisis personal del viajero. El dilema de personalidad termina, en esta tercera parte, imponiéndose sobre la realidad urbana de Nueva York.

EL TEMA CENTRAL

Ha llegado el momento de señalar el especial valor del «diario íntimo» como forma adecuada y eficaz para expresar este dilema de personalidad. Como observa certeramente una vez más Miguel A. Pérez Priego[30] «[...] los acontecimientos y las circunstancias externas se configuran aquí en virtud de su resonancia y refracción en la conciencia del autor»[31]. Estas circunstancias pueden producir un proceso psíquico, una exploración de conciencia, que «conduce, en definitiva, al descubrimiento y liberación de la propia personalidad»[32]. Éste es exactamente el caso del *Diario de un poeta reciencasado*.

Estudiemos ahora no sólo cómo esta crisis personal del poeta se expresa en forma de diario, sino también cómo se transforma en una hermosa obra de arte por medio del «simbolismo moderno» señalado arriba por el propio autor. Conviene recordar que el *Diario* fue escrito entre enero y julio de 1916 con ocasión del viaje del poeta, de España a Estados Unidos, para contraer matrimonio con Zenobia Camprubí. El libro está dividido en seis partes, y recoge las impresiones del poeta día a día cuando va de Madrid a su ciudad natal de Moguer, en la provincia de Huelva, y de allí a Cádiz, de Cádiz a Nueva York (donde se casa el 2 de marzo y donde pasa gran parte de su tiempo en Norteamérica), y desde donde regresa a Madrid pasando otra vez por Cádiz y Moguer. Este viaje sigue así una trayectoria idéntica de ida y vuelta.

---

[30] Este crítico se basa, para estas observaciones y otras, en el importante estudio de Alain Girard, *Le journal intime et la notion de personne* (París, 1963).

[31] Pérez Priego, «El género literario de *Diario de un poeta reciencasado*», *Juan Ramón Jiménez en su centenario*, pág. 104.

[32] Pérez Priego, «El género literario», pág. 104.

El dilema de personalidad, que constituye el tema central del *Diario,* se limita a las cinco primeras partes, porque, como ya se ha indicado, la parte final, «Recuerdos de América del Este», fue escrita en España después del viaje. La sexta sección, por lo tanto, no forma parte del diario íntimo, y no trata el tema central que es lo que más nos interesa ahora. Como hemos visto, el poeta insiste en varias ocasiones en la importancia del mar en la gestación de su libro. Además, enriquece su comentario con ciertas observaciones sumamente significativas, como, por ejemplo, cuando le dice otra vez a Ricardo Gullón: «El libro es el descubrimiento del mar, del amor y del cielo; tengo muy dentro de mí la idea de que lo determinó el mar, y según le digo, los problemas de él, son los del cielo, amor y mar»[33]. En otra conversación leemos, y Gullón comienza:

> En el *Diario* —le digo— nada me parece tan importante como su simbolismo misterioso y hondo. Esto es más importante, incluso, que las innovaciones en el verso.
> Lo creo mi mejor libro —sigue Juan Ramón— no se pone viejo. Perdone si hablo de él en esta forma, pero lo veo ya como cosa histórica, fuera de mí. Es un libro de descubrimientos, aparte de que desde él haya variado el movimiento del verso, la sintaxis poética. Con el *Diario* empieza el simbolismo moderno en la poesía española [...] Y tiene [...] una ideología manifiesta en la pugna entre el cielo, el amor y el mar[34].

Al comenzar el estudio de los poemas, conviene tener en cuenta estas tres observaciones del autor: que el libro tiene que ver con el descubrimiento del cielo, el amor y el mar, que este descubrimiento implica una lucha entre estos tres fenómenos, y que el libro marca el comienzo del simbolismo moderno en la poesía española. También es importante tener presente el carácter unificado de este libro. El *Diario* es mucho más que una colección de poemas de la cual se pueda entresacar algunos para hacer una antología representativa.

---

[33] *Conversaciones con Juan Ramón,* pág. 84.
[34] *Conversaciones con Juan Ramón,* págs. 92-93.

Zenobia y Juan Ramón

El *Diario* es una obra orgánicamente elaborada en que cada una de las cinco partes depente vitalmente de todas las demás. Una primera lectura del *Diario* basta para advertir al lector que hay poemas interrelacionados. En la segunda parte, por ejemplo, el poema 56, titulado «¡Sí!», parece estar dialogando enérgicamente con el poema 44, titulado «¡No!». Hay también un vocabulario recurrente de «verdad» y «mentira» en varios poemas de las secciones III y IV (poemas 124, 129, 161 y 186) que expresa el hondo problema de la personalidad poética que parece resolverse al final de la sección IV, en el poema 191, cuyo primer verso dice: «Verdad, sí, sí; ya habéis los dos sanado mi locura.» Hay, además, una recurrencia de imágenes —la figura del niño, las escenas del cementerio, la imagen del barco— que aparecen a lo largo de las cuatro primeras partes y que revelan a nivel simbólico, aspectos del tema central. En realidad, todos los poemas están interrelacionados y giran en torno a un solo tema central.

El poema clave del *Diario* se encuentra al final de la cuarta parte. Es el poema 191, ya citado arriba, titulado «Todo», dirigido al mar y al amor, escrito el 19 de junio. Éste es el punto culminante de una complicada evolución psicológica, e indica dramáticamente la índole hermética del mundo poético del *Diario*.

> Verdad, sí, sí; ya habéis los dos sanado
> mi locura.
>
> El mundo me ha mostrado, abierta
> y blanca, con vosotros,
> la palma de su mano, que escondiera
> tanto, antes, a mis ojos
> abiertos, ¡tan abiertos
> que estaban ciegos!
>
> ¡Tú, mar y tú, amor, míos,
> cual la tierra y el cielo fueron antes!
> ¡Todo es ya mío ¡todo! digo, nada
> es ya mío, nada!

El poema anuncia en tono triunfante varias cosas: que la «locura» de la personalidad poética ha sido curada por el mar y por el amor; que el mundo se le ha revelado en una forma que nunca antes había experimentado; que el mar y el amor han llegado a ser en la experiencia del poeta lo que la tierra y el cielo fueron antes; y que la posesión de «todo» se rectifica ahora y es descrita como «nada». El sentido de todo esto no sólo es oscuro, sino que no hay posibilidad dentro del poema mismo de llegar a una interpretación inteligible de su pleno significado. Pero es interesante notar que los versos 9 y 10, «¡Tú, mar y tú, amor, míos, / cual la tierra y el cielo fueron antes!», podrían estar relacionados con aquella observación hecha por el autor a Gullón, citada antes: «Y tiene también una ideología manifiesta en la pugna entre el cielo, el amor y el mar.» Supongamos que esta pugna tiene alguna relación con la sustitución, aquí en este poema 191, de «tierra y cielo» por «mar y amor». Vamos a dejarnos guiar ahora, en nuestra búsqueda del sentido del *Diario,* por estas preguntas: ¿Qué valores específicos y qué significados adquieren las palabras «mar», «amor», «cielo» y «tierra»? ¿Qué es lo que se quiere decir con la referencia a «mis ojos abiertos, ¡tan abiertos que estaban ciegos!»? ¿Cuál es el significado de la «locura» de la personalidad poética?

Como guía en la investigación de estos significados, conviene tomar nota de dos poemas escritos el 17 de junio, sólo dos días antes de la declaración triunfante del poema «Todo». Ambos se refieren a la condición del alma de la personalidad poética y adquieren especial importancia si se tiene en cuenta que la voz poética del *Diario* está constantemente describiendo el estado y condición de su alma. En estas dos composiciones, el poema 182, titulado «Oro mío», y el poema 183, titulado «Nocturno», el alma, por primera vez en la obra, goza de una alegría y de una libertad jubilosa. En el primero, el alma parece fundirse con el sol mismo, que le lleva a recuperar su esencia y sus renovadas fuerzas, y en el segundo, el alma, en su infinita libertad, adquiere un especial dominio de sí misma.

La importancia de estos poemas se aprecia más cuando se los compara con otros en los que la condición del alma se describe en términos totalmente distintos. En la parte III, por ejemplo, se destaca el poema 122, titulado, «Prolongación de paisaje», que reza: «Es el cuerpo como una carne gloriosa que está esperando, en su centro, la resurrección de su alma muerta [...]» Lo que llama la atención aquí es que el alma, en cierto sentido, está descrita como muerta. Y en otra ocasión, muy al principio de la primera parte, en el poema 14, se describe al alma no como muerta, sino sola, aislada, y sumida en su propia órbita:

> ... ¡Este instante
> de paz —sombra despierta—,
> en que el alma se sume
> hasta el nadir del cielo de su esfera!

Ahora bien, el contraste entre estos primeros momentos del alma y su resurrección y liberación en la segunda mitad de la parte IV es notable. Este cambio de condición del alma nos da una clave para descifrar el lenguaje hermético que alcanza su desarrollo máximo en esta parte. Colocados tan próximos al que hemos llamado el poema clave, «Todo», los titulados «Oro mío» y «Nocturno» deben estar relacionados de algún modo con el tono jubiloso del 19 de junio, cuando el protagonista anuncia que el mar y el amor han curado su «locura». A medida que proseguimos la investigación de esta «locura», veamos qué relación tiene con el nuevo arreglo del mundo interior experimentado por el alma resucitada.

Otro poema importante que debe considerarse ahora es el poema 38, «Sol en el camarote», de la segunda parte. Es aquí donde se encuentra una clave para entender un aspecto enigmático del poema 191, «Todo». El poema 38 reza así:

> Amor, rosa encendida,
> ¡bien tardaste en abrirte!
> La lucha te sanó,
> y ya eres invencible.
>
> Sol y agua anduvieron
> luchando en ti, en un triste
> trastorno de colores...
> ¡Oh días imposibles!
> Nada era, más que instantes,

lo que era siempre. Libre,
estaba presa el alma.
—A veces, el arco iris
lucía brevemente
cual un preludio insigne...—

   Mas tu capullo, rosa,
dudaba más. Tuviste
como convalecencias
de males infantiles.
Pétalos amarillos
dabas en tu difícil
florecer... ¡Río inútil,
dolor, cómo corriste!
[...]

De la misma manera que se afirma en «Todo» que el amor
y el mar sanan la «locura» de la personalidad poética, así en
«Sol en el camarote» el verbo «sanar» aparece emparentado
con el amor concebido como una rosa. El elemento de «lu-
cha» está visto también como un factor de esta mejoría. Al
igual que en todos los poemas citados hasta ahora, hay un
lenguaje oscuro que no puede ser explicado todavía, como,
por ejemplo: «Sol y agua anduvieron / luchando en ti, en un
triste / trastorno de colores...» Sin embargo, el sentido de la
liberación final del alma se refuerza aquí por la referencia a
su encarcelamiento («Libre, estaba presa el alma»). Finalmen-
te, adquirimos una nueva percepción al leer que el tiempo
que tardó el amor en florecer se atribuye a algo como «con-
valecencias de males infantiles». El verbo «sanar» en este poe-
ma, pues, se emplea con referencia a «males infantiles»,
mientras que en «Todo», «sanar» se refiere a «locura». Supon-
gamos que «males infantiles» y «locura» sean dos aspectos del
mismo fenómeno y veamos si esta asociación nos ayuda a
entender mejor el problema de la personalidad poética.

A la luz de estas consideraciones, vamos a comenzar exa-
minando la primera parte, para luego establecer el tema cen-
tral del *Diario*, y señalar aspectos de su desarrollo a lo largo
de las diferentes secciones de la obra.

La primera parte se abre con una serie de poemas, escritos

durante el viaje en tren entre Madrid y Cádiz, que manifiestan el amor del viajero por su futura compañera. Pero muy pronto la alegría, la ternura y la inminencia de este amor deseado se ven contrariados en el poema 5, titulado «La Mancha», que se centra en la curiosa descripción de una estrella y el antiguo amor del alma por esa estrella:

> Una estrella sin luz
> casi, en la claridad difusa
> de la luna extendida por la niebla,
> vigila tristemente todavía
> los olivares de la madrugada
> que ya apenas se ven.
>
> [...]
>
> ¡Alma mía
> salida ahora de tu sueño, nueva,
> tierna, casi sin luz ni color aún, hoy
> —como un recién nacido—
> por este campo viejo que cruzaste
> tantas veces
> —los olivares de la madrugada—,
> tantas veces, con ansia y sin sentido,
> a la luz de la estrella inextinguible
> de tu amor infinito, ¡cuánto tiempo
> náufrago de la luna!
>
> [...]

A medida que se aproxima el amanecer, la luz de la estrella se desvanece y la de la luna se difunde por la niebla. La especial relación entre la estrella y el olivar se indica por la frase «vigila tristemente todavía». Todas estas imágenes —estrella, luna, niebla, olivares al amanecer— aparecen repetidamente y adquieren una importante elaboración simbólica. Lo que llama la atención aquí, tan al principio de la obra, es la condición del alma, como si despertase de un sueño, como un recién nacido (anticipándose ya a su posterior resurrección), y el contraste entre el estado del alma de ahora y del alma de antes cuando la estrella era objeto del infinito amor del poeta. El ámbito familiar de Andalucía («este campo viejo que cruzaste tantas veces»), asociado con los «olivares de la madrugada», absorbe al poeta también en esta especial relación entre la tierra y el cielo. El fracaso del poeta en su amor por la estrella y por la luna se transmite expresivamente en términos marinos. De este modo el quinto poema contiene ya los elementos claves —tierra («campo viejo», «olivares de la madrugada»), cielo («estrella», «luna»), amor («tu amor infinito»), incluso una metáfora marina («náufrago»)— que figuran en el poema 191, «Todo», con que iniciamos este análisis. De esta manera, se advierte cómo aparecen, ya en el poema 5, imágenes y sentimientos que apuntan hacia el lenguaje hermético del poema «Todo».

El valor y significado de este lenguaje poético se nos aclara más en el poema 13, titulado «Moguer», inspirado por la visita del protagonista a su pueblo natal, camino de Cádiz:

> Moguer. Madre y hermanos.
> El nido limpio y cálido...
> ¡Qué sol y qué descanso
> de cementerio blanqueado!
>
> Un momento, el amor se hace lejano.
> No existe el mar; el campo
> de viñas, rojo y llano,
> es el mundo, que el mar adorna sólo, claro
> y tenue, como un resplandor vano.
>
> ¡Aquí estoy bien clavado!
> ¡Aquí morir es sano!
> ¡Éste es el fin ansiado
> que huía en el ocaso!
>
> Moguer. ¡Despertar santo!
> Moguer. Madre y hermanos.

El apego a su Moguer natal se aprecia en toda la obra del poeta. Aquí se manifiesta el poder de atracción de su pueblo en términos que revelan otra configuración de imágenes —Moguer, madre, nido, cementerio— que reaparecen y se repiten a lo largo del *Diario*. Estar en Moguer, acompañado por madre y hermanos, y querer morir en Moguer, expresa el deseo y sentimiento del niño que no quiere dejar el nido. Este apego al Moguer de su infancia diluye el amor del hombre por la mujer («un momento, el amor se hace lejano») y explica la tensión y el conflicto psicológicos que constituyen el núcleo del tema central de la obra. Este conflicto se hace patente ocho poemas después, en el poema 20, titulado «¡Dos Hermanas!», donde el miedo y la inseguridad se expresan momentáneamente en palabras que revelan que la personalidad poética no puede realizar su amor:

> [...]
>
> Yo, en un escalofrío sin salida,
> sonrío en mi tristeza y lloro de alegría.
>
> —Dos cables: «Madre, Novia: Moguer, Long-Island; Flushing: Naufragué, en tierra, en mar de amor.»

El porqué de su naufragio «en mar de amor» se indica más explícitamente en el poema siguiente, el 21:

> [...]
>
> ¡Olivos y pinares!
> ¡Ponientes de oro grande!
> ¡Qué bien, qué bien estabais!
> ... ¡Qué bien, qué bien estáis!
>
> ¡Aquí! ¡A ninguna parte
> más que aquí!
>   —¡Qué bien!—
>   Cae
> hacia el mar ya, inefable
> como una mujer, madre
> de aquí, hermana, amante
> de aquí, la tarde, amor, ¡mi tarde!

El poeta no quiere abandonar el mundo de paisajes («olivos y pinares») y crepúsculos tan entrañable de su Moguer. El atardecer de Andalucía es su atardecer y encarna todas las cualidades de la mujer (madre, hermana, amante). La personalidad poética está tan obsesionada con la naturaleza, concebida ésta como un principio femenino, que no necesita otra mujer. Sean el suelo, los árboles y cementerios familiares de su infancia, sean los crepúsculos, la luna y las estrellas, también de su infancia, ésta es la tierra y el cielo entrañables de su pueblo natal, reemplazados finalmente por el mar y el amor, al término de su aventura espiritual. Éste es, pues, el conflicto íntimo esencial de *Diario de un poeta reciencasado:* la lucha entre el apego del niño a la tierra y el cielo de su temprana existencia y el impulso hacia el amor, la madurez del adulto y la liberación del pasado. La colisión de estas dos fuerzas produce la «pugna» o «lucha» que el poeta ha expresado dentro y fuera de sus poemas. El temor infantil a dejar el nido es excesivo y explica los «males infantiles» que obstaculizan la evolución de un amor maduro, como se declara en el poema, «Sol en el camarote». Los «males infantiles» producen varias obsesiones que se revelan mediante ciertas imágenes insistentes y que contribuyen a iluminar plenamente qué significa la «locura» del protagonista.

El penúltimo poema de la primera parte, el 25, es crucial en tanto que establece los términos que expresarán el tema central, elaborado a lo largo de gran parte del *Diario,* particularmente en la parte III:

> La terrible amenaza
> es ésta:
> «Se caerá, sin abrir, la primavera.»

> —¡Y no tendrá la culpa
> ella!—

> Verá bien con sus ojos
> negros, rojos de lágrimas secretas,
> el camino de gloria
> de la alegría exacta y verdadera...
> Pero le cerrarán, justos,
> la puerta.

> Será su alma la más sana
> de las almas primeras.
> Pero le cerrarán, justos,
> la puerta
> a su carne, lo mismo
> que si loca estuviera.
>
> —¡Y no tendrá la culpa
> ella!—

El íntimo conflicto del poeta se expresa aquí en términos más ominosos. La división interior de la personalidad poética amenaza con ahogar su primavera. La amenaza se refiere a la presión de sus obsesiones infantiles (el apego a su pueblo y tierra natal; los anhelos trascendentes hacia el cielo). La primavera en este caso no es la primavera de la naturaleza, sino su propia potencia para experimentar una primavera interior de amor adulto. «Primavera» se refiere metafóricamente a la condición humana en la que la flor de un amor humano puede abrirse y crecer. El protagonista reconoce tan clara y dolorosamente que si la primavera de un amor humano se marchitase, su novia no sería la culpable. Se refiere a sí mismo en tercera persona en la estrofa que comienza, «verá bien con sus ojos negros», porque él es quien posee las secretas lágrimas de la duda y la ansiedad. Su novia es el miembro sano («será su alma la más sana») de este amor; él es el miembro enfermizo en cuanto que lucha por superar la amenaza de sus «males infantiles».

Contra el telón de fondo del tema central (un amor adulto que lucha por realizarse), el sentido de la parte II se hace claro. La experiencia del mar intensifica las dudas del protagonista sobre sí mismo porque se ve de pronto en un mundo nuevo y extraño, enajenado de todo el ámbito tan entrañable de su Andalucía. Incluso el cielo, ahora sobre el mar, es otro cielo, más vacío e ilimitado como el mar, que el viajero no puede experimentar ni grabar en la memoria, como se ve en el poema 28, titulado «Cielo»: «Cielo, palabra / del tamaño del mar / que vamos olvidando tras nosotros.» Y en contraste, en el poema 34, también titulado «Cielo», leemos con referencia esta vez a su cielo de Moguer: «Se me ha quedado el cielo / en la tierra, con todo lo aprendido, / cantando allí.» Aunque la personalidad poética se reconcilia finalmente con el cielo y lo redescubre en cierto sentido en el poema 43, no puede aún establecer contacto humano y afectivo con el mar, que es tan fundamentalmente distinto de su nido en el sur de España.

La impresión constante producida por el mar en la segunda parte es la de soledad; el mar está representado como algo sin vida, sin compañía, monótono, y produce un aburrimiento agobiante, un insufrible hastío. El retrato más elocuente del mar, desde el punto de vista de aquel que va en busca de una nueva primavera de la vida, es la serie de imágenes que expresan esterilidad y desolación en el poema 30, titulado «Monotonía»: «El mar de olas de zinc y espumas / de cal, nos sitia / con su inmensa desolación»; «un mar de zinc y yeso, / un cielo, igual que el mar, de yeso y zinc, / —ingastables tesoros de tristeza—, / sin naciente ni ocaso...» La enajenación del protagonista frente al mar está intensificada por la nostalgia por su tierra natal, claramente expresada con el poema 35, titulado «Nocturno:»

[...]

—¡Madre lejana,
tierra dormida,
de brazos firmes y constantes,
de igual regazo quieto,
— tumba de vida eterna
con el mismo ornamento renovado—;
tierra madre, que siempre
aguardas en tu sola
verdad el mirar triste
de los errantes ojos!—

... Me acuerdo de la tierra
—los olivares a la madrugada—
firme frente a la luna
blanca, rosada o amarilla,
esperando retornos y retornos
de los que, sin ser suyos ni sus dueños,
la amaron y la amaron...

Los elementos especiales de la infancia del protagonista —los olivares de su tierra, la luna de su cielo— ya nos son conocidos. El fuerte apego a su tierra como si fuera «madre» refleja el anhelo del niño por el calor maternal y por la seguridad. Y la intercalación metafórica —«tumba de vida eterna / con el mismo ornamento renovado»— sugiere el mundo estático e intemporal de Moguer.

Pero si la tierra, la «madre lejana, tierra dormida», es una «tumba de vida eterna» por razones no del todo claras en este momento, el mar no es tal cosa. El mar continúa ofreciéndonos una visión de desolación, ruina y esterilidad, como se ve en el poema 37:

> Los nubarrones tristes
> le dan sombras al mar.
> > El agua, férrea,
> parece un duro campo llano,
> de minas agotadas,
> en un arruinamiento
> de ruinas.
>
> ¡Nada! La palabra, aquí, encuentra
> hoy, para mí, su sitio,
> como un cadáver de palabra
> que se tendiera en su sepulcro
> natural.
>
> ¡Nada!

Lo mismo que la «tierra dormida» es, en cierto sentido, «una tumba de vida eterna» en el poema 35, aquí la esterilidad del mar brinda un lugar de reposo natural para la no-vida, la nada total. No «vida eterna», sino «nada». La tierra, incluso en las tumbas, se ve en el *Diario* siempre como una fuente de vida, pero el mar es, para la personalidad poética en la parte II, una negación de vida, de amor y de primavera. Si se reconocen estos valores del mar y de las aguas del mar, resultan más claros ahora algunos versos del poema 38, «Sol en el camarote». Ya se ha observado que en este poema, el protagonista parece dominar las fuerzas opresoras que luchan en su interior, y declara en los primeros dos versos que su rosa de amor se ha abierto al fin: «Amor, rosa encendida, / ¡bien tardaste en abrirte!» Este momento de gozo y de optimismo se vive fugazmente y será pronto seguido por otros muchos momentos de depresión y angustia. De hecho, la oscilación de estos estados anímicos del protagonista se observa a lo largo de todo el *Diario*. Refleja su conflicto interior e indica cuál de las fuerzas contrarias —las de la madre, nido y tierra natal, o las del amor y madurez— es momentáneamente predominante. Aquí, en el poema 38, el conflicto se expresa simbólicamente en términos de sol y agua: «Sol y agua anduvieron / luchando en ti [...]» El sol brinda las condiciones que favorecen y fortalecen el amor del protagonista, mientras que el agua del mar, como expresión de lo desconocido, de la esterilidad y de la desolación, representa la negación del amor y de la primavera del poeta. El efecto del mar en los sentimientos del viajero es de carácter psicológico. Que lo concibe simbólicamente —como la exteriorización de sus emociones íntimas— se confirma en el próximo poema, el 39, titulado «Menos»: «[...] el mar / de mi imaginación era el mar grande». El viajero reconoce que el mar que tiene que domar es el mar que hay dentro de él, el mar de su imaginación. Sin embargo, el verdadero mar, el del mundo exterior, sigue proporcionándole insistentemente imágenes expresivas de su dilema íntimo. Estas proyecciones de su imaginación en el mar reciben una fuerte y simbólica expresión en el poema 44, titulado «¡No!», donde se perciben claramente las fuerzas opresivas que amenazan el logro de su amor.

> El mar dice un momento
> que sí, pasando yo.
>   Y al punto,
> que no, cien veces, mil
> veces, hasta el más lúgubre infinito.
>
> No, ¡no!, ¡¡no!!, ¡¡¡no!!!, cada vez más
> fuerte, con la noche...
>   Se van uniendo
> las negaciones suyas, como olas,
> —¡no, no, no, no, no, no, no, no, no, no!—

y, pasado, todo él, allá hacia el este,
es un inmenso, negro, duro y frío
ino!

Es importante notar aquí que las negaciones se hacen más
intensas con la llegada de la oscuridad y de la noche. La acu-
mulación final de las múltiples negaciones como olas en «un
inmenso, negro, duro y frío ino!» se localiza muy significati-
vamente «hacia el este». Como si fueran una representación
de todo lo que parece negar al protagonista su voluntad de
amar a la mujer, las negaciones como olas se asocian al final
con el origen del conflicto —hacia el este, la dirección de la
España meridional donde la herencia de la niñez amenaza
suprimir su condición de hombre. Pero la negación del mar,
identificada con el este, está contradicha simbólicamente por
el último poema de la parte II, el 56, titulado «¡Sí!». El impul-
so hacia el amor es señalado por la afirmación de la luz,
anunciándose desde el oeste en la dirección de su novia, que
le está esperando en Nueva York. «¡Sí!» completa de este
modo una ejemplificación de la lucha simbólica de sol y
agua expresada en «Sol en el camarote»:

> Delante, en el ocaso, el sí infinito
> al que nunca se llega.
>   —¡Sííííí!
>   Y la luz,
> incolora,
> se agudiza, llamándome...
>
> No era del mar... Llegados
> a las bocas de luz que lo decían
> con largor infinito,
> vibra, otra vez, inmensamente débil
> —¡síííííí!—,
> en un lejos que el alma sabe alto
> y quiere creer lejos, solo lejos...

Se observa también que esta luz del oeste, de Nueva York,
de un nuevo mundo, que llama al viajero, llega tan débil-
mente porque el alma le teme. El alma aquí es el alma del
niño dentro del protagonista que todavía no se encuentra

preparado para enfrentarse con la novia y con su renacer en un nuevo mundo de experiencia.

Ya se ha estudiado parcialmente la tercera parte, «América del Este», y se ha señalado también la importancia del tema de la primavera. Antes de proseguir, conviene comentar un poco más un solo poema en prosa, escrito al final de la estancia del poeta en Nueva York. El poema es el 154, titulado, «Puerto». Llama la atención el lenguaje altamente simbólico del segundo párrafo, que se cita a continuación, en el que el viajero no ha conseguido todavía la primavera de su nuevo amor:

> De pronto, el barco de la noche, la Sombra de pie en la proa, viene de oriente, majestuoso y raudo, a la ciudad ya casi sin luz. Y en un juego complicado y doliente de retirada, el ocaso le proyecta a la noche, con focos malvas y de oro, grises y rosados, una remota primavera, que ella apaga, sin resistencia, sonriendo, en una semilucha tranquila y sin sangre...

En vísperas de la partida de regreso a España, aparece un vocabulario recurrente que conoce ya muy bien el lector atento del *Diario:* el barco de la noche, la Sombra de pie en la proa, y un juego y lucha entre el ocaso y el oriente, entre luz y oscuridad. Aparece la Sombra aquí como fuerza personificada, símbolo ya de esa fuerza opresiva del este, de Moguer, de la tierra y cielo natal del viajero, Sombra ya con letra mayúscula, que viene con la noche a rescatar a su hijo, del mar y del amor de un nuevo mundo de experiencia. La noche, por su parte, apaga, sin resistencia, la posibilidad para el protagonista (que ahora se siente como «remota») de un renacer en Nueva York («una remota primavera, que ella [la noche] apaga»). Así como el conflicto interior del protagonista es simbólicamente expresado mediante la lucha entre sol y agua en la segunda parte, aquí en la tercera, esta lucha se enriquece con el pleno desarrollo del simbolismo de la primavera, y el final de «América del Este» ofrece una elaboración y profundización del significado secreto de la frase, «La terrible amenaza es ésta: / 'Se caerá, sin abrir, la primavera'». Aquello que se preveía como amenaza al final de la primera parte, aquí se siente como realidad.

La parte IV se inicia con el poema 157, titulado «Nostalgia», que expresa una condición momentánea de paz y de reposo. El mar tranquilo de la imaginación del protagonista se destaca en fuerte contraste con otras actitudes en las cuales el alma es atormentada por dudas y temores:

> El mar del corazón late despacio,
> en una calma que parece eterna,
> bajo un cielo de olvido y de consuelo
> en que brilla la espalda de una estrella.
>
> Parece que estoy dentro
> de la mágica gruta inmensa
> de donde, ataviada para el mundo,
> acaba de salir la primavera.
>
> ¡Qué paz, qué dicha sola
> en esta honda ausencia que ella deja,
> en este dentro grato
> del festín verde que se ríe fuera!

El sosiego y el olvido del momento presente es un anhelo típico del alma atormentada, que frecuentemente prefiere escapar en vez de afrontar su problema. El protagonista no ha participado todavía en su primavera de amor y madurez, y parece estar encerrado dentro de la mágica gruta que le protege, felizmente desde el punto de vista del niño en él, de la verdadera primavera recién abierta en el mundo natural. Conviene recordar otra vez que la lucha para realizar su propia primavera de amor y madurez coincide, en parte, con los meses primaverales (marzo, abril, mayo) y con la llegada de la primavera en Norteamérica. Esto explica, insistimos, gran parte de la tensión y clima emocional de la tercera parte. La primavera llega a Nueva York y a sus alrededores, pero no llega al poeta.

Continúan las expresiones de un deseo de paz y protección en la parte IV, aunque con mucha menos frecuencia. A menudo el refugio es el cielo, bajo la protección de la noche, y en el poema 172, titulado «Nocturno», la voz poética se expresa con imágenes y sentimientos que nos hacen pensar en la experiencia del cielo nocturno del niño de Moguer:

[...]

Enclavado a lo eterno eternamente
por las mismas estrellas,
¡qué tranquilos sentimos, a su amparo,
el corazón, como en el sentimiento
de una noche, que siendo solo nuestra madre,
fuera el mundo!
¡Qué refugiados nos sentimos
bajo su breve inmensidad definitiva!

El poema 175, titulado «Partida», es uno de los poemas más importantes de la cuarta parte. El protagonista hace explícito, por fin, el verdadero motivo de su viaje y aclara aún más la índole de su conflicto interior:

Hasta estas puras noches tuyas, mar, no tuvo
el alma mía, sola más que nunca,
aquel afán, un día presentido,
del partir sin razón.
                Esta portada
de camino que enciende en ti la luna
con toda la belleza de sus siglos
de castidad, blancura, paz y gracia,
la contagia del ansia de su claro
movimiento.

[...]

¡Magia, deleite, más, entre la sombra,
que la visión de aquel amor soñado,
alto, sencillo y verdadero,
que no creímos conseguir; tan cierto
que parecía el sueño más distante!

Sí, sí, así era, así empezaba
aquello, de este modo lo veía
mi corazón de niño, cuando, abiertos
como cielos, los ojos,
se alzaban, negros, desde aquellas torres
cándidas, por el iris, de su sueño,
a la alta claridad del paraíso.
Así era aquel pétalo de cielo,

en donde el alma se encontraba,
igual que en otra ella, sola y pura.
Éste era, esto es, de aquí se iba,
como esta noche eterna, no sé a donde
a la tranquila luz de las estrellas;
así empezaba aquel comienzo, gana
celestial de mi alma
de salir, por su puerta, hacia su centro...

[...]

La personalidad poética revela que sólo recientemente, durante «estas puras noches» de su viaje de regreso, ha recobrado su anterior deseo de partir en busca de belleza celestial. Así estos versos iniciales nos recuerdan ciertos poemas de la primera parte y sugieren de nuevo la reticencia con que este viaje fue emprendido. El viajero manifiesta una creciente conciencia de que el primer deseo irracional e inconsciente para hacerse a la mar había surgido en realidad tanto o más por su deseo de unirse con los cielos como por el deseo de unirse con su amada. De hecho, se debe señalar que este «afán del partir sin razón» enlaza con el poema 5, comentado anteriormente, en el cual el protagonista es poseído por un estado de conciencia irracional en presencia de la luna y las estrellas. Recordamos el pasaje pertinente:

por este campo viejo que cruzaste
tantas veces,
—los olivares de la madrugada—,
tantas veces, con ansia y sin sentido,
a la luz de la estrella inextinguible
de tu amor infinito, ¡cuánto tiempo
náufrago de la luna!

En el poema 175, «Partida», se ve, efectivamente, que el hechizo de la luna y las delicias sensuales de la noche ejercen un encanto más fuerte en el viajero que sus sueños de amor, un amor que él mismo no creía poder alcanzar («aquel amor soñado, [...], que no creímos conseguir»). Pero no debemos olvidar que este anhelo trascendente de un paraíso de clari-

Zenobia y Juan Ramón Jiménez con la familia García Lorca

dad y de tranquilidad es el de un niño («de este modo lo veía / mi corazón de niño»). La expresión del corazón del niño aquí, con los ojos tan abiertos, nos ayuda a aclarar un pasaje enigmático del poema 191, «Todo». En este poema, la voz poética se refiere «a mis ojos / abiertos, ¡tan abiertos / que estaban ciegos!». Ahora se descubre que son los ojos del «corazón de niño» de la personalidad poética los que han aprendido, por fin, a mirar el mundo de otra manera, a mirar el mundo con ojos de adulto. De este modo, el viajero ha sido llevado a una plena conciencia de su problema, punto decisivo en su aventura espiritual. De ahora en adelante, con una excepción (que aparece en los poemas 189 y 190), el diario poético apunta hacia la resolución del problema y la liberación del alma.

Aunque las fuerzas de Moguer y de la infancia continúan ejerciendo su influencia sobre la personalidad poética a lo largo de numerosos poemas de la cuarta parte, hay una evidencia notable de que la relación del viajero con el mar ha sufrido un cambio importante. Hay dos poemas dramáticos, el 163 y el 168, en los que el mar se transforma en un gigante salvaje e irreverente que amenaza al viajero con violencia. En el poema 163, titulado «El Mar», es una enorme y ebria criatura que parece resentirse de aquel intruso y le insulta y le espanta deliberadamente:

> Le soy desconocido.
> Pasa como un idiota,
> ante mí; cual un loco, que llegase
> al cielo con la frente
> y al que llegara el agua a la rodilla,
> la mano inmensa chorreando
> sobre la borda.
>   Si le toco un dedo,
> alza la mano, ola violenta,
> y con informe grito mareante,
> que nos abisma,
> dice cosas borrachas, y se ríe,
> y llora, y se va...
>
> [...]

> Por doquiera
> asoma y nos espanta; a cada instante
> se hace el mar casi humano para odiarme.
> ... Le soy desconocido.

A pesar de la agresividad y violencia del mar, su humanización frente al viajero es un signo positivo. Refleja la propia humanización del protagonista, sus primeros y tímidos intentos para establecer contacto con fuerzas naturales y poderosas, en lugar de contemplar o dejarse absorber, en los paisajes de tierra y cielo tan queridos de su mundo infantil.

El mar del poema 168 parece acrecentar la furia de su asalto sobre el viajero:

> Hoy eres tú, mar de retorno;
> ¡hoy, que te dejo,
> eres tú mar!
>   Qué grande eres,
> de espaldas a mis ojos,
> gigante negro hacia el ocaso grana,
> con tu carga chorreosa de tesoros!
>
> [...]
>
> ... De repente, te vuelves
> parado, vacilante,
> borracho colosal y, grana,
> me miras con encono
> y desconocimiento
> y me asustas gritándome en mi cara
> hasta dejarme sordo, mudo, y ciego...
> Luego, te ríes, y cantando
> que me perdonas,
> te vas, diciendo disparates,
> imitando gruñidos de fieras
> [...]
> y te hundes hasta el pecho
> o sales, hasta el sol, del oleaje
> —San Cristóbal—,
> con mi miedo en el hombro acostumbrado
> a levantar navíos a los cielos.

> Me siento perdonado. ¡Y lloro, mar salvaje
> toda tu agua de hierro, luz y oro!

Es como si el mar, en su violencia, su borrachera, su salvajismo estuviera repudiando la delicadeza de este contemplador enamorado de luna y estrellas. El poeta nos enriquece el simbolismo del mar dándole un sentido mitopoético en el breve poema 165, que reza así: «¡Oh, mar, cielo rebelde / caído de los cielos!» El mar, como Lucifer, es un gigante vencido, desterrado de los cielos. Ya se ha visto en el poema 5, «La Mancha», que la personalidad poética, como el mar, es también desterrada del cielo (se describe a sí mismo como «náufrago de la luna»), y tiene que aprender a vivir sobre la tierra. La violencia del asalto del mar parece como si tuviera virtudes terapéuticas. El poeta debe sentirse culpable por su insistencia en ser más que humano y en vivir entre los cielos, puesto que siente un gran alivio al recibir el perdón del mar. Hay incluso una indicación de que el mar salvaje, una vez que le ha perdonado, desea responder con un gesto de buena voluntad. Y como a San Cristóbal, se ve al gigante marino prestando ayuda al viajero, levantando su cargo de miedo y exponiéndolo al sol. El miedo aquí es el miedo del «corazón de niño» de enfrentarse a este nuevo mundo de experiencia, este nuevo mundo de mar y amor; y el sol, como hemos visto, es la fuerza vital que favorece el florecimiento del amor. Aquí, de pronto, el mar y el sol son vistos en un acto de cooperación que contrasta dramáticamente con la lucha simbólica de sol y agua en la segunda sección. La reacción del protagonista a la ayuda del mar-gigante es llorar copiosamente de gratitud —acto que es también expresivo de la unión del agua marina y de la luz solar. Los versos finales rezan así: «Me siento perdonado. ¡Y lloro, mar salvaje / toda tu agua de hierro, luz y oro!» Tal expresión no se encuentra nunca en el viaje de ida, donde el mar es casi insistentemente «de hierro, frío, sombra y grito». Que estos versos expresan simbólicamente una nueva relación entre la personalidad poética y el mar se confirma además por el hecho de que el viajero ya nunca más es amenazado o intimidado por el mar en el *Diario*.

Y así, mientras el mar de la segunda parte es como una fuerza opresora expresada mediante imágenes de esterilidad, desolación y monotonía, para negar al viajero su voluntad de amor y renacer; el mar de la cuarta parte, salvaje, irreverente, blasfemo, humanizado, actúa como una fuerza liberadora para sacudir al protagonista hacia el mundo real y humano. Reconocer esta diferencia es comprender el proceso gradual de transformación psicológica y espiritual que conduce a la liberación del alma en «Oro mío» y «Nocturno» y a la resolución final del conflicto interior, anunciada en tono triunfal en el poema «Todo»:

> Verdad, sí, sí; ya habéis los dos sanado
> mi locura.
>
> El mundo me ha mostrado, abierta
> y blanca, con vosotros,
> la palma de su mano, que escondiera
> tanto, antes, a mis ojos
> abiertos, ¡tan abiertos
> que estaban ciegos!
>
> ¡Tú, mar y tú, amor, míos,
> cual la tierra y el cielo fueron antes!
> ¡Todo es ya mío ¡todo! digo, nada
> es ya mío, nada!

Punto culminante de una trayectoria espiritual y emocional cuidadosamente elaborada a través de muchos de los 190 poemas anteriores, «Todo» constituye un excelente resumen del dilema de personalidad y su dramática resolución. «Todo» nos anuncia jubilosamente que la «locura» del protagonista ha sido curada por el mar y por el amor. La «locura» es lo que el viajero llama en otros poemas los «males infantiles» de su «corazón de niño». Como hemos sugerido, tiene que ver con sus obsesiones del pasado, con su apego a su madre y a su tierra natal, y con sus anhelos trascendentes de la luna y las estrellas. La tierra y el cielo nombrados aquí son la tierra y el cielo de Moguer, el mundo de su niñez. El mar y el amor, apostrofados aquí, representan el nuevo mundo del adulto. El mundo infantil ha sido reemplazado por el mundo del adulto, lo cual implica también una radical transformación de valores. «Todo» pertenece al mundo semántico del niño que había que superar, y «nada» pertenece al mundo semántico del adulto en un nuevo arreglo del universo de la personalidad poética.

Es altamente significativo que en la quinta parte, «España», la última de este diario íntimo, no hay ansiedad ni angustia, no hay ambigüedades ni significados oscuros, no hay conflictividad. A modo de resumen, quizá conviene repasar brevemente el estado de ánimo y el clima emocional que se comunica aquí y que confirma la resolución del conflicto y la nueva libertad y plenitud del alma, conquistada por el viajero hacia el final de «Mar de retorno».

El viajero llega a Cádiz el 20 de junio según sus apuntes, y la impresión inmediata de los primeros poemas es el sentimiento de placer y alegría al volver a entrar en la España meridional. Es como si el protagonista abriera todos sus poros y absorbiera en su totalidad sin problemas la tierra, el mar, el cielo, el aire y la atmósfera de Cádiz y Sevilla («profusión de bienestares que dan a cada sentido su más aguda sensación», dice en el poema 202). Ausentes están ya la sensación y el sentimiento de la naturaleza tan predominantes en las partes anteriores —los vuelos ascendentes de su fantasía, el deseo del alma de unirse con la luna y las estrellas, la necesidad infantil de seguridad en la noche, añorando la presencia de la madre. Todo esto ha desaparecido. La personificación de la tierra y la tarde como mujer o como madre está también totalmente ausente. Una visita final a Moguer y a su madre no resucita las obsesiones infantiles como en la primera parte. En el poema 207, dedicado por el viajero a su madre, se refleja una nueva madurez. ¡Y qué bien integra el sentimiento y cariño por su madre con la nueva experiencia de tierra y mar!:

> Te digo al llegar, madre
> que tú eres como el mar; que aunque las olas
> de tus años se cambien y te muden,
> siempre es igual tu sitio
> al paso de mi alma.

No es preciso medida
ni cálculo para el conocimiento
de ese cielo de tu alma;
el color, hora eterna,
la luz de tu poniente,
te señalan ¡oh madre! entre las olas,
conocida y eterna en su mudanza.

Cuando el viajero se despide por fin de Moguer y de Andalucía después, camino de Madrid, el sentimiento es el de un adulto, libre de los lazos obsesivos con el pasado. Buena evidencia de esto puede hallarse en el poema 211, «¡Adiós!, Soñando en el tren», donde el adiós a Andalucía es algo feliz, algo que se expresa con el tono de quien la llevará consigo:

¡Oh, qué verde te quedas
atrás, Andalucía,
qué blanca entre tus agrias
viñas!

Los altos miradores
en donde el sol complica
colores de cristales
—malva, rosada su cal nueva—,
te miran tu alegría.
—En todos está mi alma
con la veleta, arriba,
arriba.

... Aquí y allá, el mar, lejos
en encendidas cintas—.

Muy significativo es el contraste de esta despedida con la correspondiente de la primera parte. En «Hacia el mar», el adiós a Andalucía es lento, penoso, y aterrador. El «amanecer» del alma es abortivo, cargado de ansiedad y angustia. En la quinta parte, la despedida de Andalucía es alegre y el «amanecer» del día durante el viaje por La Mancha establece un sentido de bienestar característico de todos los poemas de esta sección. Está ausente la duda metafísica (la verdad y la mentira sobre la realidad de los dos mundos —el del niño y el del adulto— que antes combatían en el interior del poeta). El tema del amanecer feliz y las imágenes del barco triunfante y el mar tranquilo al final de la obra indican la liberación permanente del alma y la conquista de la madurez. Está libre ya de las fantasías y obsesiones de su niñez. El último poema de esta sección, en realidad, el último poema del diario íntimo, titulado «Sencillez», expresa bellamente la aceptación e integración serenas del nuevo mundo de experiencia, conseguido al final de la parte IV:

> ¡Sencillez, hija fácil
> de la felicidad!
>   Sales, lo mismo,
> por las vidas, que el sol de un día más,
> por el oriente. Todo
> lo encuentras bueno, bello y útil,
> como tú, como el sol.
>   ¡Sencillez pura,
> fuente del prado tierno de mi alma,
> olor del jardín grato de mi alma,
> canción del mar tranquilo de mi alma,
> luz del día sereno de mi alma!

LA POESÍA NORTEAMERICANA

Nos queda por explicar todavía el significado del «simbolismo moderno» del *Diario* y su importancia histórica para la poesía lírica hispánica del siglo XX. A modo de preparación para este tema, nos incumbe señalar, primero, el contacto directo que tenía Juan Ramón con la poesía norteamericana, y, después mostrar su relación con la tradición lírica europea que más poderosamente ha influido en él. Graciela Palau de Nemes, en su valioso trabajo sobre el poeta de Moguer, señaló y comentó hace tiempo una serie de autores norteamericanos y sus obras que aparecen en el *Diario*: Amy Lowell, Robert Frost, Vachel Lindsay, Edgar Lee Masters, Edwin Arlington Robinson, Henry Wadsworth Longfellow, James Russell Lowell, William Cullen Bryant, Thomas Bailey Aldrich, Edgar Allan Poe, Walt Whitman, Emily Dickinson, etc.[35]. De hecho, el *Diario* nos proporciona una excelente muestra de las lecturas de Juan Ramón en los Estados Unidos, de sus intereses en esa época y de las influencias que contribuyeron a la forja de su nueva estética.

Tres excelentes fuentes de información de las opiniones y visión de Juan Ramón sobre la poesía norteamericana se encuentran en la carta abierta «A Luis Cernuda», en «Precedentes de la poesía en los Estados Unidos», y en su libro *El modernismo: Notas de un curso (1953).* Todos pertenecen a la época de su trabajo crítico (1936-1954) en América. En su contestación al trabajo publicado por el autor de *La realidad y el deseo* en la revista mejicana *El Hijo Pródigo,* en 1943, Juan Ramón afirma tajantemente sus preferencias líricas, a partir de 1916, en las observaciones siguientes:

> Pues bien, desde 1916, anglicista Luis Cernuda, las líricas inglesa, irlandesa y norteamericana contemporánea me gustaron más que la francesa.
>
> En 1916, insisto, vi [...] que la lírica latina, neoclasicismo grecorromano total, no es [...] lo mío; que siempre he preferido, en una forma u otra, la lírica de los nortes, concentrada, natural y diaria [...] y los versos de Edwin Arlington Robinson, de William Butler Yeats, de Robert Frost, de A. E. de Francis Thompson, unidos a los anteriores de Whitman, Gerard Manley Hopkins, Emily Dickinson, Robert Browning me parecieron más directos, más libres, más modernos, unos en su sencillez y otros en su complicación[36].

En su ensayo, «Precedentes de la poesía moderna en los Estados Unidos», y en *El modernismo,* en forma más esquemática, el poeta organiza sus ideas sobre la literatura de este país y da un resumen coherente y perspicaz de la poesía norteamericana del siglo XIX y principios del XX. Muy aguda, me parece, es su sensibilidad histórica frente a dos grandes acontecimientos en la vida norteamericana —la Guerra Civil (1861-1865) y la guerra con España (1898)— que afectaron

---

[35] Véanse, sobre todo, las págs. 607-611 y 630-632 de su *Vida y obra,* II.
[36] «A Luis Cernuda», *La corriente infinita,* pág. 175.

inevitablemente el clima espiritual y moral en que se produjeron la literatura y, en particular, la poesía. No se puede hacer justicia aquí a todos los aspectos en que acierta este ensayo, pero muy brevemente se puede señalar en la visión y síntesis que ofrece Juan Ramón tres distintas categorías y generaciones de poetas. Primero, su admiración y respeto por Poe, Dickinson y Whitman se expresa repetidamente. Se refiere a ellos como «auténticos poetas» y «el trío grande»[37]. Otro grupo que él considera «un poco falso» (ver el poema 69, «De Boston a New York», nota 38) son «los poetas de Nueva Inglaterra, en esa época, los llamados 'bramines' (Henry Wadsworth Longfellow, James Russell Lowell, Thomas Bailey Aldrich, etc.) [quienes] se apartaron de la realidad nueva que se imponía [Juan Ramón alude aquí a las condiciones y clima que resultaron de la Guerra Civil] y se encerraron en sus bibliotecas a soñar las leyendas universales, espresándose luego en una literatura repetida de los temas y moldes ingleses, o con ecos y traducciones de los poetas clásicos de toda Europa y de todos los tiempos»[38]. Finalmente, sobre los poetas de su época, los «de más alta resonancia» (Robert Frost, Edwin Arlington Robinson, Edgar Lee Masters, Carl Sandburg, etc.) dice Juan Ramón: «La poesía de estos poetas, grandes algunos de ellos, era ya la espresión lírica y ética más cuajada de su tiempo y su tierra, 1912-1916, y sus ideas y formas correspondían en seguridad a las de los mejores poetas europeos contemporáneas, con lijeras diferencias de edad y sentido»[39].

Interesantísimo también es su testimonio de la afinidad y equivalencia entre su verso libre del *Diario* y la nueva poesía de los Estados Unidos:

> Cuando yo venía en 1916 a América escribiendo, con la influencia viva del alta mar de un mes de difícil navegación y el recuerdo poético de Unamuno, mi verso libre del *Diario*,

---

[37] *El modernismo*, págs. 65 y 112.
[38] «Precedentes de la poesía moderna en los Estados Unidos», *Política poética*, pág. 181.
[39] «Precedentes de la poesía moderna en los Estados Unidos», *Política poética*, pág. 183.

no sabía que en la New York que me esperaba tendría pronto conmigo un montón de libros que espresaban la poesía en forma análoga a la que yo estaba escribiendo: *North of Boston* [Robert Frost], *The Man against the Sky* [Edwin Arlington Robinson], *Spoon River Anthology* [Edgar Lee Masters], *The Congo* [Vachel Lindsay], *Sword Blades and Poppy Seed* [Amy Lowell], antolojías con poemas como «Renascence», de Edna St. Vincent Millay, etc. Yo, renaciendo en mí mismo desde años antes, sentí como propio este renacimiento de la poesía de los Estados Unidos, equivalente en tanto al de la española [...]

Y qué buena suerte la que yo tuve de ser el testigo del advenimiento modernista español e hispanoamericano en la persona de Rubén Darío, y de serlo quince años después del gran éxito de los libros fundamentales de los mejores modernistas norteamericanos[40].

EL SIGNIFICADO DEL CONTACTO DE JUAN RAMÓN CON LA POESÍA NORTEAMERICANA

Con respecto a la nueva poesía norteamericana descubierta por Juan Ramón en estos años, 1912-1916, no se trata realmente de «influencias». Se trata más bien de afinidades, equivalencias y analogías que observa entre lo que estaba escribiendo y lo que encontraba en «los mejores modernistas norteamericanos». Este descubrimiento le anima y le fortalece en su convicción del valor de su nueva estética —el verso libre y el poema en prosa— ya iniciada en el *Diario* antes de llegar a Nueva York. Veamos ahora tres aspectos del significado de su sentir «como propio este renacimiento de la poesía de los Estados Unidos». Al comentar con entusiasmo los libros leídos por él y su mujer, libros de Robinson, Frost, Masters, Lindsay, Amy Lowell, etc., ofrece esta observación interesantísima: «Lo psicológico era la médula de estos libros, unos más líricos y otros más épicos»[41]. En otras ocasiones, se-

---

[40] «Precedentes de la poesía moderna en los Estados Unidos», *Política poética*, págs. 184-185.
[41] «Precedentes de la poesía moderna en los Estados Unidos», *Política poética*, pág. 185.

ñala los «poemas psicológicos» de Frost, y comenta el «monólogo de muertos enterrados» en la *Spoon River Anthology,* «drama de un pueblo»[42]. Es altamente significativo y revelador este interés en lo psicológico y pensamientos privados de quien deja al descubierto su propio drama de la mente y experimenta un «renacer» psicológico sobre el mar en el *Diario de un poeta reciencasado.*

De gran interés también es la atención que presta Juan Ramón a la poesía de Amy Lowell. Menciona repetidamente su nombre, sobre todo, en *El modernismo,* la identifica correctamente con los «Imaginistas»[43], e incluso incorpora una cita de uno de sus poemas en el poema 69, «De Boston a New York» (ver la nota 39 que corresponde a este texto del *Diario*). La antología, *Some Imagist Poets* (1915)[44], preparada en parte por Amy Lowell, anuncia en el prefacio los principios estéticos que los imaginistas tienen en común y que tanto atraen a Juan Ramón: emplear el lenguaje del habla común, pero emplear siempre la palabra *exacta,* no la palabra meramente decorativa, crear nuevos ritmos para expresar nuevos estados de ánimo, permitirse una libertad absoluta en la selección de temas, cultivar imágenes claras y precisas, y entender que la concentración es la esencia máxima de la poesía. Los principios expresados aquí —la precisión, la palabra exacta, la expresión de nuevos estados del alma, la captación del mundo de las cosas, e incluso la creación de nuevos ritmos— encuentran una hermosa formulación estética en el tercer poema de *Eternidades* que todo lector de Juan Ramón reconocerá: «¡Inteligencia, dame / el nombre exacto de las cosas! / Que mi palabra sea / la cosa misma, / creada por mi alma nuevamente [...]» Un excelente ejemplo de la afinidad de

---

[42] *El modernismo,* págs. 112, 113, 140 y 141.

[43] El «imaginismo» (Imagism) fue un movimiento poético que prosperó en Inglaterra y los Estados Unidos entre 1912 y 1917. «En 1916 el movimiento `imaginista' estaba en su apogeo. Encabezado por Ezra Pound, pasó a América bajo el liderato de Amy Lowell» (Palau de Nemes, *Vida y obra,* II, página 607). Rechazó la verbosidad victoriana, lo didáctico torpe y pesado, la ornamentación fácil y la afición por abstracciones etéreas.

[44] El interés y valor de esta antología ha sido señalada también por Graciela Palau de Nemes, *Vida y obra,* II, pág. 607.

tema y estilo entre Juan Ramón y Amy Lowell se presenta comparando dos largos poemas en prosa, el 124, «Día de primavera en New Jersey» del *Diario* con «Día de primavera»[45] de la escritora norteamericana. Los dos poemas siguen la trayectoria del día desde la mañana hasta el anochecer, y narran lo que se ve y se vive —los hechos sencillos de la vida entre la confusión de colores, luces, sonidos y olores— contra el trasfondo de la primavera. Se describe con vivos efectos pictóricos y se expresan sentimientos y ritmos primaverales. El poema en prosa de Amy Lowell nos sensibiliza a aspectos particulares del diario íntimo de Juan Ramón (la inmediatez, la fidelidad a experiencias cotidianas y momentáneas, un hilo ordenador que es cronológico), pero lo que falta en el texto de Amy Lowell es el simbolismo —otro plano de hondo significado— que caracteriza los poemas y la obra del poeta de Moguer. El nuevo modo de composición simbólica del poeta español responde a otras afinidades y, en este caso sí, a influencias importantes y duraderas.

Otra vez los comentarios de Juan Ramón sobre la poesía norteamericana nos orientan hacia lo más íntimo de su nueva estética. Su lectura del «trío grande» —Poe, Dickinson, Whitman— le llevan una vez más a sus mejores fuentes de inspiración, como se ve en la siguiente observación: «los más grandes poetas —salvando a Dante— son los ingleses: Yeats, Shelley, Browning —Browning, de donde sale Poe, Whitman y otros norteamericanos—; el romanticismo inglés es el mejor momento de la poesía romántica universal»[46]. Otra idea importantísima de Juan Ramón en su visión tan aguda del desarrollo de la lírica europea es la influencia del romanticismo anglo-americano en el simbolismo francés: «Sobre los simbolistas franceses influyeron notoriamente los poetas de lengua inglesa. Robert Browning influyó mucho en Bau-

---

[45] Incluido en su libro *Men, Women, and Ghosts (Hombres, Mujeres, y Fantasmas).*
[46] Guerrero Ruiz, *Juan Ramón de viva voz,* pág. 213. Inmediatamente antes de esta cita, Guerrero Ruiz apunta en su diario: «Juan Ramón dice que ya es sabido de todos que en el mundo la mejor poesía es la inglesa, aun sin contar a Shakespeare y Milton.»

delaire y en Mallarmé, como Edgar Poe [...]»[47]. Otra vez en conversaciones con Ricardo Gullón, afirma categóricamente: «El romanticismo, es decir, Poe, Browning, Keats y Shelley, determina el simbolismo. ¿Por qué llega éste a Francia? En primer término, porque Baudelaire y Mallarmé conocen el idioma inglés y se dedican a traducir literatura de lengua inglesa [...]»[48]. Y en la carta abierta «A Luis Cernuda», resume, en hermosa síntesis, toda la riquísima herencia de su propio simbolismo: «Que haya 'simbolismo' hoy como ayer en lo íntimo de mi escritura es natural, ya que soy un andaluz (¿no es igual la poesía arábigo-andaluza al simbolismo francés?) y que los místicos españoles dicidieron, con los líricos americanos (Poe), ingleses (Browning) y alemanes (Hölderlin) buena parte del simbolismo francés en sus diversos instantes. Sí, el simbolismo fue [...] el arte mejor de su tiempo»[49]. Así, el poeta comenta en su prosa crítica, citada arriba y en muchas otras ocasiones[50], las figuras y los elementos esenciales de la tradición lírica que nutre su propia poesía y toda la mejor poesía moderna de aquel momento[51].

LA HERENCIA EUROPEA ROMÁNTICA Y SIMBOLISTA EN LA OBRA DE JUAN RAMÓN

A la luz de esta visión de conjunto sobre la evolución de la lírica moderna que nos ofrece Juan Ramón en su prosa crítica, ya tenemos el contexto adecuado para comprender ple-

---

[47] Gullón, *Conversaciones con Juan Ramón*, pág. 107.

[48] *Conversaciones con Juan Ramón*, pág. 132. Este juicio del autor del *Diario* encuentra su confirmación entre los especialistas más autorizados de nuestra época. Véase, por ejemplo, Henri Peyre, *Qu'est-ce que le symbolisme?* (Vendôme, Presses universitaires de France, 1974).

[49] *La corriente infinita*, pág. 174.

[50] Véanse *Juan Ramón de viva voz, La corriente infinita, Política poética, El modernismo* y *Conversaciones con Juan Ramón*.

[51] Otra vez, en su carta abierta «A Luis Cernuda», señala sus «traducciones de los simbolistas mayores franceses (Mallarmé, por ejemplo), William Blake, Emily Dickinson, Robert Browning, A. E., Robert Frost, William Butler Yeats, etc.», figuras cumbres todas de esta gran tradición simbólica, poetas que él confiesa «fueron mis tentadores más constantes», *La corriente infinita*, pág. 176.

namente su observación clave a Ricardo Gullón: «Con el *Diario* empieza el simbolismo moderno en la poesía española.» Efectivamente, el *Diario* encierra en sí la herencia romántica y simbolista de la mejor poesía anglo-americana y francesa desde finales del siglo XVIII hasta su momento actual. Esta herencia ha legado a Juan Ramón y a todos los grandes poetas españoles de las primeras tres décadas del siglo XX un nuevo modo de imaginación y visión y un nuevo modo de composición poética que nos incumbe estudiar ahora.

Howard T. Young nos proporciona un excelente punto de partida. En su valioso libro, *The Line in the Margin,* detallado y bien documentado, demuestra el interés de Juan Ramón en la tradición lírica anglo-americana, con atención especial a tres poetas ingleses: dos románticos, William Blake y Percy Bysshe Shelley, y uno, William Butler Yeats, contemporáneo del poeta andaluz y de otras grandes figuras de fin de siglo. Dado el interés de Juan Ramón, en diferentes épocas de su vida, en la obra de cada uno de estos poetas (primero Shelley, después Yeats, y más tarde, Blake), y dada la importancia decisiva de la obra de Juan Ramón para el posterior desarrollo de la lírica española, vamos a ocuparnos primero de este trío de grandes poetas ingleses[52].

Para el romanticismo inglés, tanto en la teoría como en la práctica, la fuente de la poesía está situada no en el mundo exterior, sino en la individualidad del poeta. La materia esencial de la poesía no son los hombres ni sus acciones, sino los sentimientos y emociones de la personalidad poética. De hecho, Blake y Shelley van más lejos y hablan del poema como un producto de la imaginación y visión privada del poeta, que se opone al mundo corriente de la experiencia pública. El pensamiento romántico busca momentos de revelación en la naturaleza y en el universo, e inspirado fuertemente por la filosofía platónica y neo-platónica, tiende a mirar los obje-

---

[52] Para la información sobre los poetas ingleses que ofrezco aquí, me baso, en parte, en dos libros de consulta esenciales en el campo: *The Norton Anthology of English Literature,* II, eds. Abrams, *et al.,* 1st ed. (Nueva York, W. W. Norton & Co., 1962) y la *Encyclopedia of Poetry and Poetics,* Preminger, Warnke y Hardison (eds.) (Princeton, Princeton University Press, 1965).

tos naturales como símbolos que poseen una correspondencia natural con el mundo espiritual, preservado todavía en muchas filosofías esotéricas tanto como en la teología cristiana. Este empleo de símbolos y este modo de escribir una poesía simbólica se muestra en su forma extrema en la poesía de Blake y Shelley, donde una rosa, un girasol, una montaña, una cueva o una nube se presentan como objetos imbuidos de un significado que los trasciende, pero de un significado condicionado siempre por la visión personal del poeta y por un sistema semántico muy particular del poeta. La continuación y máxima representación de este nuevo modo de percibir e imaginar el mundo, de este nuevo modo de explorar el contenido privado del universo mental del hombre, se encuentra en la poesía visionaria de William Butler Yeats.

Ahora bien, este nuevo modo de ver y explorar el mundo interior del hombre requiere un nuevo modo de composición poética. Y de hecho, lo que caracteriza la obra poética de los tres poetas ingleses que estamos considerando es la construcción y elaboración de un sistema simbólico. Pero hay que entender que un sistema simbólico en esta tradición romántica, aunque muchas veces puede basarse en creencias tradicionales —el platonismo, el cristianismo, lo oculto— siempre implica la organización de ciertos símbolos dentro de un sistema creado por el poeta. En la poesía inglesa, Blake es el primero en crear un sistema simbólico forjado en una combinación de símbolos tradicionales y en símbolos creados de su propia imaginación. Sus grandes libros proféticos (*The Four Zoas, Milton* y *Jerusalem*) sólo pueden comprenderse como un conjunto; los varios personajes, sus acciones y sus significados sólo se aclaran cuando uno ha leído la totalidad de los poemas de las tres obras y ha comprendido cómo Blake desarrolla el carácter de sus personajes a través de toda una serie de poemas. El sentido de la poesía de Blake depende vitalmente de la estricta coherencia del sistema.

Shelley también ha elaborado en su poesía un sistema simbólico. Cuando leemos uno de sus poemas, o una parte de una de sus composiciones más largas, como, por ejemplo, «Prometheus Unbound», una plena comprensión de sus imágenes poéticas sólo es posible después de haber notado la frecuencia y coherencia con que Shelley emplea objetos como cueva, río, fuente, pozo, torre, estrella, y otros. Casi cada palabra forma parte del vocabulario poético de un sistema, y sin conocer ese sistema nuestra lectura no puede ser más que parcial. De hecho, uno de los primeros ensayos sobre los símbolos dominantes en Shelley fue escrito por Yeats, y Shelley era para Yeats uno de sus modelos poéticos más importantes[53]. Yeats, a su vez, ha creado una de las estructuras más complejas en toda la poesía lírica moderna. Una de las características del modo de composición de Yeats es la recurrencia de ciertas imágenes y su conversión en símbolos a través de su empleo en múltiples contextos. Yeats mismo ha insistido en sus símbolos dominantes (árbol, pájaro, torre, mar, casa, máscara y rosa) y así estas imágenes constituyen elementos importantes en la construcción de un sistema simbólico, aunque su sistema es más abierto y asequible que la obra hermética de William Blake.

Ahora bien, la continuación de esta gran revolución romántica la encontramos en el simbolismo de la poesía francesa de la segunda mitad del siglo XIX. Primero en los sonetos tan difíciles y herméticos de Nerval, que anticipan el arte de Verlaine y Mallarmé, y después en *Les Fleurs du Mal* (1857) de Baudelaire, la poesía francesa demuestra que ha asimilado profundamente las grandes innovaciones del romanticismo inglés y alemán. Desde Baudelaire a Mallarmé, los poetas más importantes del simbolismo francés, cada uno a su manera, exploran nuevamente las posibilidades del simbolismo privado de un mundo visionario y onírico. Y, sobre todo, con referencia a Baudelaire y Mallarmé, Hugo Friedrich, en su libro, *Estructura de la lírica moderna,* explica los principios de composición poética que caracterizan sus obras. Cada una presenta una estructura «arquitectónica»; una y otra muestran extremo cuidado en la ordenación rigurosa de un poema tras otro para formar un todo unificado. Si tenemos en cuenta estas categorías descriptivas de Hugo Friedrich (símbolos privados y autónomos, hermetismo, estructura ar-

---

[53] *The Norton Anthology of English Literature,* pág. 1.665.

quitectónica) y si reconocemos que estos términos son igualmente válidos para describir el modo de composición elaborada por los tres poetas ingleses que hemos considerado, tenemos un punto de partida para empezar a explicar la importancia histórica de Juan Ramón en el desarrollo de la poesía lírica española del siglo xx.

Del gran interés del poeta de Moguer en esta misma tradición poética, hemos repasado ya la abundante evidencia de su propio testimonio. Expresa una y otra vez su intensa admiración por los románticos ingleses y los simbolistas franceses a lo largo de tres libros importantes: *Juan Ramón de viva voz* de Juan Guerrero Ruiz, su propio libro, *El modernismo: Notas de un curso (1953),* y *Conversaciones con Juan Ramón* de Ricardo Gullón. Además de las muchas observaciones perspicaces que ha hecho sobre el desarrollo de la poesía española moderna, hay un tema en particular que nos interesa señalar ahora. Y es el gran respeto y admiración que siente por su amigo y contemporáneo, Antonio Machado. Machado es, sin duda alguna, la figura más comentada a lo largo de las *Conversaciones con Juan Ramón* de Ricardo Gullón. Del diálogo en este libro sobre Antonio Machado se destacan tres cosas: la admiración especial que siente Juan Ramón por las *Soledades* de su colega; el significado del «simbolismo en Machado» como algo «sustancial»; y el valor del autor de las *Soledades* como innovador. De hecho, Juan Ramón comenta a Gullón: «A Machado y a mí nos correspondió iniciar lo interior en la poesía moderna nuestra»[54]. Este mismo sentido de la importancia de su primera obra ha sido señalado por el propio Machado. En un apunte sin fecha, pero seguramente posterior a 1918, recogido en «Los complementarios», el poeta nos llama la atención al valor histórico de la primera edición de su primera obra: «Lo anecdótico, lo documental humano, no es poético por sí mismo. Tal era exactamente mi parecer de hace veinte años. En mi composición, 'Los cantos de los niños', escrita el año 98 (publicado en 1903: *Soledades)*, se proclama el derecho de la lírica a *contar* la pura emoción, borrando la totalidad de la historia humana. El libro *Soleda-*

---

[54] *Conversaciones con Juan Ramón,* pág. 106.

des fue el primer libro español del cual estaba íntegramente proscrito lo anecdótico»[55].

Ahora bien, si Machado ha sido el primero en «iniciar lo interior en la poesía moderna nuestra», o, en sus propias palabras, en eliminar lo anecdótico de sus *Soledades* para contar la pura emoción a través de la elaboración de un sistema simbólico[56], ¿en qué sentido inicia Juan Ramón con el *Diario* el simbolismo moderno de la poesía española? A mi juicio, los dos poetas tienen razón en cuanto al valor histórico de su obra y conviene ahora tratar de matizar la aportación de cada uno. Intentemos definir el carácter del simbolismo de *Soledades* y distinguirlo del simbolismo del *Diario de un poeta reciencasado,* tomando como ejemplo la figura del «niño». Cuando Machado trata en su poesía el tema y la imagen del niño, el significado del niño forma parte del patrimonio común a cualquier lector de literatura y poesía. En varios poemas, por ejemplo, se nos asocian con el niño de Machado juventud, inocencia, pureza, vitalidad, alegría y promesa de futuro. Pero cuando Juan Ramón introduce el tema y la imagen del niño en su *Diario,* sabemos en seguida que tiene otro significado. La visión del niño no evoca los mismos valores poéticos tan positivos que reconocemos en el mundo de Machado. Desde el poema 6, titulado «Soñando», que empieza, «—¡No, no! / Y el niño llora y huye / sin irse, un punto, por la senda», descubrimos una corriente emocional de dolor, de angustia, y de frustración. Descubrimos, además, la cuidadosa elaboración de una semántica privada adecuada para revelar el dilema del niño, que constituye, como se ha señalado, el problema central del *Diario.*

Exploremos un poco más el significado de la figura del niño en el *Diario,* pero primero nos interesa señalar que el procedimiento de elaboración poética aquí —y ésta es su gran innovación en la lírica española— se parece mucho a la estética de Shelley y de Yeats. El modo de composición

[55] *Obras, Poesía y prosa,* eds. Aurora de Albornoz y Guillermo de Torre (Buenos Aires, Ed. Losada, 1964), pág. 713.
[56] Véase mi estudio de este tema en *Una España joven en la poesía de Antonio Machado* (Madrid, Ínsula, 1981), sobre todo los capítulos II y IX.

del *Diario* consiste en la construcción de un sistema de poemas interrelacionados y en la creación, al mismo tiempo, de un simbolismo privado adecuado para expresar la unicidad de una aventura mental muy particular. Señalemos una vez más las configuraciones de imágenes —la figura del niño, las escenas nocturnas de luna y estrellas, la imagen del barco, la oposición sueño-amanecer— que aparecen reiteradamente en las cuatro primeras partes. La recurrencia de estas imágenes y su conversión en símbolos mediante su empleo en múltiples contextos es quizá la característica básica del modo de composición del *Diario*. Casi cada palabra forma parte del vocabulario poético de un sistema, y sin conocer ese sistema nuestra lectura no puede ser más que parcial.

La figura del niño en el *Diario* nos ofrece el mejor ejemplo de este procedimiento poético. Después de muchas lecturas de la obra, leída en su conjunto, y no en antología, descubrimos que la figura del niño es una imagen simbólica que expresa un doloroso dilema psicológico de la personalidad poética. El niño dentro del viajero, o lo que él llama su «corazón de niño», constituye un obstáculo para la realización de su viaje a Nueva York y su amor con su novia. La prueba convincente de este simbolismo la encontramos, creo yo, en dos poemas importantes, escritos durante el viaje por mar (el poema 52 de la segunda parte y el 188 de la cuarta parte) y con el mismo título, «Niño en el mar». Sobre el fondo de un mar embravecido y turbulento («el mar que ruge iluminado un punto / en su loco desorden»), el niño, en este poema 52, como una isla de tranquilidad, sirve para calmar al viajero en su angustia:

> El niño que habla, dulce
> y tranquilo, a mi lado,
> en la luz de la lámpara suave
> que, en el silencio temeroso
> del barco, es como una isla;
> el niño que pregunta y que sonríe,
> arrebatadas sus mejillas frescas,
> todo cariño y paz sus ojos negros,
> me serena.

> ¡Oh corazón pequeño y puro,
> mayor que el mar, más fuerte
> en tu leve latir que el mar sin fondo,
> de hierro, frío, sombra y grito!
> [...]

Durante el viaje a Nueva York, como hemos visto, el mar se asocia reiteradamente con la negación del amor y con el apego obsesivo a la infancia y a Moguer. La capacidad de la personalidad poética en este caso para responder al niño, que es una representación del «corazón de niño» del poeta, es expresiva de la tendencia a huir de las fuerzas opresoras de su conflicto y a entregarse a la inocencia y la fe del mundo infantil. En estos momentos, la atracción a la niñez crea un clima de serenidad para tranquilizar al protagonista y protegerle contra el mar y la tormenta que son la representación simbólica de su desorden y trastorno mental.

Más evidencia de las obsesiones de la infancia y de Moguer se encuentran a lo largo de la tercera parte con referencia a otros niños y cementerios. Estas obsesiones, en forma de figuras e imágenes reiteradas, son superadas finalmente en el poema 188, «Niño en el mar», hacia el final de la cuarta parte. La relación entre la personalidad poética y el niño aquí contrasta notablemente con lo que acabamos de ver en el poema, «Niño en el mar», de la segunda parte. Leamos con cuidado el poema 188:

> [...]
> Sus ojos serios y mi boca
> sonreída,
> se quedan solos, cuando la distancia
> los borra, desprendidos, pobres,
> ellos en su dureza
> y ella en su ternura.
>
> —Primaveras y ángeles, un punto,
> dentro, no saben nada,
> y son un cuadro de museo
> esas verdades rosas
> del sueño, y ya no hay músicas
> tiernas, a las estrellas. Un hastío vano

abre la boca de los niños
en el cielo.—

    Soñando,
le sonrío hasta el fin de mi sonrisa,
y hasta el fin, mira el niño mi sonrisa,
serio.

Este poema se presenta poco después de la liberación del alma que ocurre en los poemas «Oro mío» y «Nocturno». El «corazón de niño» ha sido por fin totalmente dominado por el adulto, y la personalidad poética no puede por más tiempo comunicar e identificarse con el niño como en la parte II. El niño en este poema de la parte IV es serio, distante, frío y no se entiende ya con el nuevo adulto. Algunas imágenes de la segunda estrofa citada arriba («primaveras», «ángeles», «verdades rosas del sueño», por ejemplo) se refieren a temas e imágenes de poemas anteriores, y el rechazo concreto de una serie de elementos es patente («no saben nada», «ya no hay», y «un hastío vano»). Muchos de estos elementos («verdades rosas del sueño», «músicas tiernas», «estrellas») constituyen una perfecta recapitulación de todos los objetos de deseo de su «corazón de niño», expresados trece poemas atrás en el poema, titulado «Partida». De este modo todos los objetos infantiles de anhelo trascendente no pueden ya despertar interés en el protagonista, pero él puede hacer llegar a la representación simbólica de su antiguo «yo» una sonrisa de comprensión. Ahora se ha liberado de sus antiguas obsesiones, y la imagen reiterada del niño, tan clave para el simbolismo privado de esta obra, no vuelve a presentarse en el resto del *Diario*.

Volvamos ahora a la diferencia entre las *Soledades* de Machado y el *Diario* de Juan Ramón. Machado es ciertamente el primer poeta español en «explorar la ciudad [...] subterránea de sus sueños»[57] a través de un ciclo de poemas estrechamente vinculados; crea un sistema simbólico muy personal, pero

---

[57] Véase su «Proyecto de discurso de ingreso en la Academia de la Lengua», en *Obras: Poesía y prosa*, sobre todo las págs. 848-849, donde demuestra una aguda conciencia del desarrollo lírico a lo largo del siglo XIX.

de materiales que pertenecen a un patrimonio literario común. Primero en 1903 y luego de forma más acabada en 1907, Machado desarrolla un modo de composición que conduce directamente a la segunda etapa de esta brillante innovación en la lírica española. La temprana obra de Machado apunta hacia la poesía hermética de los grandes dramas de la mente plasmados primero en el *Diario* de Juan Ramón y después en la mejor poesía de la Generación del 27. Juan Ramón Jiménez, entonces, al explorar su reino interior e íntimo, ha creado todo un universo mental, y ha sido el primero en inventar un nuevo lenguaje poético para captar la unicidad del drama y aventura de una íntima realidad psíquica. Con el *Diario,* un nuevo modo de composición poética alcanza su madurez. La estética de la poesía privada y visionaria de un Blake, Shelley y Baudelaire ha sido brillantemente asimilada, y con gran originalidad. El poema individual pierde su relativa autonomía, se hace vitalmente dependiente de una unidad mayor, y adquiere sentido sólo mediante la coherencia de un nuevo sistema semántico. El simbolismo privado y el hermetismo consiguiente caracterizan un nuevo modo de composición poética, una nueva creación simbólica, para captar la interioridad privada de la personalidad poética. Éste es el legado del *Diario* a la generación que le sigue. Esto es lo que el *Diario* ha transmitido a las *Canciones* (1921-1924) de Lorca, a *Marinero en tierra* (1925) de Alberti, y a *Cántico* (1928) de Guillén. Esto es lo que Juan Ramón da a entender, creo yo, cuando dice: «Con el *Diario* empieza el simbolismo moderno en la poesía española.» Y así, Juan Ramón cumple una función importantísima al asimilar y realizar plena y profundamente la estética romántico-simbolista en España. Siguiendo y avanzando las primeras conquistas poéticas de Antonio Machado, Juan Ramón Jiménez inicia una nueva época en el desarrollo de la lírica española del siglo XX.

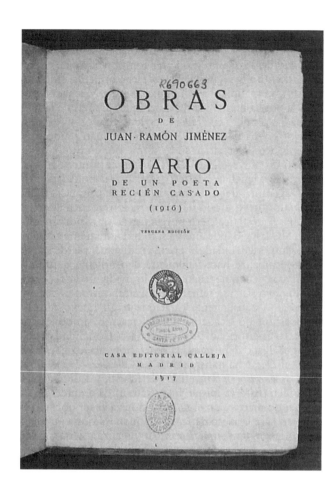

OBRAS

DE

JUAN·RAMÓN JIMÉNEZ

DIARIO

DE UN POETA
RECIÉN CASADO

(1916)

TERCERA EDICIÓN

CASA EDITORIAL CALLEJA
MADRID
1917

Portada de la primera edición (Calleja, 1917)

Esta edición

La edición del *Diario de un poeta recién casado* (1916) de Calleja de 1917 es la que sirve de base para todas las ediciones sucesivas. A pesar de los muchos proyectos del autor para revisar y cambiar esta obra, cuando salió después de muchos años una nueva edición en Losada en 1948, autorizada por el poeta, resultó ser casi una copia exacta de la de 1917, con sólo el título cambiado a *Diario de poeta y mar,* y con algunas frases añadidas al final, en el poema 243. Juan Ramón no retocó casi nada su primera edición y, por eso, queremos seguir en la nuestra el texto original de 1917. En la edición del *Diario* de Aguilar de 1957, incluida en *Libros de Poesía,* se vuelve a emplear, por «indicación expresa» de Juan Ramón, el título original, pero reuniendo en una palabra compuesta las dos finales (reciencasado). Así el poeta restituye el título que había encabezado la selección que se incluía en *Poesías escojidas* de 1917 y que aparece también en la *Tercera Antolojía Poética* de 1957. Queremos, entonces, respetar e incorporar en nuestra edición sólo estas dos pequeñas modificaciones, hechas por el autor durante su vida: reconocer como título definitivo, *Diario de un poeta reciencasado* (1916), y señalar entre corchetes los pocos añadidos en el último poema de la obra.

Queremos indicar también que usamos en nuestro texto la ortografía normal, reconocida por la Academia española, porque se emplea no sólo en la primera edición del *Diario* de 1917 sino también en la segunda de Losada, en 1948. Se debe advertir, sin embargo, que en la Introducción de esta edición, cuando se citan obras de la segunda época, y en los

Apéndices que recogen poemas excluidos de las primeras ediciones, se respeta, siguiendo la costumbre, la peculiar ortografía del poeta.

En varias ocasiones, Juan Ramón ha expresado su sentido de la provisionalidad del *Diario*, empezando con la nota que ha puesto al final de la obra: «Este *Diario*, más que ninguna obra mía, es un libro provisional. Es probable que, más adelante, cuando me olvide de él y lo crea nuevo, lo corrija más, es decir, algo; y es posible que le quite las leves correcciones que ahora le he hecho y lo deje casi en esencia [...]» Es curioso aquí cómo la «posibilidad» de dejar el *Diario* en su integridad original expresada al final tienda a minar la «probabilidad» de hacer futuras correcciones. La indecisión del poeta está clara, por razones que pronto se indicarán. Sin embargo, esta nota despierta en seguida interés y expectativas con respecto a esas posibles correcciones futuras. Y cuatro meses después se encuentra la primera evidencia de la intención del autor de modificar su obra[1]. En las *Poesías escojidas,* publicadas en agosto de 1917, descubrimos cambios en la ortografía (se introduce la peculiar ortografía del poeta), en el título (las dos últimas palabras se juntan, «reciencasado»), en las secciones («América del Este», y «Recuerdos de América del Este escritos en España» pasan a ser «América del Nordeste» y «Recuerdos de América nordestal escritos en España»), y en 11 poemas de los 42 seleccionados. Pero hay que señalar enseguida que ninguna de estas modificaciones pasó a la edición de Losada de 1948, donde el poeta ha seguido fielmente el texto de Calleja de 1917, con los dos cambios (del título y los añadidos al final) mencionados arriba.

De gran interés al respecto son las conversaciones de Juan Ramón a Guerrero Ruiz donde revela su intención, en dos ocasiones, de dividir el *Diario* en dos partes. Como ya hemos comentado en la Introducción, el poeta manifiesta su descontento con la organización del *Diario*, y su amigo apunta: «Dejará [Juan Ramón] el *Diario* con lo lírico y formará otro

---

[1] Como certeramente señala Arturo del Villar en su introducción a los 54 nuevos poemas del *Diario,* en «El alma viajera de Juan Ramón Jiménez», *CH*, pág. 17.

libro en prosa con las impresiones de América, que se titulará *Norteamérica* u otra cosa así»[2]. Esta conversación fue registrada el 7 de abril de 1931. Dos meses más tarde, el 18 de junio, leemos otra vez en el diario de Guerrero Ruiz: «Ayer y hoy ha estado ordenando *Platero y yo* y el *Diario,* separándolos en dos libros distintos cada uno; el *Diario* queda en un libro de verso que se llama *El amor en el mar* y otro en prosa sobre América, que irá formando parte de un tomo grande de *Viajes y Sueños.* Está trabajando mucho y cada día más contento viendo la riqueza de la obra [...]»[3]. Se advierte en seguida la evolución ya en el pensamiento del poeta para revisar su obra: la parte con lo lírico del *Diario* pasa a titularse *El amor en el mar,* y la otra en prosa, titulada unos meses antes «*Norteamérica* u otra cosa así», ya adquiere un carácter más definido y diferente con el título, *Viajes y Sueños.* Lo que sorprende en el poeta es la diversidad de sus nuevos proyectos y la rapidez con que se le ocurren nuevas ideas para modificar estos nuevos proyectos.

De hecho, el *Diario,* con la riqueza de sus temas y sus innovaciones formales, es uno de los libros que más ha ocupado la atención del poeta, más le ha estimulado a realizar nuevos proyectos, y por extensión provee más evidencia del proceso creador de su obra en marcha. Entre los papeles del poeta en la «Sala Zenobia y Juan Ramón Jiménez», en la biblioteca de la Universidad de Puerto Rico, Río Piedras, hemos encontrado, con la generosa y atenta ayuda de las bibliotecarias, diez ejemplares del *Diario,* marcados y anotados por el poeta para futuros proyectos y revisiones de la obra. De estos diez ejemplares, cuatro son de la edición de Calleja de 1917, y seis de la edición de Losada de 1948. Un estudio cuidadoso de todas ellas revela que no hay orden ni consistencia en las correcciones indicadas. En un ejemplar se ha eliminado toda la primera parte y los primeros tres poemas de la segunda, dejando todo el resto de la obra intacto, sin revisiones de ninguna clase. En otro caso, se han eliminado las dos primeras partes y los 41 primeros poemas de la tercera,

---

[2] *Juan Ramón de viva voz,* pág. 130.
[3] *Juan Ramón de viva voz,* pág. 193.

sin corregir nada a partir del poema 98. En otros casos, se han hecho algunas correcciones en las partes I, II, IV y V, y están casi sin tocar las III y VI. En otro caso, hay pequeñas correcciones en las partes III y IV, sin tocar para nada las I, II, V y VI.

Entre este casi caos de materia marcada y anotada para revisiones, creo que se pueden vislumbrar dos principios que motivan la intención artística del autor. Primero, en la mayoría de los casos, aunque se encuentran pequeñas revisiones, la intención es formar otra agrupación de poemas y realizar un nuevo plan de libro. En las cubiertas de los ejemplares, o en los márgenes del texto, el poeta indica que quiere incluir ciertos poemas bajo otro título. Los títulos que aparecen con mayor frecuencia son: «Leyenda», «Autocrítica», «Historia», «Arte menor», «Vida», «Verso desnudo», «Viajes y sueños», «Recuerdos» y «Poemas en prosa». Conviene señalar que casi todos estos títulos aparecen en el proyecto de una nueva ordenación de su obra en catorce volúmenes, anotada por Juan Guerrero Ruiz a finales de marzo de 1934[4]. Así, tanto en España como en América, el *Diario* ha sido una fuente continua de ideas para nuevos y futuros proyectos de libros.

La segunda intención artística del autor, revelada por los materiales en la Sala de Puerto Rico, es, efectivamente, realizar una nueva edición del *Diario*. En tres casos, y según se muestra en dos ejemplares de Calleja de 1917 y en uno de Losada de 1948, hay cambios y revisiones hechas a lo largo de la obra, desde el comienzo hasta el final. Parecen ser esfuerzos serios en construir una nueva edición corregida. Pero ni siquiera en estos casos hay una convergencia o coincidencia sostenida de correcciones y revisiones. La mayor convergencia ocurre entre las copias 8 (Calleja, 1917) y 5 (Calleja, 1917 —el «Ejemplar corregido», que estudia y cita Sánchez-Barbudo en su edición) que coinciden en suprimir nueve poemas (tres en verso, seis en prosa) entre las muchísimas correcciones indicadas en cada una. Pero, en verdad, no hay una pauta expresiva que pueda emerger aquí; no hay una

---

[4] *Juan Ramón de viva voz*, pág. 319.

base ni sólida ni frágil para sacar conclusiones con respecto a las últimas intenciones del poeta para una edición corregida.

En mi opinión, la edición definitiva sigue siendo la primera, la de Calleja de 1917. Creo que Juan Ramón mismo llegó a esta conclusión al final de su vida, como se ve claramente en sus conversaciones con Ricardo Gullón en noviembre de 1953. Después de más de treinta años con planes y proyectos de cambiar, modificar y reorganizar los poemas en verso y prosa del *Diario,* se da cuenta del valor histórico y la importancia definitiva de su obra publicada en 1917. No sólo no se arrepiente de su carácter «provisional», o de proyectos fracasados o planes sin terminar, sino que se enorgullece del valor de su versión original: «El único libro que escribí de un tirón fue el *Diario.* Es el único concebido como tal libro y escrito inmediatamente. Y tan pronto como lo escribí, lo publiqué; después seguí reeditándolo en la misma forma, sin corregirlo»[5]. Conmueve ver el respeto que el poeta tiene por una obra que ha adquirido vida propia y valor histórico que él ya no tiene derecho de cambiar: «Lo creo mi mejor libro [...] No se pone viejo. Perdone si hablo de él en esta forma, pero lo veo ya como cosa histórica, fuera de mí»[6].

En mi opinión, ha sido un gran acierto por parte del autor al final de su vida no tocar la forma original de su primera edición. Esto se aprecia cuando se consideran tres problemas que el autor confronta al reflexionar sobre diferentes versiones de una edición corregida. Me parece que, en cada caso, su decisión final de no cambiar o corregir es preferible a correcciones hechas más tarde y luego abandonadas, o a planes para corregir nunca realizados; todo lo cual reafirma la validez de su primera intuición. El problema del título mismo de la obra es el mejor y más importante ejemplo. La elección de *Diario de un poeta reciencasado* (1916) es muy superior a *Diario de poeta y mar* porque capta mejor la complejidad de la aventura del viajero. El mar es ciertamente una fuerza y una influencia importante en la transformación espiritual del

---

[5] *Conversaciones con Juan Ramón,* págs. 83-84.
[6] *Conversaciones con Juan Ramón,* pág. 92.

protagonista, pero es sólo uno de los factores esenciales entre cuatro (amor, tierra, mar y cielo). La condición de «poeta reciencasado» expresa hermosamente el proceso de transición logrado, y encierra todo el diario íntimo del paso de un estado a otro, del hijo de Moguer al hombre vuelto de América, renacido en el mar. La restitución de su título original, por consiguiente, ha sido absolutamente acertada.

Otro problema, más pequeño pero más espinoso para el poeta, era determinar la mejor manera de titular la tercera parte del *Diario*[7] inspirada por su estancia en América. El problema era cómo designar con precisión aquella pequeña parte de los Estados Unidos restringida a su visita a Nueva York y a sus recorridos a Boston al norte y a Washington D. C. al sur. Entre sus obras publicadas y entre los papeles inéditos de Puerto Rico, se pueden encontrar hasta cinco diferentes títulos: «América del Este», «América del Nordeste (o Noreste)», «Norteamérica del Este», «Nueva Inglaterra», y «Ultramar». Los últimos dos términos no prosperaron en sus planes para revisiones y aparecen poco. Los primeros tres sí aparecen y compiten entre sí con cierta frecuencia. Ahora bien, «Norteamérica del Este» tiene una virtud geográfica quizá pero no necesariamente cultural. No es un término feliz o preciso; simplemente no se usa en los Estados Unidos. Otra variante, «América del Noreste», empleada por Sánchez-Barbudo en su edición y por Arturo del Villar en su presentación de los 54 nuevos poemas del *Diario* (ver el Apéndice III)[8], también plantea problemas. Ningún neoyorquino se considera parte del «noreste» de los Estados Unidos. Son de Nueva York, nada más y nada menos. Pero si uno les obliga a definirse geográficamente, reconocen que «son del este». Si agregamos a esto que la visita de Juan Ramón y Zenobia también incluye Filadelfia, Baltimore y Washington D. C. que están en estados de la costa atlántica central, el término

---

[7] El título de la tercera parte afecta naturalmente el de la sexta parte por la necesidad de repetir parte de él.

[8] También se encuentra «América del Nordeste» en la edición de *Poesías escojidas* (1917), en la *Tercera Antolojía Poética* (1957), y en *Leyenda* (1896-1956), edición de A. Sánchez Romeralo, publicado en 1978.

«América del Noreste» no es adecuado; no se aplica a la situación geográfica de la zona entre Nueva York y Washington D. C. En cambio, la expresión «América del Este» es menos precisa quizá, pero más comprensible y más natural, tanto para ciudadanos estadounidenses como para visitantes extranjeros. Otra vez la primera intuición de Juan Ramón ha sido, en mi opinión, la más acertada.

El tercer problema, que ya hemos comentado en la Introducción, era el descontento del poeta durante una época con la forma del *Diario* y su deseo de dividir la obra en dos libros, uno en verso, con la lírica; y el otro en prosa, con las impresiones de América. Este plan se podría realizar sin daño con la sexta parte, «Recuerdos de América del Este escritos en España», porque esta sección no es esencial a la estructura y sentido de la obra. Pero una lectura cuidadosa de la tercera parte, «América del Este», revela que no es tan fácil separar la prosa del verso, de acuerdo con el criterio mencionado arriba, que es el criterio comentado por Juan Ramón en sus conversaciones con Juan Guerrero Ruiz. Gran parte de los poemas en prosa de «América del Este» están relacionados con el «diario íntimo» del poeta. La preocupación por la primavera, el contenido de sus visiones oníricas, la recurrencia de ciertas condiciones atmosféricas (nubes, truenos, tormentas), todos estos temas y elementos expresan diferentes facetas de la condición interior del poeta. De hecho, los recuerdos de España y el dilema que supone separarse de su viejo mundo de Moguer, como ya hemos señalado, invaden los recuerdos, sueños e impresiones del *Diario* a cada paso, a lo largo de la tercera parte. Haber eliminado todas las prosas de «América del Este» y reunirlas en otro libro bajo el título de *Viajes y sueños,* que era su intención con el «Ejemplar corregido» en la Sala de Puerto Rico, habría dañado y empobrecido seriamente la riqueza y el sentido de su versión original. Por eso, era necesario abandonar este proyecto en favor de la integridad de la primera edición de Calleja. Juan Ramón se dio cuenta plenamente al final de su vida de que era poco lo que podría tener de «provisionalidad» su *Diario de un poeta reciencasado,* expresada en la nota al final de la edición de 1917, en comparación con lo que tiene de obra hermosamente realizada y lograda.

Aunque el poeta insiste en este aspecto logrado del *Diario* en sus conversaciones con Ricardo Gullón (en no haberlo corregido, en haber añadido al último poema una sola palabra, «Aunque», seguida de puntos suspensivos)[9], hay que reconocer que retocó levemente su obra en varias antologías y colecciones, publicadas durante su vida, en *Poesías escojidas* (1917), en la *Segunda Antolojía Poética* (1922), en la *Tercera Antolojía Poética* (1957), en *Verso y prosa para niños* (1937), etc. En todas estas obras, se pueden encontrar leves variantes en los poemas del *Diario* que consisten, sobre todo, en cambios de puntuación (generalmente comas agregadas o quitadas) y, muy de vez en cuando, el cambio de una palabra por otra. Nosotros no vamos a incluir estas variantes en las notas de nuestra edición. Los lectores que deseen estudiar estas diferencias y las incluidas en el «Ejemplar corregido» en la Sala de Puerto Rico, pueden consultar la edición de Antonio Sánchez-Barbudo.

Es de mayor interés y valor, nos parece, presentar en las notas de esta edición lo que no se ha ofrecido en otras ediciones hasta el momento. En primer lugar, conviene mucho tener en cuenta el diario de Zenobia a partir de la llegada de Juan Ramón a Nueva York el 12 de febrero[10]. De hecho, Juan Ramón tuvo la intención de publicar el diario de su mujer junto con el suyo, como él expresa en una nota encontrada entre los papeles de Puerto Rico: «Al mismo tiempo los dos diarios el de Zenobia antes, como índice de hechos. El mío luego, como comentario espiritual»[11]. Gracias al diario de Zenobia sabemos que hay una estrecha relación entre la vida real e inmediata del matrimonio en los Estados Unidos y los poemas del *Diario*. La valiosa documentación e información de Zenobia aclara varias alusiones oscuras e ilumina el sentimiento y clima emocional en muchos poemas de Juan Ramón, como se indicará en las notas. Haremos un esfuerzo

---

[9] *Conversaciones con Juan Ramón*, págs. 83-84.
[10] A Arturo del Villar le debemos la publicación de esta valiosa documentación, titulada *Vivir con Juan Ramón* (Madrid, Los Libros de Fausto, 1986).
[11] Le agradezco mucho a Raquel Sárraga la amabilidad de encontrar y enviarme esta valiosa nota.

sistemático, también en las notas, de explicar, en la medida de lo posible, los nombres, lugares y referencias de interés e importancia que aparecen a lo largo del *Diario*. Pensando, sobre todo, en el lector español, nos ocuparemos especialmente de identificar lugares geográficos de los Estados Unidos y de explicar nombres, obras y aspectos de la cultura norteamericana. Dada la enorme complejidad de esta obra, nos interesa también explicar aspectos del profundo simbolismo del *Diario*, complementando así en las notas la interpretación que exponemos en la Introducción. Recordemos también que hay un encadenamiento de un poema con otro a lo largo de este diario íntimo, un procedimiento de composición poética, que produce, con efecto acumulativo, una gran densidad semántica cuyo sentido es muy difícil absorber en unas primeras lecturas. Intentaremos, entonces, señalar conexiones entre imágenes, temas y un vocabulario recurrente para hacer más asequible al lector la red de imágenes y la estructura simbólica que constituyen lo más esencial y profundo de esta obra maestra.

Más evidencia de su riqueza y coherencia la encontramos en los poemas en verso y prosa no incluidos por el autor en las primeras ediciones del *Diario*. Nos complacemos en ofrecer en los Apéndices tres importantes colecciones de poemas pertenecientes al *Diario*, no publicados en vida del autor: un «Suplemento» de diez poemas publicados por Gastón Figueira en la tercera edición de *Diario de poeta y mar* (Buenos Aires, Losada, 1948) en 1972; una colección de 27 poemas publicados por Antonio Sánchez-Barbudo en su edición del *Diario* (Barcelona, Labor) en 1970; y una colección de 54 poemas publicados por Arturo del Villar en «El alma viajera de Juan Ramón Jiménez», *Cuadernos Hispanoamericanos*, en 1995. Estos poemas son de un valor inapreciable porque enriquecen y aclaran nuestra comprensión tanto del proceso íntimo de transformación espiritual que experimenta el poeta como de su aguda visión social de Nueva York y de «América del Este».

Agradecimientos

Quisiera agradecer a la familia del poeta, a don Francisco H.-Pinzón Jiménez y a la señora Carmen H.-Pinzón Moreno, su amable apoyo y el envío de diversos materiales que fueron esenciales para la realización de este proyecto.

También he contraído una deuda de gratitud con las bibliotecarias de la Sala Zenobia y Juan Ramón Jiménez en la Universidad de Puerto Rico por su generosa ayuda en todo momento. Agradezco muy especialmente a la directora de la Sala, la profesora Herminia Reinat Rivera, no sólo su atención diaria en la Sala durante tres semanas, sino la copia y envío de muchos materiales de gran interés y utilidad. Su ayuda ha sido indispensable y muy apreciada. Mi sincera gratitud, en esta ocasión como en otras, a Raquel Sárraga, antigua directora de la Sala y máxima conocedora de los archivos de Juan Ramón. Aunque jubilada, volvió a la Sala en varias ocasiones para ayudarme a descifrar la letra del poeta y para encontrarme datos pertinentes a este proyecto.

Me complazco, además, en reconocer con gratitud a muchos colegas y amigos que me han ayudado, de distintas formas y maneras, en la elaboración de varios aspectos de esta edición: Paco Caudet, Will Corral, Jaime Concha, Howard T. Young, Graciela Palau de Nemes, Adrienne Martín, Sylvia Wohlmut y Jennifer Shaw.

Finalmente, quisiera agradecer muy especialmente a mi ayudante, Joy Conlon, su cuidadosa y esmerada preparación de las diversas versiones del manuscrito.

Bibliografía

CAMPOAMOR GONZÁLEZ, Antonio, *Bibliografía general de Juan Ramón Jiménez*, Madrid, Taurus, 1983.
NAHARRO-CALDERÓN, J. M., «Bibliografía de y sobre Juan Ramón Jiménez», *Juan Ramón Jiménez: Configuración poética de la obra. Estudios y documentación, Suplementos,* número 11, Barcelona, Anthropos, 1989, págs. 146-152.

Ediciones

Diario de un poeta recién casado (1916), Obras de Juan Ramón Jiménez, Madrid, Casa Editorial Calleja, 1917.
Diario de poeta y mar, Buenos Aires, Editorial Losada, 1948. 2.ª edición, 9-VIII-1957. A partir de la 3.ª edición, 15-VI-1972, aparece con un suplemento —diez poemas— de textos inéditos y un prefacio de Gastón Figueira.
Diario de poeta y mar, Madrid, Afrodisio Aguado, S. A. Editores Libreros, 1955. 2.ª edición, 2-I-1957.
Diario de un poeta reciencasado, en *Libros de Poesía,* de Juan Ramón Jiménez, recopilación y prólogo de Agustín Caballero, Madrid, Aguilar, 1957. Se ha reeditado en 1959, 1967, 1972 y 1979.
Diario de un poeta reciencasado, con un apéndice de textos inéditos, edición, prólogo y notas de Antonio Sánchez-Barbudo, Barcelona, Editorial Labor, 1970. Reimpresa, sin modificaciones, en Madrid, Visor Libros, 1994.
Diario de un poeta reciencasado, edición y nota preliminar de Arturo del Hoyo, Madrid, Aguilar, S. A. de Ediciones, 1972.
Diario de un poeta recién casado, prólogo y nota bibliográfica de Ricardo Gullón, Madrid, Taurus Ediciones, 1982.

Selección de obras en verso y en verso y prosa

El andarín de su órbita, edición de Francisco Garfías, Madrid, Novelas y cuentos, 1974.

La colina de los chopos, edición de Francisco Garfías, Madrid, Taurus, 1965.

La corriente infinita, edición de Francisco Garfías, Madrid, Aguilar, 1961.

Crítica paralela, estudio, notas y comentarios de texto por Arturo del Villar, Madrid, Narcea, 1975.

Cuadernos, edición de Francisco Garfías, Madrid, Taurus, 1960.

Españoles de tres mundos (1914-1940), Buenos Aires, Losada, 1942. Véase la edición de Ricardo Gullón, Madrid, Aguilar, 1969.

Estética y ética estética (Crítica y complemento), edición de Francisco Garfías, Madrid, Aguilar, 1967.

Guerra en España (1936-1953), edición de Ángel Crespo, Barcelona, Seix Barral, 1985.

Ideolojía (1897-1954), edición de Antonio Sánchez Romeralo, Barcelona, Anthropos, 1990.

Leyenda (1896-1956), edición de Antonio Sánchez Romeralo, Madrid, Cupsa, 1978.

Libros de Poesía, recopilación y prólogo de Agustín Caballero, Madrid, Aguilar, 1957.

El modernismo. Notas de un curso (1953), edición de Ricardo Gullón y Eugenio Fernández Méndez, Madrid, Aguilar, 1962.

Nueva Antolojía, estudio y selección de Aurora de Albornoz, Barcelona, Península, 1973.

Platero y yo, edición de Michael P. Predmore, Madrid, Cátedra, 1995.

Poesías escojidas (1899-1917) de Juan Ramón Jiménez, Nueva York, The Hispanic Society of America, 1917.

Política poética, edición de Germán Bleiberg, Madrid, Alianza, 1982.

Por el cristal amarillo, edición de Francisco Garfías, Madrid, Aguilar, 1961.

Primeras Prosas, edición de Francisco Garfías, Madrid, Aguilar, 1962.

Primeros Libros de Poesía, recopilación y prólogo de Francisco Garfías, Madrid, Aguilar, 1959.

Segunda antolojía poética (1898-1918), Madrid, Espasa-Calpe, 1922.

Tercera Antolojía Poética, texto al cuidado de Eugenio Florit, Madrid, Biblioteca Nueva, 1957.

Tiempo y Espacio, edición de Arturo del Villar, Madrid, Editorial EDAF, 1986.

El trabajo gustoso (conferencias), edición de Francisco Garfias, México, Aguilar, 1961.

Cartas de Juan Ramón Jiménez

Cartas, edición de Francisco Garfias, Madrid, Aguilar, 1962.
Selección de cartas (1899-1958), prólogo de Francisco Garfias, Barcelona, Ediciones Picazo, 1973.
Cartas. Antología, edición de Francisco Garfias, Madrid, Espasa-Calpe, 1992.

Libros de consulta

Encyclopedia of Poetry and Poetics, Preminger, Warnke, y Hardison (eds.), Princeton, Princeton University Press, 1965.
JACKSON, Kenneth T. (ed.), *The Encyclopedia of New York City*, New Haven, Yale University Press / The New York Historical Society, 1995.
The Norton Anthology of English Literature, II, Abrams, *et al.* (eds.), 1st ed., Nueva York, W. W. Norton & Co., 1962.
PÉREZ-RIOJA, J. A., *Diccionario de símbolos y mitos,* Madrid, Editorial Tecnos, 1971.

Estudios

ALBORNOZ, Aurora de (ed.), *Juan Ramón Jiménez. El Escritor y la Crítica,* Madrid, Taurus, 1981.
AZAM, Gilbert, «Del Modernismo al Post-Modernismo con Juan Ramón Jiménez», *Juan Ramón Jiménez: Actas del Congreso,* tomo I, Instituto de Estudios Onubenses, 1983, págs. 165-179.
— *L'oeuvre de Juan Ramón Jiménez,* Université de Lille, París-Lille, 1980. Trad. cast., Madrid, Editora Nacional, 1983.
BLASCO PASCUAL, Francisco Javier, *La poética de Juan Ramón Jiménez: Desarrollo, contexto y sistema,* Salamanca, Ediciones Universidad de Salamanca, 1981.
CAMPOAMOR GONZÁLEZ, Antonio, *Vida y poesía de Juan Ramón Jiménez,* Madrid, Sedmay, 1976.
CAMPRUBÍ, Zenobia, *Diario 1. Cuba (1937-1939),* trad., introd. y notas de Graciela Palau de Nemes, Madrid, Alianza Editorial-Editorial de la Universidad de Puerto Rico, 1991.

— *Diario 2. Estados Unidos (1939-1950),* trad., introd. y notas de Graciela Palau de Nemes, Madrid, Alianza Editorial-Editorial de la Universidad de Puerto Rico, 1995.

— *Vivir con Juan Ramón,* edición de Arturo del Villar, Madrid, Los Libros de Fausto, 1986.

CAÑAS, Dionisio. *El poeta y la ciudad,* Madrid, Cátedra, 1994.

CARDWELL, Richard A., *Juan Ramón Jiménez: The Modernist Apprenticeship (1895-1900),* Berlín, Colloquium Verlag, 1977.

COHN, Robert Greer, *L'Oeuvre de Mallarmé: Un Coup de Dés,* París, Librairie Les Lettres, 1951.

— *Toward the Poems of Mallarmé,* Berkeley, University of California Press, 1980.

DEVLIN, John P., «The prose of Jiménez's *Diario de un poeta reciencasado.* A revaluation», *Bulletin of Hispanic Studies, LIX* (1982), págs. 301-316.

DOMÍNGUEZ SÍO, María Jesús, *La pasión heroica (Don Francisco Giner de los Ríos y Juan Ramón Jiménez: Dos vidas cumplidas),* Madrid, Los Libros de Fausto, 1994.

FORREST, Jennifer y JAFFE, Catherine, «Figuring Modernity: Juan Ramón Jiménez and the Baudelairian Tradition of the Prose Poem», *Comparative Literature,* 48.3 (verano de 1996), páginas 265-293.

FONT, María Teresa, *Espacio: Autobiografía lírica de Juan Ramón Jiménez,* Madrid, Ínsula, 1972.

FOWLIE, Wallace, *Mallarmé,* Chicago, The University of Chicago Press, 1962.

FRIEDRICH, Hugo, *Estructura de la lírica moderna,* Barcelona, Seix Barral, 1959.

GICOVATE, Bernardo, *Julio Herrera y Reissig and the Symbolists,* Berkeley, University of California Press, 1957.

— *La poesía de Juan Ramón Jiménez,* Barcelona, Ariel, 1973.

GÓMEZ TRUEBA, M.ª Teresa, *Estampas líricas en la prosa de Juan Ramón Jiménez. Retratos, paisajes y recuerdos,* Valladolid, Universidad de Valladolid, 1995.

GUERRERO RUIZ, Juan, *Juan Ramón de viva voz,* Madrid, Ínsula, 1961.

GULLÓN, Ricardo, *Conversaciones con Juan Ramón,* Madrid, Taurus, 1958.

JULIÁ, Mercedes, *El universo de Juan Ramón Jiménez* (Un estudio del poema «Espacio»), Madrid, Ediciones de la Torre, 1988.

LÓPEZ-MORILLAS, Juan, *El krausismo español,* México, Fondo de Cultura Económica, 1980. Segunda edición revisada.

ONÍS, Federico de, *Antología de la poesía española e hispanoamericana,*

Madrid, Junta para Ampliación de Estudios e Investigaciones Científicas, 1934.

PALAU DE NEMES, Graciela, *Vida y obra de Juan Ramón Jiménez,* Madrid, Gredos, 1957. Segunda edición completamente renovada en dos tomos, 1974.

— *Inicios de Zenobia y Juan Ramón Jiménez en América,* Madrid, Fundación universitaria española, 1982.

— «Juan Ramón Jiménez: Of Naked Poetry and the Master Poet (1916-1936)», *Studies in Twentieth Century Literature,* vol. 7, número 2 (primavera de 1983), págs. 125-146.

— «Poesía desnuda: Ruptura y tradición», *Juan Ramón Jiménez: Actas del Congreso,* tomo I, Instituto de Estudios Onubenses, 1983, págs. 47-64.

PARAÍSO DE LEAL, Isabel, *Juan Ramón Jiménez. Vivencia y palabra,* Madrid, Alhambra, 1976.

— *El verso libre hispánico,* Madrid, Gredos, 1985.

PÉREZ PRIEGO, Miguel A., «El género literario de *Diario de un poeta reciencasado*», *Juan Ramón Jiménez en su centenario,* Cáceres, Universidad de Extremadura, 1981, págs. 101-120.

PÉREZ ROMERO, Carmen, *Juan Ramón Jiménez y la poesía anglosajona,* Cáceres, Universidad de Extremadura, 1981.

PEYRE HENRI, *Qu'est-ce que le symbolisme?,* Vendôme, Presses universitaires de France, 1974. Trad. ing. Emmett Parker, *What is Symbolism?,* University, Alabama, University of Alabama Press, 1980.

PREDMORE, Michael P. «Juan Ramón Jiménez's Second Portrait of Antonio Machado», *Modern Language Notes,* vol. 80, núm. 2 (1965), págs. 265-270.

— «*Teoría de la expresión poética* and Twentieth-Century Spanish Lyric Poetry», *Modern Language Notes,* vol. 89 (marzo de 1974), págs. 202-218.

— «Imágenes apocalípticas en el *Diario* de Juan Ramón Jiménez: La tradición simbólica de William Blake», *Revista de Letras,* 23-24 (septiembre-diciembre de 1974), págs. 365-382.

— *La obra en prosa de Juan Ramón Jiménez,* 2.ª ed., Madrid, Gredos, 1975.

— *La poesía hermética de Juan Ramón Jiménez: El «Diario» como centro de su mundo poético,* Madrid, Gredos, 1973.

— «Mallarmé's Hispanic Heirs», *Mallarmé and the Twentieth Century,* Fairleigh Dickinson U.: Assoc. University Presses, de próxima aparición.

REYES CANO, Rogelio, «El *Diario de un poeta reciencasado* como libro de viaje», *Juan Ramón Jiménez: Poesía total y obra en marcha,* Barcelona, Anthropos, 1991, págs. 141-162.

— «La 'callada palabra' de Juan Ramón: análisis e interpretación de un proceso textual», *Juan Ramón Jiménez: Actas del Congreso,* tomo II, Instituto de Estudios Onubenses, 1983, págs. 469-483.

ROZAS, Juan Manuel, «Juan Ramón y el 27: Hodiernismo e irracionalismo en la parte central del *Diario*», *Juan Ramón Jiménez en su centenario,* Cáceres, Universidad de Extremadura, 1981, págs. 149-169.

RUBIO, Fanny, «Juan Ramón Jiménez en la poesía española de postguerra», *Juan Ramón Jiménez: Actas del Congreso,* tomo II, Instituto de Estudios Onubenses, 1983, págs. 515-522.

SÁNCHEZ ROMERALO, Antonio, «En torno a la Obra última de Juan Ramón Jiménez», *Juan Ramón Jiménez: Actas del Congreso,* tomo I, Instituto de Estudios Onubenses, 1983, págs. 65-82.

SANTOS-ESCUDERO, Ceferino, *Símbolos y Dios en el último Juan Ramón Jiménez (El influjo oriental en «Dios deseado y deseante»),* Madrid, Gredos, 1975.

YOUNG, Howard T., «Anglo-American Poetry in the Correspondence of Luisa and Juan Ramón Jiménez», *Hispanic Review,* 44 (1976), págs. 1-26.

— *The Line in the Margin: Juan Ramón Jiménez and his Readings in Blake, Shelley and Yeats,* Madison, The University of Wisconsin Press, 1980.

— «North American Poetry in the *Diario:* A Preliminary Assessment», *Estudios sobre Juan Ramón Jiménez,* Puerto Rico, Recinto Universitario de Mayagüez, 1981, págs. 171-179.

— «Dimensiones historicistas del *Diario* de Juan Ramón Jiménez», *Encuentros y desencuentros de culturas: Siglos XIX y XX,* Actas Irvine-92, IV, págs. 119-125.

Diario de un poeta reciencasado
(1916)

A Rafael Calleja
Esta breve guía de amor
por tierra, mar y cielo

(No el ansia de color exótico, ni el afán de «necesarias» novedades. La que viaja, siempre que viajo, es mi alma, entre almas.

Ni más nuevo, al ir, ni más lejos; más hondo. Nunca más diferente, más alto siempre. La depuración constante de lo mismo, sentido en la igualdad eterna que ata por dentro lo diverso en un racimo de armonía sin fin y de reinternación permanente. En la tarde total, por ejemplo, lo que da la belleza es el latido íntimo de la caída idéntica, no el variado espectáculo externo; la exactitud del latido. El corazón, si existe, es siempre igual; el silencio, verdadera lengua universal ¡y de oro!, es el mismo en todas partes.

En este álbum de poeta copié, en leves notas, unas veces con color solo, otras sólo con pensamiento, otras con luz sola, siempre frenético de emoción, las islas que la entraña prima y una del mundo del instante subía a mi alma, alma de viajero, atada al centro de lo único por un hilo elástico de gracia; pobre alma rica, que, yendo a lo suyo, se figuraba que iba a otra cosa... o al revés, ¡ay!, si queréis.

J. R. J.

Madrid, 3 de septiembre de 1916.)

SALUDO DEL ALBA

¡Cuida bien de este día! Este día es la vida, la esencia misma de la vida. En su leve trascurso se encierran todas las realidades y todas las variedades de tu existencia: el goce de crecer, la gloria de la acción y el esplendor de la hermosura.

El día de ayer no es sino un sueño y el de mañana es sólo una visión. Pero un hoy bien empleado hace de cada ayer un sueño de felicidad y de cada mañana una visión de esperanza. ¡Cuida bien, pues, de este día!

(Del sánscrito.)

I. Hacia el mar

I

Madrid,
17 de enero de 1916.

¡Qué cerca ya del alma
lo que está tan inmensamente lejos
de las manos aún!

Como una luz de estrella,
como una voz sin nombre
traída por el sueño, como el paso
de algún corcel remoto
que oímos, anhelantes,
el oído en la tierra;
como el mar en teléfono...

Y se hace la vida
por dentro, con la luz inextinguible
de un día deleitoso
que brilla en otra parte.

¡Oh, qué dulce, qué dulce
verdad sin realidad aún, qué dulce!

II

Madrid,
17 de enero.

Raíces y alas. Pero que las alas arraiguen
y las raíces vuelen.

III

Madrid,
18 de enero.

Mientras trabajo, en el anillo de oro
    puro me abrazas en la sangre
de mi dedo, que luego sigue, en gozo,
    contigo, por toda mi carne.

¡Qué bienestar! ¡Cómo mis fuertes venas
    de ti van, dulces, embriagándose,
cual de una miel celeste que tuviera
    la luz de los eternos cálices.

Mi corazón entero pasa, río
    vehemente y noble, bajo el suave
anillo que, por contenerlo, en círculos
    infinitos de amor se abre.

IV

Madrid,
20 de enero.

Clavo débil, clavo fuerte...
Alma mía, ¡qué más da!
Fuera cual fuera la suerte,
el cuadro se caerá.

V

En tren
21 de enero, madrugada.

La Mancha

Una estrella sin luz
casi, en la claridad difusa
de la luna extendida por la niebla,
vigila tristemente todavía
los olivares de la madrugada

que ya apenas se ven.
                    El campo,
trastornado e informe e incoloro
en la sombra
que, gris, se va y la luz gris que se viene,
empieza vagamente a limitarse,
con el alba,

luces y colores...

                    ¡Alma mía
salida ahora de tu sueño, nueva,
tierna, casi sin luz ni color aún, hoy
—como un recién nacido—
por este campo viejo que cruzaste
tantas veces
—los olivares de la madrugada—,
tantas veces, con ansia y sin sentido,
a la luz de la estrella inextinguible
de tu amor infinito, ¡cuánto tiempo
náufrago de la luna!

    ... Una estrella
vigila tristemente... todavía...
los olivares de la madrugada
... que casi no se ven
ya... en el recuerdo...

                    VI

En tren,
21 de enero, madrugada.

                    SOÑANDO[1]

    —¡No, no!
                    Y el niño llora y huye
sin irse, un punto, por la senda.

---

[1] En uno de los ejemplares corregidos por el poeta, Juan Ramón escribe la
palabra «enigma» al lado del título o del número de varios poemas. Éste es el

¡En sus manos
lo lleva!
No sabe lo que es, mas va a la aurora
con su joya secreta.
Presentimos que aquello es, infinito,
lo ignorado que el alma nos desvela.
Casi vemos lucir sus dentros de oro
en desnudez egregia...

—¡No, no!
          Y el niño llora y huye
sin irse, un punto, por la senda.

Podría, fuerte, el brazo asirlo...
El corazón, pobre, lo deja.

VII

En tren,
21 de enero.

LOS ROSALES

Es el mar, en la tierra.
Los colores del sur, al sol de invierno,
tienen las ruidosas variedades
del mar y de las costas...
¡Oh mañana en el mar! —digo, ¡en la tierra
que va ya al mar!

---

primero en que se encuentra tal anotación y los demás se indicarán, a medida
que aparezcan, con la abreviatura, Ej. c. En este poema, el enigma se revela al
entender que «el niño» es símbolo de una faceta de la personalidad poética.

Hora en Sevilla,
21 de enero.

¡GIRALDA!

> *Lynda syn comparaçion,*
> *Claridat é luz de España...*

Villasandino[2].

Giralda, ¡qué bonita
me pareces, Giralda —igual que ella,
alegre, fina y rubia—,
mirada por mis ojos negros —como ella—,
apasionadamente!
    ¡Inefable Giralda,
gracia e inteligencia, tallo libre
—¡oh palmera de luz!,
¡parece que se mece, al viento, el cielo!—
del cielo inmenso, el cielo
que sobre ti —sobre ella— tiene,
fronda inefable, el paraíso!

IX

De Sevilla a Moguer, en tren,
21 de enero.

AMANECER
DICHOSO

Toda mi alma, amor, por ti es conciencia,
y todo corazón, por ti, mi cuerpo.
Es cual un cielo azul de primavera
en la copa de un árbol de flor lleno.

---

[2] Alfonso Álvarez de Villasandino, trovador español del siglo XIV, nacido hacia el año 1340. De ingenio fácil y carácter satírico, figura en el *Cancionero de Baena*. Fue reconocido por sus contemporáneos como el «monarca de todos los poetas é trovadores». Los versos aquí citados pertenecen a la última de cuatro cantigas hechas «por alabança é loores de la rredundable cibdat de Sevilla», incluidas en *El Cancionero de Juan Alfonso de Baena* (siglo XV), Madrid, Imprenta de la Publicidad, 1851.

Sol nuevo de la gloria, lo que pienso
azula y dora, lejos de ella y cerca,
la blanca y pura flor de lo que siento
lejos y cerca de la lumbre célica.

Amor, y tú no estás allí, ni fuera;
mi flor te mira igual que mira al cielo;
y eres la misma flor, y eres la esencia,
como el cielo del árbol, de mi pecho.

X

A Moguer,
21 de enero.

MADRIGAL

A ti

El sol, más fuerte y puro
cada vez, como
mi amor.
          Cuanto aprendiera
a ver aquí, los años juveniles,
había de encontrarlo luego
en ti..., ahora, amor, paisaje, jardín mío,
tan mío como el campo este
en el que vieron esta luz mis ojos,
a la que luego, ahora, te han mirado,
¡andaluza del cielo!

XI

A Moguer,
21 de enero.

Primer almendro en flor,   *(En voz alta.)*
tierna blancura casta,
¡cuál sales a mi encuentro
lo mismo que su alma!

—... su alma, que venía,　　　*(En voz baja.)*
anoche, por La Mancha,
velando mi desvelo
con su hermosura blanca,
en la nube caída,　　　*(Ya no se dice.)*
en las rápidas aguas,
en las rondas de humo,
en la luna que daba
en mi alma...

XII

De San Juan a Moguer, en coche,
21 de enero.

GRACIA

A ti

　　Esta gracia sin nombre ni apellido
es la que tienes tú.
　　　　　　　　Las confusiones
celestes y de oro de tus risas,
tus ojos, tus cabellos,
son la rubia belleza
de este enredo de cielo limpio y sol alegre
que lo traspasa todo
con su sola gracia.

　　¡Gracia, enredo divino
sin cabo y sin salida; luz,
gracia, del color; gracia, alegría
de la luz; color, gracia,
de la alegría!

XIII

MOGUER[3]

Moguer. Madre y hermanos.
El nido limpio y cálido...
¡Qué sol y qué descanso
de cementerio blanqueado!

Un momento, el amor se hace lejano.
No existe el mar; el campo
de viñas, rojo y llano,
es el mundo, que el mar adorna sólo, claro
y tenue, como un resplandor vano.

¡Aquí estoy bien clavado!
¡Aquí morir es sano!
¡Éste es el fin ansiado
que huía en el ocaso!

Moguer. ¡Despertar santo!
Moguer. Madre y hermanos.

XIV

TARDE EN NINGUNA PARTE
(MAR DE ADENTRO)

... ¡Este instante
de paz —sombra despierta—,
en que el alma se sume
hasta el nadir del cielo de su esfera!

---

[3] Ciudad y puerto en la provincia de Huelva, y, como se sabe, el pueblo natal de Juan Ramón. En vista de la inminencia de su viaje por mar a América, conviene recordar que, situado a unos kilómetros al sur de Moguer, está Palos de la Frontera. De su antiguo puerto salió Colón en su primer viaje para América.

¡Este instante feliz, sin nueva dicha
como un lago de oro
rodeado de miserias!
—... Todo lo inunda el alma,
y ella se queda
alta, sola,
fuera—.

¡Este instante infinito —cielo bajo—,
entre una larga y lenta
ola del corazón —despierta sangre—
y una antigua, olvidada
y nuevamente vista estrella!

XV

Moguer,
20 de enero.

A UNA MUJER
QUE MURIÓ, NIÑA, EN MI INFANCIA

Cementerio de Moguer

Veinte años tienes en la muerte.
Eres ya una mujer —¡qué hermosa eres!—
Veinte años... ¡Te pareces a esta aurora
bella y fría —¡qué pura!—, tierra y gloria!

XVI

De Moguer al tren, en coche,
27 de enero.

AMANECER

... ¡Qué malestar, qué sed, que estupor duro,
entre esta confusión de sol y nube,
de azul y luna, de la aurora
retardada!
Escalofrío. Pena aguda...

Parece que la aurora me da a luz,
que estoy ahora naciendo,
delicado, ignorante, temeroso
como un niño.

Un momento volvemos a lo otro
—vuelvo a lo otro—, al sueño, al no nacer —¡qué lejos!—
y tornamos —y torno— a esto,
solos —solo...—

Escalofríos...

En tren, a Sevilla,
27 de enero.

XVII

DUERMEVELA

*Vestida toda de blanco,
toda la gloria está en ella.*

Romance popular.

Vestida tu pureza
con el blanco vestido
de desposada, ibas
por mi sueño tranquilo,
cual con tu traje blanco
de niña, ante mí, niño.

Y me dabas, riendo
en tus ojos floridos,
con el anillo de hoy,
el áureo rizo antiguo.
¡Rizo fino de niña,
arco iris divino
del prado —el corazón—
de tu amanecer nítido!

XVIII

Sevilla,
27 de enero.

TÚ Y SEVILLA

A Sevilla le echo los requiebros
que te echo a ti. Se ríen,
mirándola, estos ojos que se ríen
cuando te miran.

Me parece
que, como tú, llena ella el mundo,
tan pequeño y tan mágico con ella, digo,
contigo, ¡tan inmenso,
tan vacío sin ti, digo, sin ella!

¡Sevilla, ciudad tuya,
ciudad mía!

XIX

Sevilla,
27, de enero.

DE LA *GUÍA CELESTE*

EL PARAÍSO: Paraje breve e infinito, *«lyndo syn comparaçión»*
—VILLASANDINO—, trasunto fiel de la ciudad terrena —co-
nocida bien del viajero— de Sevilla, *«briosa ciadat extraña»*
—AUTOR CITADO—. Sito exactamente en el lugar del cielo
que corresponde, con su azul, a dicha ciudad *«claridat è luz de
España»* —AUTOR CITADO—. En la primavera universal, sue-
le *El Paraíso* descender hasta Sevilla[4].

---

[4] Otra vez cita Juan Ramón unos versos de la dicha cantiga de Villasandi-
no, en elogio de Sevilla, cuyas dos primeras estrofas rezan así:

> Lynda syn comparaçión,
> Claridat é lus de España,
> Plaser é consolaçión,
> Briosa cibdat extraña,
> El mi coraçon se baña,

113

XX

¡Dos Hermanas![5]

Cielo azul y naranjas:
¡Do Jermaaaana!

... El tren no va hacia el mar, va hacia el verano
verde de oro y blanco.

Una niña pregona: *«¡Violeeeetaa!»*
Un niño: *«¡Agüiiita frejca!»*

Yo, en un escalofrío sin salida,
sonrío en mi tristeza y lloro de alegría.

—Dos cables: «Madre, Novia: Moguer, Long-
Island[6]; Flushing[7]; Naufragué, en tierra, en mar de amor[8].»

En ver vestra maravilla,
Muy poderosa Sevilla
Guarnida d'alta compaña.

Parayso terrenal
Es el vestro nonbre puro;
Sobre cimiento leal
Es fundado vestro muro,
Onde byve amor seguro
Que será sienpre ensalçado:
Sy esto me fuer negado
De mal diçientes non curo.
(*Cancionero de Baena*, pág. 32).

[5] Villa en la provincia de Sevilla. Estación de ferrocarril de Sevilla a Utre-
ra. De la conquista de Sevilla (1248) data la fundación de Dos Hermanas.

[6] La famosa isla que está situada al extremo sureste del estado de Nueva
York. Parte de su sección occidental comprende los distritos de Brooklyn y
Queens de la ciudad de Nueva York.

[7] Barrio en el área centro-norte de Queens, en Long Island, donde residía
Zenobia con su madre durante esta época.

[8] Aquí el poeta señala claramente su dilema, su lucha interior entre niño y
hombre, entre madre y novia, entre Moguer y Nueva York.

XXI

A Cádiz,
28 de enero.

Tren de todas las tardes,
donde iba yo antes,
cuando en este paisaje
viví, que hoy paso, grave...

—¡Dulce, corto viajar
del pueblo al naranjal,
de la novia al pinar!—

¡Olivos y pinares!
¡Ponientes de oro grande!
¡Qué bien, qué bien estabais!
... ¡Qué bien, qué bien estáis!

¡Aquí! ¡A ninguna parte
más que aquí!
                    —¡Qué bien!—
                                        Cae
hacia el mar ya, inefable
como una mujer, madre
de aquí, hermana, amante
de aquí, la tarde, amor, ¡mi tarde!

XXII

Estación de Utrera,
28 de enero.

A UNA ANDALUZA
COMO ESA

Tu recuerdo es en mí, áspero y franco,
como el color de aquellas rosas, reventonas
en el viento de abril
que parte el día con su proa
de cristal tosco. Desordena

mis pensamientos abatidos con la
risa con gallos con que abre
la sombra
de la noche sutil y desviada,
la sana aurora vulgarota.

XXIII

Jerez,
28 de enero.

¡Adiós...!
                    Y me parece
que la tarde ¡una lágrima! se tiende
desnuda, inmensamente,
tras mí, por retenerme...

XXIV

A Cádiz, anochecer grana,
28 de enero.

PUERTO REAL[9]

¡Qué miedo el acordarse
de los muertos instantes
en que fuimos felices!
                    Trae
la memoria, con cada uno de ellos,
—como en un viento grande
de ruina y sequedades—
su adorno y su paisaje...
¡Y son marismas secas, sales
rojas, altas lagunas que creímos mares!

---

[9] Villa y puerto en la provincia de Cádiz, muy cerca del Puerto de Santa
María, donde el poeta hizo su bachillerato en el colegio jesuita de San Luis
Gonzaga. Este poema trata seguramente de un recuerdo de su niñez en el co-
legio.

Cádiz,
29 de enero, amaneciendo.

La terrible amenaza
es ésta:
«Se caerá, sin abrir, la primavera.»

—¡Y no tendrá la culpa
ella!—

Verá bien con sus ojos
negros, rojos de lágrimas secretas,
el camino de gloria
de la alegría exacta y verdadera...
Pero le cerrarán, justos,
la puerta.

Será su alma la más sana
de las almas primeras.
Pero le cerrarán, justos,
la puerta
a su carne, lo mismo
que si loca estuviera.

—¡Y no tendrá la culpa
ella!—

---

[10] «Enigma» (Ej. c.). La frustración y ansiedad del niño en el poema VI, «Soñando», aquí se revela como «amenaza». El enigma se refiere a la expresión simbólica de esta amenaza en términos de «se caerá, sin abrir, la primavera». Se nota la sensibilidad del protagonista a la primavera, primavera en el mundo natural y primavera en su interioridad (el florecer de un nuevo amor), a lo largo de la tercera parte.

XXVI

Cádiz, en las murallas,
29 de enero.

Aun cuando el mar es grande,
como es lo mismo todo,
me parece que estoy ya a tu lado...
Ya sólo el agua nos separa,
el agua que se mueve sin descanso,
¡el agua, sólo, el agua!

II. El amor en el mar

XXVII

30 de enero.

¡Tan finos como son tus brazos,
son más fuertes que el mar!
                    Es de juguete
el agua, y tú, amor mío, me la muestras
como una madre a un niño la sonrisa
que conduce a su pecho
inmenso y dulce...

XXVIII

30 de enero.

CIELO

Cielo, palabra
del tamaño del mar
que vamos olvidando tras nosotros.

XXIX

1 de febrero.

SOLEDAD

En ti estás todo, mar, y sin embargo,
¡qué sin ti estás, qué solo,
qué lejos, siempre, de ti mismo!

Abierto en mil heridas, cada instante,
cual mi frente,
tus olas van, como mis pensamientos,
y vienen, van y vienen,
besándose, apartándose,
en un eterno conocerse,
mar, y desconocerse.

Eres tú, y no lo sabes,
tu corazón te late y no lo siente...
¡Qué plenitud de soledad, mar sólo!

XXX

1 de febrero.

MONOTONÍA

El mar de olas de zinc y espumas
de cal, nos sitia
con su inmensa desolación.
                    Todo está igual —al norte,
al este, al sur, al oeste, cielo y agua—,
gris y duro,
seco y blanco.
            ¡Nunca un bostezo
mayor ha abierto de este modo el mundo!

Las horas son de igual medida
que todo el mar y todo el cielo
gris y blanco, seco y duro;
cada una es un mar, y gris y seco,
y un cielo, y duro y blanco.

¡No es posible salir de este castillo
abatido del ánimo!
Hacia cualquiera parte —al oeste,
al sur, al este, al norte—,

un mar de zinc y yeso,
un cielo, igual que el mar, de yeso y zinc,
—ingastables tesoros de tristeza—,
sin naciente ni ocaso...

XXXI

1 de febrero.

Venus[11]

A Alejandro Plana[12]

¡Va a nacer también aquí y ahora! Vedlo. Nácares líquidos. Las sedas, las caricias, las gracias todas, hechas ola de espuma. ¡Ya!... ¡Allí!... ¿No?... ¿Será culpa del fraile?

¡Da ganas de llorar que el barco, ¡el oso este!, pese así, negro y sucio, sobre el agua, esa espalda de ternura! ¡A ver! ¡Que quiten de aquí el barco, que va a nacer Venus! —¿Y dónde lo ponemos? ¿Y dónde lo ponemos?—

¡Apolo, amigo sólo de la diosa, que vas mientras tocan aquí al rosario, con tu ramo grana —blanco en la aurora, de oro al mediodía—, a tu casa del poniente! ¡Apolo, amigo sólo mío; Venus murió sin nacer, por culpa de la Trasatlántica!

---

[11] El episodio alegórico y fantástico narrado aquí tiene que ver con la búsqueda del amor por el mar por parte del viajero. Hay que comparar este poema con el poema 186; ambos captan estados de ánimo completamente diferentes. Véase la nota 195 que corresponde al poema 186.

[12] Alejandro Plana, escritor español contemporáneo y amigo de Juan Ramón. Ha colaborado en *El Poble Català*, *La Vanguardia* y *La Publicidad* de Barcelona, distinguiéndose por sus condiciones de crítico literario. Entre sus valiosas publicaciones, figura un libro de poesías titulado *Sol en el llindar* (Barcelona, 1915). Véase el diario de Juan Guerrero Ruiz, *Juan Ramón de viva voz* (Madrid, Ínsula, 1961), pág. 41. De aquí en adelante, las referencias a este diario remitirán a esta edición.

XXXII

DESPERTAR

—¡Oh voluntad tardía!—
No te he visto,
noche, más que tu cabellera.
Tu ancha espalda
no pudo congregarse un solo instante;
blanca —como las ruinas de la luna—
quedó rota en mi sueño repetido,
al que tú, tristemente,
volvías, grandes, tus cansados ojos,
para decirme ¡adiós! desde la aurora.

Ahora que no eres nada
más que cerrada fosa, oscura cáscara
de tu honda y clara sombra, ¡cuán inútil
mi despertar tardío, noche pura!

XXXIII

¡ESTRELLAS!

Las estrellas parecen en el mar,
tierra, tierra divina,
islotes de la gloria,
la única tierra y toda
la tierra,
la verdadera tierra única:
¡Estrellas!

¡En el mar sí que lucen
las estrellas!
—*Son más estrellas que en aquella*   *(A otro.)*
tierra que yo creí la tierra,

y atraen más al alma
con su imán blanco,
porque son aquí ella y ellas, ¡todo!
tierra y estrellas.—

¡Estrellas!
¡Ahora voy, ahora voy!
—*¡El mar aquí sí que es camino!*—   *(A otro.)*
Se me abren los ojos, y no ven,
deslumbrados de luz cercana,
estallido infinito de pureza...

Cien voces gritan: ¡Tierra!
Yo, ciego: ¡Estrellas!

XXXIV

3 de febrero.

CIELO

Se me ha quedado el cielo
en la tierra, con todo lo aprendido,
cantando, allí.
         Por el mar este
he salido a otro cielo, más vacío
e ilimitado como el mar, con otro
nombre que todavía
no es mío como es suyo...
                Igual que, cuando
adolescente, entré una tarde
a otras estancias de la casa mía
—tan mía como el mundo—,
y dejé, allá junto al jardín azul y blanco,
mi cuarto de juguetes, solo
como yo, y triste...

XXXV

NOCTURNO

¡Oh mar sin olas conocidas,
sin «estaciones» de parada,
agua y luna, no más, noches y noches!

... Me acuerdo de la tierra,
que, ajena, era de uno,
al pasarla en la noche de los trenes,
por los lugares mismos y a las horas
de otros años...

        —Madre lejana,
tierra dormida,
de brazos firmes y constantes,
de igual regazo quieto,
—tumba de vida eterna
con el mismo ornamento renovado—;
tierra madre, que siempre
aguardas en tu sola
verdad el mirar triste
de los errantes ojos!—

        ... Me acuerdo de la tierra
—los olivares a la madrugada—
firme frente a la luna
blanca, rosada o amarilla,
esperando retornos y retornos
de los que, sin ser suyos ni sus dueños,
la amaron y la amaron...

XXXVI

4 de febrero.

CIELOS

Un cielo cada día,
cada noche...
    Cóncavas manos cazadoras
de la fe de un instante por el mar.

    Mas yo, pequeño, escapo, día
tras día, noche
tras noche,
como una mariposa...

XXXVII

4 de febrero.

    Los nubarrones tristes
le dan sombras al mar.
                        El agua, férrea,
parece un duro campo llano,
de minas agotadas,
en un arruinamiento
de ruinas.

    ¡Nada! La palabra, aquí, encuentra
hoy, para mí, su sitio,
como un cadáver de palabra
que se tendiera en su sepulcro
natural.

        ¡Nada!

127

XXXVIII

5 de febrero.

Sol en el camarote[13]

(Vistiéndome, mientras cantan,
en trama fresca, los canarios de
la cubana y del peluquero, a un
sol momentáneo.)

Amor, rosa encendida,
¡bien tardaste en abrirte!
La lucha te sanó,
y ya eres invencible.

Sol y agua anduvieron
luchando en ti, en un triste
trastorno de colores...
¡Oh días imposibles!
Nada era, más que instantes,
lo que era siempre. Libre,
estaba presa el alma.
—A veces, el arco iris
lucía brevemente
cual un preludio insigne...—

Mas tu capullo, rosa,
dudaba más. Tuviste
como convalecencias
de males infantiles.
Pétalos amarillos
dabas en tu difícil
florecer... ¡Río inútil,
dolor, cómo corriste!

---

[13] Éste es un poema clave en que el protagonista, en un momento optimis-
ta y de claridad, revela su lucha por conseguir un estado de ánimo y alma re-
ceptivo a su nuevo amor, y confiesa también que ha sido afligido por «males
infantiles» que más tarde identificará como «locura» en el poema 191,
«Todo».

Hoy, amor, frente a frente
del sol, con él compites,
y no hay fulgor que copie
tu lucimiento virgen.
¡Amor, juventud sola!
¡Amor, fuerza en su origen!
¡Amor, mano dispuesta
a todo alzar difícil!
¡Amor, mirar abierto,
voluntad indecible!

XXXIX

5 de febrero, nublándose.

MENOS

¡Todo es menos! El mar
de mi imaginación era el mar grande;
el amor de mi alma sola y fuerte
era sólo el amor.
                Más fuera estoy
de todo, estando más adentro
de todo. ¡Yo era solo, yo era solo
—¡oh mar, oh amor!— lo más!

XL

5 de febrero.

MAR

Sólo un punto!
                Sí, mar, ¡quién fuera,
cual tú, diverso cada instante,
coronado de cielos en su olvido;
mar fuerte —¡sin caídas!—,
mar sereno
—de frío corazón con alma eterna—,
¡mar, obstinada imagen del presente!

XLI

MAR

Parece, mar, que luchas
—¡oh desorden sin fin, hierro incesante!—
por encontrarte o porque yo te encuentre.
¡Qué inmenso demostrarte,
en tu desnudez sola
—sin compañera... o sin compañero
según te diga el mar o la mar—, creando
el espectáculo completo
de nuestro mundo de hoy!
Estás, como en un parto,
dándote a luz —¡con qué fatiga!—
a ti mismo, ¡mar único!,
a ti mismo, a ti sólo y en tu misma
y sola plenitud de plenitudes,
... ¡por encontrarte o porque yo te encuentre!

XLII

SENSACIONES DESAGRADABLES

... ¿Quién me ha echado tiza en los ojos? Mar y cielo se me funden en un solo blanco crudo. No sé si al norte, si al sur, si al este, si al oeste, un agujero naranja. ¡Qué dolor aquí en mis ojos! ¡Ay! ¿Herida, grito, el sol... o qué?

Frío en los pies, de pronto. ¡Las mantas! ¡Las mantas! Si parece que han encerrado el mar en una botella de Mondáriz... ¡Eclipse! ¡Eclipse! Todos, las mujeres, los niños, los hombres, miran el sol por las gafas negras, por las gafas naranjas, por las gafas verdes del fraile de las barbas azules, susto de Venus la otra tarde.

¡Otra vez las cadenas! ¡Las cuatro y media siempre! ¿En dónde? Aún se filtra por las maderas el amarillo de la luz

130

eléctrica, con el verde del relámpago. Cucarachas sin miedo. Y la lluvia. Y el baldeo a un pie de mi cabeza. Y el trueno, como una ola, como un baldeo del cielo...

Un poquito de mar verdeuva, al lado del barco. El horizonte en la mano, digo, en el pie. —¿Terranova?— Niebla hasta el alma. La sirena, cada minuto, en el horario del tedio. ¡Qué frío en la nariz, en las orejas, en el pensamiento! Cosas inminentes y grandes pasan y pasan, como vagos monstruos, muy cerca ¡y qué lejos!14.

Dos moles, sólo: la tormenta y el barco, frente a frente en la sombra del agua total —mar y lluvia—. ¿Dos tormentas? ¿Dos barcos?15.

7 de febrero.

XLIII

CIELO

Te tenía olvidado,
cielo, y no eras
más que un vago existir de luz,
visto —sin nombre—
por mis cansados ojos indolentes.
Y aparecías, entre las palabras
perezosas y desesperanzadas del viajero,

---

14 «Cosas inminentes y grandes [...] como vagos monstruos» le amenazan aquí, y en varias ocasiones de la tercera parte, y toman forma concreta en el gigante del mar que le asalta en los poemas 163 y 168 de la cuarta parte.
15 Aquí se sugiere claramente la posibilidad del doble significado de estas palabras —el simbolismo de la tormenta y el barco—: la tormenta en el mundo real y la tormenta interior como expresión del tumulto del alma; el barco en el mundo real y el barco interior dominado por la voluntad de amor o por el miedo al amor. Efectivamente, el mal tiempo —niebla, nubes, amenazas, tormenta, viento y lluvia— expresa la condición del alma en varios poemas de la tercera parte: Poemas 102, «Tormenta»; 131, «Nocturno»; 134, «Noche en Huntington»; 145, «Paisaje de Constable»; 148, «Amanecer»; 149, «Abril»; 153, «Víspera» y 156, «Despedida sin adiós».

como en breves lagunas repetidas
de un paisaje de agua visto en sueños...

Hoy te he mirado lentamente,
y te has ido elevando hasta tu nombre.

XLIV

7 de febrero.

¡No!

El mar dice un momento
que sí, pasando yo.
                    Y al punto,
que no, cien veces, mil
veces, hasta el más lúgubre infinito.

No, ¡no!, ¡¡no!!, ¡¡¡no!!!, cada vez más
fuerte, con la noche...
                    Se van uniendo
las negaciones suyas, como olas,
—¡no, no, no, no, no, no, no, no, no!—
y, pasado, todo él, allá hacia el este,
es un inmenso, negro, duro y frío
¡no!

XLV

7 de febrero.

HASTÍO

Un ejército gris de ciegas horas
nos cerca
                    —cual olas, como nubes,—
en la tristeza que nos traen ellas.

¿En dónde hemos entrado?
¿Qué nos quiere esta reina?

132

No sé por qué nos lloran,
no sé a dónde nos llevan.
—... Y siempre son las mismas
y de manera idéntica—.

Su desnudez es tanta,
que ya no es. Semejan
a la desesperanza muerta en tedio,
que nada da y nada espera.

¡Ni las matamos, ni nos matan!
... Y crecen sin cesar, yo no sé a qué,
sin nada que mirar y ciegas...

XLVI

7 de febrero.

¡Qué peso aquí en el corazón inquieto
—peso de mar o tierra—,
de arriba y de debajo!

¿Qué corazón, en el que esté yo vivo,
estarán enterrando o ahogando?

¡Qué peso aquí en el corazón inmenso
como el cielo y el mar;
qué angustia, qué agonía;
oh, qué peso hondo y alto!

XLVII

Fiesta natural

A Luis Bello[16]

Después de estos días de lluvia —agua total, amarga y dulce, como el amor, en solución de continuidad—, este día de brisa libre, sol seco sobre la ola y mar de bajo azul, parece un domingo de tierra, un domingo de isla, mejor dicho, sin gente y sin identificación.

Es el día como el alma ignorada y sin nombre —borrado ni entrevisto— de un domingo de antes del domingo; como si hoy hubiésemos descubierto —por estos parajes desconocidos en su mudanza inquieta—, inventado, nombrado el domingo.

Sin embargo, el calendario de la sala, cromo aburrido entre la biblioteca —Pereda, Balaguer, Valera, en pasta con anclas— y el piano —Delibes, Arbós, Puccini, con firma de mulata—, dice, tras el humo lento y solitario que un fumar que se fue con su hastío a otro sitio, dejó en el rayo de sol que enciende la alfombra verde: MARTES.

¡Retórica académica y trasatlántica! La semana hecha me parece hoy una quintilla. Baile aprendido, escalera de farolero para el cielo del crepúsculo segundo. ¡Al agua el calendario, el periódico radiotelegráfico y el cura! ¡Yo y lo natural! ¡Domingo, capitán, domingo!

—¡Bueno!...

---

[16] Luis Bello (1872-1935), periodista español. Su obra periodística y literaria la compaginó con la política, como diputado durante la monarquía y la república. Colaboró en *El Heraldo de Madrid, Los lunes del Imparcial, El Sol*, etcétera.

XLVIII

8 de febrero.

Argamasilla del Mar[17]

Sí. La Mancha, de agua.
Desierto de ficciones líquidas.
Sí. La Mancha, aburrida, tonta.

—Mudo, tras Sancho triste,
negros sobre el poniente rojo, en el que aún llueve,
Don Quijote se va, con el sol último,
a su aldea, despacio, hambriento,
por las eras de ocaso—.

¡Oh mar, azogue sin cristal;
mar, espejo picado de la nada!

XLIX

9 de febrero.

¡Estela verde y blanca,
memoria de la mar!

L

10 de febrero.

Mar llano. Cielo liso.
—No parece un día...
—¡Ni falta que hace!

---

[17] Desanimado y triste, el viajero aquí se identifica con Don Quijote y Sancho, en busca de lo imposible. «Argamasilla del Mar» nos hace pensar en Argamasilla de Alba, villa de España en la provincia de Ciudad Real, situada en una llanura inmensa en las márgenes del río Guadiana. Se muestra en Argamasilla la llamada *Casa de Medrano* o cárcel donde la tradición supone que Cervantes estuvo preso y escribió el *Quijote*.

LI

10 de febrero.

¿No ves el mar? Parece, anocheciendo,
—acuarela de lluvia,
con —agua dulce— suaves verdes, amarillos, rosas—,
un tierno, un vago pensamiento mío
sobre el mar...

LII

10 de febrero.

NIÑO EN EL MAR[18]

El mar que ruge, iluminado un punto
en su loco desorden,
por el verde relámpago violento,
me trastorna.

El niño que habla, dulce
y tranquilo, a mi lado,
en la luz de la lámpara suave
que, en el silencio temeroso
del barco, es como una isla;
el niño que pregunta y que sonríe,
arrebatadas sus mejillas frescas,
todo cariño y paz sus ojos negros
me serena.

¡Oh corazón pequeño y puro,
mayor que el mar, más fuerte
en tu leve latir que el mar sin fondo,
de hierro, frío, sombra y grito!

---

[18] El niño aquí representa una fase del desdoblamiento de la personalidad
poética. El «niño» dentro del viajero parece, en momentos de tormenta y tumul-
to interior, tranquilizar a la personalidad poética. Hay que comparar este poema
con su correspondiente en la cuarta parte, poema 188, «Niño en el mar».

¡Oh mar, mar verdadero;
por ti es por donde voy —¡gracias, alma!—
al amor!

LIII

11 de febrero.

FIN DE TORMENTA
(EN EL PUENTE)

Aun, entre el mar y el cielo,
por la aurora,
se arrolla la tormenta, lejos, baja,
como una serpiente
que se va...

El barco se alza y se apresura,
bajo el cielo más alto
que vivas rosas ornan
con la luz y el color de adonde vamos
a llegar, firmemente...

Sueño despierto y dulce...

LIV

11 de febrero.

LLEGADA IDEAL

A Joaquín Sorolla[19]

... De pronto, se abre la tarde, abanico de oro, como una
gran ilusión real. ¡Qué bienestar nos entra, qué dulzura! Pa-

---

[19] Joaquín Sorolla (1863-1923), pintor español de tendencia impresionista.
Cultivó el retrato y los temas levantinos, impregnados de la luminosa atmós-
fera mediterránea: *La vuelta de la pesca, La playa de Valencia*, etc. Su influjo en
la pintura española del siglo XX ha sido profundo.

rece que lo estuviera viendo Turner[20] con nosotros... Gaviotas que no hemos sentido venir, que, sin duda, estaban ya, vuelan arriba, en el gallardete de los palos, ¡qué lejos del cielo y qué altas de nosotros! El cielo se alza, se va, desaparece, no tiene ya nombre, no es ya cielo sino gloria, gloria tranquila, de ópalo solamente, sin llegar al amarillo. Se riza el mar en una forma nueva, y parece que, al tiempo que, más fluido, se levanta el cielo, él se baja, se baja, más líquido. En la onda vienen maderos, barricas. Dejamos atrás unas barquitas pescadoras... ¿Llegamos?

El sol poniente tiñe de rosa, con un nostálgico rayo caído, la borda de babor. ¡Qué alegre el rojo, encendido con el rosa, de los salvavidas; qué dulce el blanco, encendido con el rosa, de la borda; el negro de esa negra, el aceituna de ese japonés; cuán bellos todos los ojos, todos los cabellos, todas las bocas con sol poniente. ¡Qué hermanos todos —negros, blancos y amarillos—, en la alegría! Escucho, con gusto, la charla melancólica de este señor que toma opio. Le respondo a este comisionista a quien no he hablado en todo el viaje. Resisto el humo del puro del fraile... Las imaginaciones se ponen en los rostros, encendidas. Se canta, se corre, no se quiere bajar para comer, se saca el rostro contra el fresco tibio que viene de la tierra nueva. —A estribor, bajo en la sombra, pasean, con nuestra esperanza, los que no cantan, los que no sueñan, los que no aman.—

El momento parece una canción levantada de un sueño, y nosotros sus héroes. Sí, somos la verdad, la belleza, la estrofa eterna que perdura, cogida con la rima, en el centro más bello y entrevisto de una poesía eterna que conocemos siempre, y que siempre estamos esperando, nueva, conocer —¿el segundo cuarteto de un puro soneto marino?— ¿Dónde estamos? ¿De qué tiempo somos? ¿De qué novela hemos salido? ¿Somos una estampa? ¿Llegamos?

... Pero la estampa cae y se apaga. ¡Nunca una tarde se ha apagado tanto! El cielo baja de nuevo y el mar sube, y nos dejan tan pequeños como el día. Otra vez la angustia por ho-

---

[20] Joseph M.W. Turner (1775-1851), pintor inglés. Uno de los más importantes paisajistas del siglo XIX y precursor del impresionismo.

rario, la niebla, la nariz fría, el poco trecho, el *menos*. Los que nos hablamos hace un instante, nos despegamos los silencios. Me paseo sólo a babor enlonado y chorreante. Volvemos a no llegar nunca, a empujar las horas con la imaginación, navegando a un tiempo, en dos barcos, a maldecir del mar igual, aburrido, soso, el eterno mármol negro veteado de blanco, ¡sí, mármol!, a un lado y otro del barco pesadote, del oso este maloliente... El papel se me cae... Ya no sé escribir...

LV

11 de febrero,
en un palo del barco, a navaja.

La rosa has hecho
esparto.
Tendrás amor
amargo.

LVI

11 de febrero.

¡Sí![21]

Delante, en el ocaso, el sí infinito
al que nunca se llega.
                          —¡Síííí!
                                    Y la luz,

incolora,
se agudiza, llamándome...

---

[21] La afirmación aquí contesta la negativa del poema 44 («¡No!»). Hay que fijarse en que el «¡Sí!» viene de la luz del cielo del ocaso (dirección Nueva York) y el «¡No!» (poema 44) viene del agua del mar, aliado con el este (dirección Moguer). Estos poemas ejemplifican simbólicamente los versos, «Sol y agua anduvieron / luchando en ti», dirigidos al amor en el poema 38, «Sol en el camarote». Así que en esta segunda parte («El amor en el mar»), la lucha interior termina en una nota optimista, pero muy débil y nada decisiva.

No era del mar... Llegados
a las bocas de luz que lo decían
con largor infinito,
vibra, otra vez, inmensamente débil
—¡síííííí!—,
en un lejos que el alma sabe alto
y quiere creer lejos, solo lejos...

III. América del Este

Hay en esta parte de mi Diario, *impresiones que no tienen fecha. ¿Supe yo, acaso, ¡tantas veces!, qué día era? ¿No hay días sin día, horas de deshora?*

Espero que, como en las pinturas sinceras, esas notas se coloquen por sí mismas en su hora y en su día.

LVII

Birkendene, Caldvell[22],
20 de febrero.

Te deshojé, como una rosa,
para verte tu alma,
y no la vi.
                    Mas todo en torno
—horizontes de tierras y de mares—,
todo, hasta el infinito,
se colmó de una esencia
inmensa y viva.

LVIII

Garden City[23],
26 de febrero.

OCASO DE ENTRETIEMPO

Eres, dulce
paisaje,
igual que una mujer

---

[22] Caldwell es una ciudad en el noreste de New Jersey (no muy lejos de la ciudad de Nueva York), donde Juan Ramón y Zenobia quizá pasaron un par de días en casa de la familia de Zenobia. Zenobia anota en su diario el 19 de febrero: «Juan Ramón y yo pasamos el sábado y domingo en casa de Ethel», *Vivir con Juan Ramón* (Madrid, Los Libros de Fausto, 1986), pág. 31. De aquí en adelante, las referencias al diario de Nueva York de Zenobia remitirán a esta edición. En una nota de esta misma página Arturo del Villar nos informa: «Quizá se refiere a Ethel Leaycraft, esposa de su hermano José, de quien era gran amiga.»

[23] Garden City, una ciudad en Long Island, muy cerca del distrito Queens. Zenobia escribe en su diario el 25 de febrero: «Yo me encuentro mala, pero tengo que ir de compras porque me empiezan a coser el traje de boda y Juan Ramón pasa el día de lluvia torrencial en Garden City», págs. 31-32.

que va a acostarse, un poco
cansada, por la tarde.

Se le ha salido el alma hacia la noche
y es forma de su cuerpo —niebla suave—,
y, alejada, en los oros interiores
de su mente, la demostrada carne,
se le ven los colores, por el sueño,
fuertes aún en la pálida ternura
en que está ya, de su sencillo desnudarse.

Rosa fresco, puro celeste, malva
amable,
lo mismo
que tu ocaso, paisaje.

LIX

New York,
29 de febrero.

GOLFO[24]

La nube —blanco cúmulo— recoge
el sol que no se ve, blanca.

Abajo, en sombra, acariciando
el pie desnudo de las rocas,
el mar, remanso añil.
                              Y yo.

---

[24] «Enigma» (Ej. c.) El enigma siempre se refiere a aspectos del dilema de la personalidad poética, que aquí se expresa como una parálisis de voluntad, que no puede ir ni para adelante (novia y Nueva York) ni para atrás (madre y Moguer). La nube que cubre el sol al atardecer, como otros elementos del mal tiempo que hemos comentado ya, adquiere un valor simbólico. Expresa las fuerzas opresivas al sol de un nuevo día y al florecer de su nuevo amor. Juan Ramón señala el significado de la nube en su artículo «A Luis Cernuda» (1943), cuando comenta la importancia de su *Diario*: «El oleaje, la comunicación de cielo y mar, la nube, les dio a mi sentimiento y a mi pensamiento libres mis libres mi verso desnudo», *La corriente infinita*, pág. 174.

Es el fin visto,
y es la nada de antes.
Estoy en todo, y nada es todavía
sino el puerto del sueño.

La nube —blanco cúmulo— recoge
el sol que no se ve, rosa.

                    A donde quiera
que llegue, desde aquí, será a aquí mismo.

Estoy ya en el centro
en donde lo que viene y lo que va
unen desilusiones
de llegada y partida.

La nube —blanco cúmulo— recoge
el sol que no se ve, roja...

LX

«SKY»[25]

Como tu nombre es otro,
cielo, y su sentimiento
no es mío aún, aún no eres cielo.

Sin cielo, ¡oh cielo! estoy,
pues estoy aprendiendo
tu nombre, todavía...

¡Sin cielo, amor!
                    —¿Sin cielo?

---

[25] Cielo.

LXI

†
RUBÉN DARÍO[26]
8 DE FEBRERO DE 1916

*Peregrinó mi corazón y trajo
de la sagrada selva la armonía*[27].

R. D.

I

No hay que decirlo más. Todos lo saben
sin decirlo más ya.
¡Silencio!
    —Es un crepúsculo
de ruinas, deshabitado, frío
(que parece inventado
por él, mientras temblaba),
con una negra puerta
de par en par.

---

[26] Juan Ramón recibió la noticia de la muerte del gran poeta nicaragüense en el barco durante su viaje a Nueva York. Evoca con gran emoción el triste acontecimiento en su espléndido primer retrato de Rubén Darío en *Españoles de tres mundos*. Sobre la alta admiración y amistad que sentía por «el mayor poeta hispanoamericano», hay testimonio en toda la obra de Juan Ramón. Véase, sobre todo, «"Mis" Rubén Darío», en *La corriente infinita*, y «Crisis del espíritu en la poesía española contemporánea (1899-1936)», en *Política poética*.

[27] Graciela Palau de Nemes ya ha señalado que esta cita está tomada del primer poema, «Yo soy aquel que ayer no más decía», de *Cantos de vida y esperanza*. Son los dos últimos versos de una estrofa que reza así:

Mi intelecto libré de pensar bajo,
bañó el agua castalia el alma mía,
peregrinó mi corazón y trajo
de la sagrada selva la armonía.

La profesora Palau de Nemes también nos recuerda que Juan Ramón ayudó a su amigo en la preparación y publicación de *Cantos de vida y esperanza*. Véase su buen comentario de esta influencia y relación literaria en *Vida y obra de Juan Ramón Jiménez*, II, pág. 622.

Sí. Se le ha entrado
a América su ruiseñor errante
en el corazón plácido. ¡Silencio!
Sí. Se le ha entrado
a América en el pecho
su propio corazón. Ahora lo tiene,
parado en firme, para siempre,
en el definitivo
cariño de la muerte.

II

Lo que él, frenético, cantara,
está, cual todo el cielo,
en todas partes. Todo lo hizo
fronda bella su lira. Por doquiera
que entraba, verdecía
la maravilla eterna
de todas las edades.

III

La muerte, con su manto
inmenso, abierto todo
para tanta armonía reentrada,
nos lo quitó.

Está ¡rey siempre!,
dentro, honrando el sepulcro,
coronado de toda la memoria.

IV

¡Ahora sí, musas tristes,
que va a cantar la muerte!
¡Ahora sí que va a ser la primavera
humana en su divina flor! ¡Ahora

sí que sé dónde muere el ruiseñor!

¡No hay que decirlo más!
                    ¡Silencio al mirto!

LXII

Boston,
12 de marzo.

«PHYSICAL CULTURE»

¡Al campo nevado con la joven primavera! ¡Qué gusto llevarla en el taxi, desnuda, a sus *sports*[28], con este frío! ¡Así está de dura y viva! Todo lo contagia, pasando callada, de su alegría. Lo morado de su carne se le trueca, con el sol, en rosas. Sus risas son el esquema de las flores y el trazado de los pájaros. Sí. Aun cuando por los caminos nevados que rajamos, las enredaderas están colgadas de hielo y son gala yerta de las casas blancas y amarillas de madera, adornan el corazón sano con su frío al sol, mejor —¡oh cultura física!— que si fuesen verdes y de flores.

LXIII

Boston,
11 de marzo.

Todo el día atravesado mi pecho por esta sola luz, puñal de la primavera —luz que era una sombra portadora de la vida—. Sí. La sombra fugaz del pájaro de esta mañana por los colores calientes —color y sol— de la vidriera de la iglesia de Phillips Brooks, se ha trocado en vuelo de oro —como se trueca en sombra el sol que se mira mucho— por la sombra de mi alma.

---

[28] Deportes. Anota Zenobia en su diario el 12 de marzo: «J. R.. se encuentra con la sensación de primavera en el aire a pesar de que todo el campo está blanco. Bienestar y sol en casa de George. Vemos luego saltar con "skis" al pequeño Jorge», págs. 36-37.

LXIV[29]

Boston,
4 de marzo.

Bebimos, en la sombra,
nuestros llantos
confundidos...

Yo no supe cuál era
el tuyo.
¿Supiste tú cuál era el mío?

LXV

Boston, Hotel Somerset,
14 de marzo, tarde, después
de un día cansado.

TÚNEL
CIUDADANO

Blanco y negro, pero sin contraste. Blanco sucio y negro
sucio, con la hermandad de lo astroso. Arriba, el abundante,
el interminable intestino retorcido del humo de los trenes
sin tregua, que, a cada momento, todo lo quita y lo pone, en
su rodeo que hace caer mil veces la tarde, con su barroquis-
mo semiceleste, asesino que mata la luz cada vez que pasa un
tren. Abajo, la nieve en todo, dejando fuera piedras y casas
negras. Negros los árboles secos; negro el retrato de los cielos
en los redondeles líquidos que va teniendo la riachuela al
deshelarse; negros los puentes, la boca del túnel, los rígidos
trenes que, antes de entrar en él, ya están dentro, como si al-
guno los borrase después de haberlos pintado al carbón. El
humo y la nieve lo ennegrecen todo por igual, uno a fuerza
de luto, otro a fuerza de nitidez. Nada da la sensación de que
en parte alguna —dentro, encima, al borde— haya vidas con
pensamientos y sentimientos de colores, con sentidos corpo-

---

[29] Zenobia escribe en su diario el 4 de marzo: «Juan Ramón y yo tuvimos
nuestro primer disgusto, y después nos dio mucha pena y nos quisimos más»,
pág. 33.

rales. ¿Quién ha visto aquí? ¿Quién ha oído? ¿Quién ha olido, gustado ni tocado? Todo es confuso, difuso, monótono, seco, frío y sucio a un tiempo, negro y blanco, es decir, negro, sin hora ni contagio. Algo que está, pero que no se tiene ni se desea, que se sabe que no se ha anhelado nunca y que nunca se recordará sino en el indiferente e involuntario descuido del sueño difícil.

LXVI

Boston,
16 de marzo.

«BERCEUSE»[30]

No; dormida,
no te beso.

Tú me has dado tu alma
con tus ojos abiertos
—¡oh jardín estrellado!—
a tu cuerpo.

No, dormida no eres
tú... No, no, ¡no te beso!

—... Infiel te fuera a ti si te besara
a ti...
    No, no,
no te beso...—

---

[30] Voz francesa, canción de cuna. Zenobia crea el contexto para este poema cuando escribe en su diario el 16 de marzo: «Juan Ramón y yo tenemos un gran disgusto, y luego mayor comprensión y mucho más cariño verdadero», pág. 38.

LXVII

Fililí[31]

Abriéndose sobre la nieve, la tarde, como una inmensa media naranja, lo gotea todo, fresca y rica, de deshelada gotas amarillas, trasparentes y almibaradas, que no manchan nada, sino que lo purifican todo, como las yemas frescas el vino. La pobre riachuela, hija de Carlos[32], como me voy esta tarde misma, quiere mostrarme su cuerpo de cristal —no visto por ningún arquitecto de la rima aérea, ¡buen Aldrich![33]—, que no ha querido sacar ¡perezosa! de la cama de la nieve en estas dos semanas blancas; y por llamarme la atención, tiende el cabello al viento, que se lo riza leve, y copia en sus ojos grandes los árboles, cuya negrez enfunda en oro leve el sol, hasta donde puede, y va y viene, nadando, por su breve redondela deshelada.

Pero yo tengo prisa, y cae la noche. Y su gracia de un instante —¡oh Boston, con quien he yacido sin verte más que la blancura de tus sábanas!— se queda allí abajo, como la flor en su botón más tierno, haciendo no sé qué, que ya no veo yo, en la sombra.

---

[31] Delicadeza, sutileza. Otra vez el diario de Zenobia nos ayuda a entender la inspiración para este texto: «Viaje preciosísimo en el Boston & Albany, con un maravilloso paisaje de nieve que cambiaba de color a cada instante su luz variada», pág. 39.

[32] «Carlos» se refiere al río Charles, que fluye entre Boston y Cambridge, desembocando en el Atlántico.

[33] Thomas Bailey Aldrich (1836-1907), escritor estadounidense. Comenzó su carrera como periodista, llegando a ser director del *Atlantic Monthly* en los años 1880s. Sus obras más significativos son: *The Story of a Bad Boy* (1870), novela autobiográfica, y *Marjorie Dane and Other People* (1873), colección de relatos breves. Véase el interesante comentario de este pasaje que hace H. T. Young en su «North American Poetry in the *Diario*: A Preliminary Assessment», en *Estudios sobre Juan Ramón Jiménez*, pág. 175.

LXVIII

Estación de Boston,
entre baúles, sol leve y basura negra (en la cartela de mi maleta).

¡Qué trabajo me cuesta
llegar, contigo, a mí por el camino
en que, loca, te tiras!

¡Te tengo que salvar, a cada instante,
por no pisarte el alma mía,
como por una pedregosa
cuesta arriba!

LXIX

17 de marzo,
por la tarde.

DE BOSTON A NEW YORK

A Miss Grace Nichols[34]

... ¿Sevilla? ¿Triana? ¡Ah... no!

... Rojas hojas secas ruedan leves y raudas —hacia Boston,
que da una vuelta y se pierde—, con el viento helado, sobre
la nieve inmensa y dura. Una va herida de sol. ¡Adiós, hoji-
tas! ¡Adiós, hojitas! ¡Adiós!

El sol poniente, claro y frío, alumbra, entre los negros plá-
tanos —tronco de hierro y hoja de cobre— de un valle súbi-
to y solitario, una única casa colonial, cerrada y amarilla.

Finos álamos blancos, en hilera infinita. Parecen, saliendo
de la nieve, arbolillos de plata helada, hechos por Dios, por

---

[34] Amiga de Zenobia y Juan Ramón en Boston, mencionada varias veces
en el diario de Zenobia.

154

encima de todo, como el copo —*With His hammer of wind,* —*And His graver of frost*— de Francis Thompson[35].

Un cementerio nuevo. Lo rodea un vasto anuncio de ligas para caballeros, con jóvenes en pijama que, una rodilla en tierra, se ponen la liga. En el cielo verde, de nadie ni nada mirado, cielo que no parece cielo del suelo, sobre la nuca de uno de los jóvenes, Atlante en flor, la luna blanca.

Todo blanco. —El sol muere.— Blancos difíciles, impintables ¡oh Claude Monet![36]. Blancos de todos colores.

Último rayo del sol. La nieve rosa. Los plátanos, cargados de hojas secas, se cargan, con el estío momentáneo, agudo y de otra parte, del sol que muere, de frutos.

Desierto de arena rosa. Sombras extrañas. ¿Emily Dickinson?[37].

El cielo sin sol parece el suelo; el suelo sin sol parece el cielo. Ópalo y celeste fríos que, en un juego visual, se truecan, a gusto del que mira.

Vallado nevado junto al tren. ¡Pues aún había sol! Montes —rosas— ¡muy lejos! es decir, al lado, en miniatura.

---

[35] Francis Thompson (1859-1907), poeta inglés. Su principal obra es *The Hound of Heaven* (*El Mastín del Cielo*), en la que describe la búsqueda de Dios por el hombre. La escena invernal de finos álamos cubiertos y embellecidos de nieve le hace a Juan Ramón pensar en el poema de Francis Thompson, «To a Snowflake» («A un copo de nieve», identificado por H. T. Young en el artículo citado en la nota 33), que celebra la obra de Dios y que termina con estos dos versos: «With His hammer of wind, / and His graver of frost» («Con su martillo de viento, / y su grabadora de escarcha»).

[36] Claude Monet (1840-1926), pintor francés. Desarrolló la técnica de la pincelada breve, lo cual le permitió reproducir el juego fugaz de la luz al juntar colores de gran contraste. Fue maestro del impresionismo y ejerció una influencia extraordinaria en artistas contemporáneos y posteriores.

[37] Emily Dickinson (1830-1886), poeta estadounidense. Autora de una importante e inmensa obra lírica, que fue publicada después de su muerte. Es la escritora norteamericana más admirada por Juan Ramón. Él la honra incluyendo traducciones de tres poemas suyos al principio de la sexta parte de esta obra.

155

Después de un bosque oscuro y hondo, un poco falso, como los poetas de New England —Longfellow, Lowell, Bryant, Aldrich[38]—, el despejado cielo verde. Sin árboles. Desierto de nieve malva. La luna blanca, encendida por fuera, sin corneja. Pintura solo. Casi una poesía de Amy Lowell: *¡Who shall declare the joy of the running!*[39]...

El humo del tren le pone un anubarrado cielo gris a un pedazo de nieve cercana. Una matilla seca parece el árbol solo de un yermo inmenso. ¡Qué pequeños somos! ¡Qué pequeños somos!

Bajos nubarrones malvas le colocan copas primaverales a los árboles secos de la nieve, que bajan, que bajan, como con *skis*[40], por una pendiente... En el fondo hondo y agudo de otro valle solo, una cinta de torrente deshelado recoge en su fría espada de luz toda la infinita mentira del ocaso, que ahora aparece entre los árboles últimos. La luz fría se hace invisible a fuerza de exaltarse. El bosque negro se hace invisible a fuerza de esconderse.

---

[38] Ya hemos señalado en la Introducción la opinión bastante certera de Juan Ramón sobre la falta de autenticidad en estos poetas: Henry Wadsworth Longfellow (1807-1882), James Russell Lowell (1819-1891), William Cullen Bryant (1794-1878) y Thomas Bailey Aldrich (1836-1907). Su opinión de este grupo de «Los Brahmines» se encuentra también en su libro sobre *El modernismo*: «Los Brahmines [son] un poco [como] académicos de cultura europea. No expresaban cultura particular norteamericana: [son escritores] internacionales relacionados con el parnasianismo: Lowell, Aldrich, Longfellow... aristocráticos. Traducen muchas cosas griegas y latinas. También españolas: Longfellow [a] Jorge Manrique, el Romancero», págs. 111-112.

[39] Amy Lowell (1874-1925), poeta estadounidense. En contacto con Ezra Pound en Inglaterra, se identificó con los «imaginistas» y llegó a ser la líder de este movimiento en los Estados Unidos. Fue incluida por Juan Ramón en «este movimiento de resurrección» poética en su «Precedentes de la poesía moderna en los Estados Unidos», *Política poética*, pág. 183. El poema citado aquí por su efecto pictórico se titula «A Winter Ride» («Un paseo de invierno», identificado por H. T. Young en el artículo citado arriba) y pertenece al libro de poemas titulado, *A Dome of Many-Colored Glass*, 1912 (*Una cúpula de cristales multicolores*). La traducción de este verso que empieza el poema reza así: «¡Quién declarará el júbilo de la carrera!»

[40] Esquís.

Calvas piedras negras en la nieve blanca. Calvos islotes de nieve blanca en la deshelada agua negra.

Comiendo. Luz amarilla dentro y negros de blanco. Fuera, apretándose uno al cristal yerto, pálidos recuerdos de un día que hubiésemos leído. Entre la confusión de colores, luces y reflejos de dentro y de fuera, del cristal, estrellas, como las moscas, unas veces fuera, en el techo del vagón, sobre el cielo, otras dentro, en el cielo, sobre el techo del vagón.

Atisbos, tras el cristal mojado, de agua deshelada, en ondas largas. Sordas y dulces luces granas, azules, verdes, con un largo reflejo límpido y movible. A veces, luna en la loma de la onda. Sensación de mar cercano e invisible. Olor abierto, inmenso, hasta los últimos límites del alma. Nostalgia y frío fresco solo. Me despierto otra vez... ¿Cádiz?... ¡New London![41]...

¿Huelva?... ¿Me había dormido? Pero... ¿Las once? ¡Ya! ¡New York otra vez! Duro despertar frío y fuerte. De pie... En el cristal, las gotas, arriba, buscan un surco, lo encuentran y ¡abajo! Otra, otra... ¡New York, maravillosa New York! ¡Presencia tuya, olvido de todo!

LXX

New York,
17 de marzo.

SUEÑO EN EL TREN
... NO, EN EL LECHO

La noche era un largo y firme muelle negro. El mar era el sueño y llevaba a la vida eterna.

Desde las costas que dejábamos —inmensas y onduladas praderas con luna—, la gente toda del mundo, vestida de blanco y soñolienta, nos despedía con un rumor inmenso y entrecortado. Sí, sí. ¡Hurrah al caballo vencedor! Y se agita-

---

[41] Ciudad y puerto en el sureste del estado de Connecticut, en la línea entre Boston y Nueva York.

ban —New London— los pañuelos blancos, los sombreros
de paja, las sombrillas verdes, moradas, canelas...

Yo iba de pie en la proa —¡Desde esta tribuna se ve divi-
namente!— que ascendía, aguda, hasta las estrellas y bajaba,
honda, hasta el fondo de la sombra —¡buen caballo ne-
gro!—, abrazado estrechamente a... ¿a quién? No... A nadie...
Pero... era alguien que me esperaba en la estación y me abra-
zaba riendo, riendo, riendo, mujer primavera[42]...

LXXI

New York,
19 de marzo.

Felicidad[43]

¿Subterráneo? ¿Taxi? ¿Elevado? ¿Tranvía? ¿Ómnibus? ¿Ca-
rretela? ¿Golondrina? ¿Aeroplano? ¿Vapor?... No. Esta tarde
hemos pasado New York ¡por nada! en rosa nube lenta.

LXXII

Espina

Es cuesta abajo y va,
al lado del arroyo,
a la rosa divina.

---

[42] Este poema es muy revelador de una faceta de la personalidad poética.
En las profundidades de su mundo onírico, el hombre dentro del poeta, en
contraste con el niño, desea ardientemente realizar su aventura por mar y
unirse con su mujer ideal. La alianza de mujer y primavera al final expresa cla-
ramente el deseo de un renacer en compañía de su amor, deseo que se ve
amenazado al final de la primera parte, «se caerá, sin abrir, la primavera» (poe-
ma 25), y a lo largo de esta tercera parte, como se verá más adelante.

[43] La causa de esta felicidad la encontramos quizá en el diario de Zenobia
el 19 de marzo cuando anuncia que han podido salir del Hotel Marlton «tris-
tísimo, pobre y sucio», y alojarse en el Hotel Van Rensselaer: «¡Alegría! Cuar-
tos limpios, claros, llenos de sol que entra a raudales por las ventanas», pági-
na 40. Este cambio de ambiente ha debido de ser beneficioso para Juan Ra-
món porque anota Zenobia el día después: «Juan Ramón escribe la mar en su
diario, está en plena vena productiva», pág. 41.

Tú haces que el corazón
la tenga que vencer, como si fuera
cuesta arriba.

¡Cuánto golpe de sangre aquí en las sienes,
cuánta sal de las lágrimas bebidas,
cuántas estrellas en los ojos ciegos,
para coger... ¡del polvo!
el beso
de cada día!

LXXIII

LA MUERTE[44]

Siete taxis en fila, de prisa, pero con la prisa que les dejen,
entre la nieve y la niebla. No paran ómnibus, taxis de vivos,
ni tranvías. La gradación es racional, aunque triste, a ratos, al
corazón: el fuego, la mujer joven, el hombre joven, el niño,
la niña, el hombre viejo, la mujer vieja, la muerte.

---

[44] Zenobia habla durante estos días de un enfriamiento y también de la
necesidad de escribir muchas cartas que les tienen encerrados durante va-
rios días. El 22 de marzo anota: «Cuarto día de encierro. Amanecemos pá-
lidos y desencajados y resueltos a salir a todo trance, pero nos arredra una
horrible nevada», pág. 41. Los siete taxis en fila quizá representan una pro-
cesión funeral.

LXXIV

New York,
23 de marzo, en lo alto
de Woolworth[45].

«NEW SKY»[46]

A José Ortega y Gasset[47]

¡Oh qué cielo más nuevo —¡qué alegría!—,
más sin nombres...
Parece —y palmoteo y salto—
que la gloria del cielo —ataviada
de una manera antigua y recargada,
amontonada
barrocamente—,
está allá lejos, por el este
—cuya nubarronada de poesía,
baja, tiene la tarde todavía
en oros rosas de agonía—,
está, allá lejos, sobre Europa
que acerca la emoción al horizonte,
igual que una edad media
del cielo —¡qué alegría!— sin historia
—y salto y palmoteo—,
sin historias.

---

[45] Woolworth Building, edificio de oficinas en la calle Broadway, enfrente del Ayuntamiento de Manhattan. Cuando se terminó de construir en 1913, era el edificio más alto del mundo, récord que le correspondió hasta la construcción del Chrysler Building en 1929. Descrito en su inauguración como una «catedral de comercio», el edificio llegó a ser el modelo de los rascacielos que transformaron la silueta de la ciudad de Nueva York después de la Primera Guerra Mundial. Véase *The Encyclopedia of New York City*.

[46] Nuevo cielo.

[47] Juan Ramón da muy importante testimonio de la amistad y admiración que él sentía por este «filósofo de libre esposición sorprendente», en su ensayo, «Recuerdo a José Ortega y Gasset» (1953), donde afirma: «Ortega siempre ha sido un maestro para mí, y en muchas cosas [...] Él ha unido la base tradicional española más sólida, a la espresión filosófica moderna más alerta y por eso es un verdadero modernista y un héroe de fronteras», *La corriente infinita*, pág. 165.

LXXV

New York,
25 de marzo.

Sí. Estás conmigo ¡ay!
¡Ay, sí! Y el peso de tu alma y de tu carne
sobre mi carne,
no me deja correr tras de tu imagen
—¡aquellos prados de rosales
granas, por donde huías antes,
de donde a mí viniste, suave!—;
aquella imagen tuya, inolvidable,
aquella imagen tuya, inexplicable,
aquella imagen tuya, perdurable
como la mancha de la sangre...

LXXVI

New York,
26 de marzo.

ORILLAS DEL SUEÑO

Cada noche, antes de dormirme, pueblo de aspectos deleitosos, tomados de la mejor realidad, las orillas del río de mi imaginación, para que su encauzado sueño las refleje, las complique y se las lleve al infinito, como un agua corriente. Sí, ¡qué anhelo de no derramar en la aurora torvas aguas luctuosas de pesadillas de la ciudad comercial, de la octava avenida, del barrio chino, del elevado o del subterráneo; de aclarar, como a un viento puro de otras partes, su carmín humoso y seco, con la brillante trasparencia de un corazón puro, libre y fuerte! ¡Qué ganas de sonreír en sueños, de ir, alegremente, por estos trozos negros de camino oscuro de la noche, que van alternando con los de luz, del día, a la muerte —ensayos breves de ella—; de tener blanca, azul y rosa la vida que no está bajo la luz y el poder de la conciencia; de no ir por el subsuelo de la noche en tren una vez más, ni tan aprisa, sino en veneros de diamante, ¡y lentamente!

LXXVII

Tus imágenes fueron
—tus imágenes bellas, gala fácil
de aquellos verdes campos—,
¡tus imágenes fueron ¡ay! las que hicieron,
sin mí, locas, lo malo!

Tú, la tú de verdad,
eres la que está aquí —pobre, desnuda,
buena, mía—, a mi lado.

LXXVIII

New York,
26 de marzo.

LA CASA COLONIAL

A Aunt Bessie[48]

Blanca y amarilla como una margarita, de humilde made-
ra y toda cerrada, ¡con qué paz recoge la vieja casa, en sus an-
tiguas ventanas de empolvados y grandes cristales malvas, la
suave puesta verde y rosa del sol primaveral, que enriquece
un momento de luz y de colores su oscuro interior vacío con
la imagen de la ribera!

Se ha quedado sola en Riverside Drive[49], pequeña y sola,
como un viejecito limpio entre las enormes casas pretencio-
sas y feas en que la han encerrado. Parece una camisilla que
se le ha quedado chica a la ciudad. Nadie la quiere. En su
puerta dice: *To let*[50]. Y el viento alegre viene a jugar de vez en
cuando con el cartel para que no se aburra...

---

[48] Una persona a quien Zenobia menciona varias veces en su diario, quizá
de la familia.

[49] Una importante avenida en la parte oeste de Manhattan que bordea el
Hudson River, no muy lejos de Central Park.

[50] Se alquila.

Pero de su soledad sepulcral emana tal fuerza de vida que, en una superposición de líneas y colores, el campo suyo antiguo despinta, aleja y borra, en fin, las terribles moles de hierro y piedra que la ahogan; y hace en torno suyo una dulce, lejana y solitaria colina, verde por una más anticipada primavera agreste, echada blandamente a su lado, como un perro fiel, frente al río.

LXXIX

New York,
27 de marzo.

Todo dispuesto ya, en su punto,
para la eternidad.

—¡Qué bien! ¡Cuán bello!
¡Guirnalda cotidiana de mi vida,
reverdecida siempre por el método!
¡Qué trabajo tan fácil y tan dulce
para un estado eterno!

... ¡Qué trabajo tan largo —dices tú—
para sólo un momento!

LXXX

New York,
28 de marzo.

IGLESIAS

En la baraúnda de las calles enormes, las iglesias, teatrales, livianas, acechan echadas —la puerta abierta de par en par y encendidos los ojos—, como pequeños y mansos monstruos medioevales caricaturizados mal por un arquitecto catalanista. El raudo mirar sorprende, desde el tumulto, vagos colores de entrañas tristes. «*Hablamos de Cristo crucificado.*» «*Entra a descansar un punto, olvidado del bullicio mundanal*— como dicen los Jesuitas—. «*Te abro esta puerta para que entres en la paz...*»

163

Así rezan, con cristales de colores encendidos de noche, cual los demás anuncios, largos letreros en las frentes de sus complicadas arquitecturas, de colores, sectas y pretensiones diferentes. Pero no es posible entrar. ¿Cómo, siendo mayores que un juguete, entrar en él? Y son juguetes, las iglesias, de un gran escaparate.

LXXXI

New York, en mi ventana
a la calle 11[51],
27 de marzo, madrugada,
con luna amarilla.

HUMO Y ORO
†
ENRIQUE Y AMPARO
GRANADOS[52]

¡Tanto mar con luna amarilla
entre los dos, España! —tanto mar, mañana,
con sol del alba...—

... Parten,
entre la madrugada, barcos vagos,
cuyas sirenas tristes, cual desnudas,
oigo, despierto, despedirse
—la luna solitaria

---

[51] El Hotel Van Rensselaer, donde Juan Ramón y Zenobia se instalaron el 19 de marzo, se encuentra en la calle 11 y Quinta Avenida.

[52] Este poema está dedicado a la memoria de Enrique y Amparo Granados que perecieron ahogados cuando el *Sussex*, barco inglés en que viajaban, fue torpedeado por los alemanes el 26 de marzo. Graciela Palau de Nemes nos informa que poco después de su llegada a Nueva York, Juan Ramón y Zenobia se encontraron con los Granados. Enrique Granados estaba allí con su mujer para el estreno de su *Goyescas* en el *Metropolitan Opera*. (Véase *Vida y obra de Juan Ramón Jiménez*, II, pág. 604, de la profesora Palau de Nemes.) Para una evocación del trágico fin de su amigo, véase el retrato lírico que hace Juan Ramón de Enrique Granados en su *Españoles de tres mundos*.

164

se muere, rota ¡oh Poe!⁵³ sobre Broadway⁵⁴—,
oigo despierto, con la frente
en los cristales yertos; oigo
despedirse una vez y otra, entre el sueño
—a la aurora no queda más que un hueco
de fría luz en donde hoy estaba
la negra mole ardiente—,
entre el sueño de tantos como duermen
en su definitiva vida viva
y al lado
de su definitiva vida muerta...

 ¡Qué lejos, oh qué lejos
de ti y de mí y de todo, en esto
—los olivares de la madrugada—,
al oír la palabra alerta —¡muerte!—
dentro de la armonía de mi alma
—mar inmenso de duelo o de alegría—,
a la luz amarilla
de esta luna poniente y sola, España!

---

[53] Edgar Allan Poe (1809-1849), escritor estadounidense, célebre autor de cuentos de misterio y horror y de unas poesías y ensayos estéticos de enorme influencia en la literatura moderna. Juan Ramón le admiraba mucho. Véase su ensayo, «En casa de Poe», en *La corriente infinita*. En cuanto a la evocación de Poe aquí, H. T. Young, en un excelente comentario de este poema, observa: «El poeta trata de reproducir los sonidos insistentes: 'oigo, despierto, despedirse... /oigo despierto... /oigo despedirse' con un ritmo obvio que sería típico de Edgar Allan Poe, a quien leía Juan Ramón en su luna de miel [...] La alusión a Poe tiene dimensiones apocalípticas. La luna solitaria y rota que muere sobre la ciudad ('¡Oh Poe!' invoca Juan Ramón) es el globo rojo que destruye la Casa Usher en el famoso cuento de Poe», «Dimensiones historicistas del *Diario* de Juan Ramón Jiménez», *Encuentros y desencuentros de culturas: Siglos XIX y XX*, págs. 123-124.

[54] Una de las calles más largas y mejor conocidas de Manhattan. Comienza al sur en el distrito financiero, y se alarga hacia el norte, atravesando toda la isla. Su sección más famosa es la zona central, donde se encuentran los teatros.

LXXXII

New York,
28 de marzo.

CEMENTERIO

Se ha quedado esta pequeña aldea de muertos, olvido que se recordara, al amor de unos árboles que fueron grandes en su niñez agreste, pequeños, hoy que son viejos, entre los terribles rascacielos. La noche deja, ahora, paralelos los vivos que duermen, un poco más alto, con los muertos que duermen, un poco más bajo, hace un poco más de tiempo y para un poco más de tiempo. ¡Paralelos hacia un infinito cercano en el que no se encontrarán!

Quita el viento y pone, cegándome de un agudo blandor, la nieve —que se irisa en sus altos remolinos, a la luz de las farolas blancas—, de las tumbas. Las horas agudizan la sombra, y lo que descansó en la luz del día, está despierto, y mira, escucha y ve. Así, los sueños de estos muertos se oyen, como si ellos soñaran alto, y su soñar de tantos años, más vivo que el soñar de los muertos de una noche, es la vida más alta y más honda de la ciudad desierta.

LXXXIII

New York,
29 de marzo.

EL PRUSIANITO

—Es prusianito.

—¿Por cuánto lo ha comprado usted? (Los hay de diez, de doce y de quince dólares.)

En los redondos hombros desnudos de la madre nueva, que parece una vaca rosa con su choto, el niño, con el sol de la vida en los ojos que han tenido, sin verlo, el sol de la muerte —el verdadero, no el de Balzac[55]—, me mira aguda-

---

[55] El falso sol de la muerte de Balzac nos hace pensar en la brillante novela corta del novelista francés, *Le Colonel Chabert* (1832). El protagonista de esta novela vuelve a Francia y a París, después de una ausencia de diez años, durante la cual se le había dado por muerto, como héroe en las guerras napoleónicas entre Francia y Rusia. La falsa muerte, el trasfondo de guerra, la pre-

mente y me tiende los brazos blancos como la leche. Aunque no puedo evitar que me parezca un soldadito de juguete, me lo traigo desde el trasplantado jardín de su inocencia a mi corazón. Se sonríe, se ríe, se le hacen hoyuelos en las mejillas y le brillan los dientes. Como un ángel sin patria baja, se viene de golpe, en un abrazo brusco, a España y me saluda en su inglés con camisa aún de alemán.

Por la ventanilla de la madre pobre y romántica, en donde unos tulipanes, aun con su amarillo del día, se casan con libros de poetas que ya tienen, dentro, el oro suave de la lámpara, el sol, en una rica parodia de ideales, muere sobre los tejados de New York, camino, por Asia, de Europa. Abajo, muy abajo, como en el fondo de un gran pozo de nieve, los anuncios de luces de colores hablan de la guerra. Yo me despido del niño rosado y completo, y le beso las manos, recordando la noticia de la prensa de ayer, según la cual, tres niños belgas, comprados por señoras de Boston, les habían llegado con las manos cortadas...

LXXXIV

¡Qué dulce esta tierna trama!
Tu cuerpo con mi alma, amor,
y mi cuerpo con tu alma.

LXXXV

SILENCIO[56]

Hasta hoy la palabra
«silencio»,
no cerró, cual con su tapa

---

sencia de Prusia como escenario de batallas, y después como lugar del encarcelamiento y liberación de Chabert, son elementos que tienen algo en común con las tragedias de la Primera Guerra Mundial (la compraventa de niños, por ejemplo) que se narra aquí en «El prusianito.»

[56] La anotación de Zenobia en su diario el primero de abril nos ayuda a entender quizá el origen del sentimiento de este poema: «Juan Ramón y yo tenemos escenas y discusiones tristes y trágicas que se resuelven en la nada», pág. 48.

el sepulcro de sombra
del callar.
　　　¡Hasta hoy,
cuando en balde esperé
que tú me respondieras,
habladora!

LXXXVI

New York,
2 de abril.

En Subway. La sufragista, de una fealdad alardeada, con su postre mustio por sombrero, se levanta hacia un ancianito rojo que entra, y le ofrece, con dignidad imperativa, su sitio. Él se resiste, mirando con humildad celeste a la nieve entre dos sombreros de señoras negras. Ella le coge por el brazo. Él se indigna, en una actitud de quita golpes. Ella lo sienta, sin hablar, de una vez. Él se queda hablando sin voz, agitando furioso las manos altas, con una chispa de sangre última en sus claros y débiles ojos azules.

LXXXVII

En la sortija
de hierro y coral rosa
de miss R—R

Como la brisa, eres
del que te huele;
vivirás tantas veces
como la muerte.

LXXXVIII

Pesadilla de olores

¡No! ¡No era el mar!... Pero ¡qué angustia! ¡Agua, flores, flores, aire —¿de dónde?—, Colonia! ¡Qué sueño envenenado y dificil! ¡Qué ahogo imposible y sin fin!

... Unas veces es olor a gallinero —¡oh angustiosa comida de nido del Barrio chino[57]!—; otras, a literatura judía —¡oh actriz suicida[58]!—; otras, a grasa de todas las latitudes... Es como si en un trust de malos olores, todos estos pobres que aquí viven —chinos, irlandeses, judíos, negros—, juntasen en su sueño miserable sus pesadillas de hambre, harapo y desprecio, y ese sueño tomara vida y fuera verdugo de esta ciudad mejor. Sí, es seguro que en la noche de New York, un gran envenenador —el sueño extraviado de los miserables —¡aquella cola del pan!, en la lluvia de la una de la noche!— tiene comprado el sueño ¿buscador? de la policía. ¡Y ya pueden sonar, ligeros de ropa, los timbres de alarma de la desvelada primavera!

LXXXIX

La negra y la rosa

A Pedro Henríquez Ureña[59]

La negra va dormida, con una rosa blanca en la mano.
—La rosa y el sueño apartan, en una superposición mágica, todo el

---

[57] Chinatown, famoso barrio étnico en el sur de Manhattan.

[58] El diario de Zenobia aclara las referencias a una «angustiosa comida» que les cayó mal y a «literatura judía» y «actriz suicida». En su nota del 4 de abril ella escribe: «Vienen a buscarnos los Underhill y cenamos con ellos en Chinatown y vemos el teatro judío. Al volver a casa compramos magnesia efervescente», pág. 50.

[59] Pedro Henríquez Ureña (1884-1946), crítico, escritor y humanista dominicano, fue buen amigo de Juan Ramón. Como el diario de Zenobia indica, se vieron a menudo en Nueva York durante los meses de abril y mayo.

triste atavío de la muchacha: las medias rosas caladas, la blusa verde y trasparente, el sombrero de paja de oro con amapolas moradas.— Indefensa con el sueño, se sonríe, la rosa blanca en la mano negra.

¡Cómo la lleva! Parece que va soñando con llevarla bien. Inconsciente, la cuida —con la seguridad de una sonámbula— y es su delicadeza como si esta mañana la hubiera dado ella a luz, como si ella se sintiera, en sueños, madre del alma de una rosa blanca. *—A veces, se le rinde sobre el pecho, o sobre un hombro, la pobre cabeza de humo rizado, que irisa el sol cual si fuese de oro, pero la mano en que tiene la rosa mantiene su honor, abanderada de la primavera.—*

Una realidad invisible anda por todo el subterráneo, cuyo estrepitoso negror rechinante, sucio y cálido, apenas se siente. Todos han dejado sus periódicos, sus gomas y sus gritos; están absortos, como en una pesadilla de cansancio y de tristeza, en esta rosa blanca que la negra exalta y que es como la conciencia del subterráneo. Y la rosa emana, en el silencio atento, una delicada esencia y eleva como una bella presencia inmaterial que se va adueñando de todo, hasta que el hierro, el carbón, los periódicos, todo, huele un punto a rosa blanca, a primavera mejor, a eternidad...

XC

EPITAFIO IDEAL
DE UNA MUJER MUERTA
EN UNA NOVELA

Estás aquí. Fue sólo
que tu alma subió a lo más insigne.
Fue sólo —estás aquí—
el abrirse de un breve día triste.

XCI

¡FUEGO!

A Mr. J. G. Underhill[60]

Pero ¿es, mi querido amigo, que han hecho ustedes New York expresamente para salvarla del fuego?

... Está enjaulada la ciudad en las escaleras de incendio, como un mueble viajero que fuese facturado en gran velocidad de aquí, al antro plutónico. A los tres días, la obsesión es un incendio total de la imaginación del que renaciera nuestra idea a cada paso, igual que el Ave Fénix de la copla andaluza. El fuego es lo único que hace, por la ley, parar estas calles que andan. Su campaneo constante, ahoga, ahoga, ahoga el cantar —esquilas y músicas— de la vida y de la muerte, como en un tercer estado que fuese el único y el decisivo. ¡Fuego!

La primavera asalta las escaleras de hierro, sin pensar que la pisarán todos los días huyendo en cueros, y que los cristales rotos a hachazos herirán, cada noche, su carne tierna. ¡Que me quiten de mi balcón la escalera mohosa y de mi pasillo la lanza roja, el hacha plateada y la cuerda! ¡Y que apaguen la sorda luz grana con su *Fire Escape!*[61]. Yo quiero tener en mi casa la primavera, sin posibilidad de salida. ¡Prefiero quemarme vivo, os lo aseguro!

---

[60] J. G. Underhill (1876-1946), editor, traductor y actor estadounidense, fue representante general de la Sociedad de Autores Españoles de Estados Unidos y el Canadá (véase Palau de Nemes, *Inicios de Zenobia y Juan Ramón Jiménez en América*, pág. 148). La profesora Palau de Nemes también nos informa: «J. G. Underhill amigo de la familia Camprubí Aymar, trabajó en Nueva York con Juan Ramón en la traducción de *Platero y yo* para publicarlo en inglés, pero el proyecto fracasó porque el traductor, de habla inglesa, no comprendió bien el carácter del libro», *Vida y obra*, II, pág. 606. Esta información está confirmada por el diario de Zenobia.

[61] Escalera de incendios.

XCII

Cuando, dormida tú, me echo en tu alma,
y escucho, con mi oído
en tu pecho desnudo,
tu corazón tranquilo, me parece
que, en su latir hondo, sorprendo
el secreto del centro
del mundo.
           Me parece
que legiones de ángeles,
en caballos celestes
—como cuando, en la alta
noche escuchamos, sin aliento
y el oído en la tierra,
trotes distantes que no llegan nunca—,
que legiones de ángeles
vienen por ti, de lejos
—como los Reyes Magos
al nacimiento eterno
de nuestro amor—,
vienen por ti, de lejos,
a traerme, en tu ensueño,
el secreto del centro
del cielo.

XCIII

Primer día de primavera

En un remolino de viento fresco, color nuevo, olor recien-
te, canción tierna. El mundo que se hace mundito, para em-
pezar de nuevo a inflarse. Nada más.

New York,
10 de abril.

CEMENTERIO EN BROADWAY

A Hannah Crooke[62]

Está tapiado este breve camposanto abierto de la ciudad comercial, por las cuatro rápidas y constantes concurrencias del elevado, el tranvía, el taxi y el subterráneo, que jamás le faltan a su silencio obstinado y pequeño. Un sin fin de rayos de fugaces cristales correspondidos, que anuncian con letras de oro y negro todos los *and C.°*[63] de New York, hieren, en la movible alquimia del sol último, recogido interminable y variadamente en sus coincidencias, las espaldas y los hombros de las tumbas viejas, cuya piedra renegrida y polvorienta se tiñe aquí y allá, de color de corazón.

¡Pobre pozo de muertos, con tu iglesita de juguete, cuyas campanas suenan al lado de las oficinas que sitian tu paz, entre los timbres, las bocinas, los silbatos y los martillos de remache!... Mas lo puro, por pequeño que sea y por guerreado que esté, es infinito; y sólo la escasa yerba agriverde que los muertos de otro tiempo brotan, y una única florecita roja que el sol, cayéndose, exalta sobre una losa, colman de poesía esta hora terrible de las cinco, y hacen del cementerio un único hermano gemelo del ocaso inmenso, trasparente y silencioso, de cuya hermosura sin fin queda la ciudad viva desterrada.

---

[62] Prima de Zenobia, que fue madrina de la boda. Para más información sobre ella, véanse los diarios de Zenobia Camprubí, *Diario 1. Cuba (1937-1939)* y *Diario 2. Estados Unidos (1939-1950),* tan bien preparados por Graciela Palau de Nemes.

[63] C.° es la abreviatura inglesa de compañía. Por consiguiente, «and C.°», traducido al español, sería «y Cía.».

XCV

¡Qué débil el latido
de tu corazón leve
y qué hondo y qué fuerte su secreto!
¡Qué breve el cuerpo delicado
que lo envuelve de rosas,
y qué lejos, desde cualquiera parte tuya
—y qué no hecho—
el centro de tu alma!

XCVI

New Jersey,
12 de abril.

Abril, dulce,
me lleva
a todo, en esta sola hoja
de yerba...

—¡Qué bien se está, contigo,
en todas partes, ¡nueva,
aislada, solitaria
primavera!

... Es el viento redondo
de la tierra completa
este brote de brisa
que mueve, apenas, la pradera...

XCVII

A NANCY[64]

Las flores, allá dentro de lo verde, empiezan a sentir volar
en torno suyo, fuera, y piensan: ¿A dónde irán las alas?

---

[64] Probablemente una amiga de Zenobia, mencionada una vez en el diario
de ésta, en la pág. 35. Véase el poema 48 en el Apéndice III.

Y empiezan a sentir cantar gorjeos niños a su alrededor, y piensan, dentro de lo verde: ¿A dónde irán las cánticas?

¡Y se abren! Y... ¿A dónde van las alas? Y... ¿A dónde van las cánticas? Y... ¿A dónde, a dónde, a dónde sus fragancias?

XCVIII

New York,
14 de abril.

¡Qué angustia! ¡Siempre abajo! Me parece que estoy en un gran ascensor descompuesto, que no puede —¡que no podrá!— subir al cielo.

XCIX

CREPÚSCULO[65]

Muere el día, sacándose a los ojos,
sangriento, el corazón...
            —¡Silencio!
El suave y verde prado,
el río barnizado,
el negro árbol, mojado (del invierno,
aún, y ya con hojas);
el pájaro callado...—

... Y, al irse, sus palabras más sinceras
habla. Sí; ¡cuánto más día es ahora
que va a morirse! No parece
que estemos en él, sino
que está delante de nosotros,
vivo como uno de nosotros

---

[65] En su diario, Zenobia anota el 15 de abril: «Subimos en un "bus" por Riverside Drive y vemos una puesta de sol tranquila», pág. 56.

cuando se va a morir.
                    —¡Silencio!
Las mujeres, los poetas, en la orilla aun fría,
despiden al sol rojo, en muda orgía,
mas ellos, como el día,
más vivos, como el día.—

C

New York. Calle 10 y 5.ª Avenida,
esperando el ómnibus.

PRIMAVERA

El largo viento de abajo, en donde aún es invierno, invierno de barro, de negros y de cajas de basura, se divierte con las pobrecitas magnolias niñas, levantándoles las faldas, como a unas mujeres de la calle sucia. Y en el tronco fuerte e inmóvil, las hojitas blancas y rosas, llenas de viento, aletean vivamente, pajaritos que aún no pueden volar, como si quisieran subir, subir, subir de estas casas sin fin, a la brisa pura en que se están bañando ya las estrellas de la tarde...

—¡Ay! (No sé qué es lo que se queja... ni dónde...) —¡Ay!

CI

DOMINGO DE RAMOS

¿Domingo?
                ... Este domingo
no es mío. Nada sé
de esto que llaman aquí gloria.
                        ¡Rosa de fuego
sin calor, de colores sin luz ni trasparencia,
contra un cielo vacío, en la mañana
sin paraíso!
                ... Están jugando
con su calidoscopio contra el sol
triste...

176

¿Domingo? Las campanas
no dicen nada, el sol está
traducido en un oro débil. Dios
no entiende.
En este cielo,
¿quién me conocería?
¿Domingo, amor?
—¡Domingo!

CII

New York,
18 de abril.

TORMENTA

No se ve y se ven momentáneas luces blancas. Nervioso,
espero un trueno que no oigo. Y quiero apartar con las ma-
nos el enorme ruido de taxis, de trenes, de tranvías, de má-
quinas de remache, y abrirle paso al silencio para que me
anegue en su golfo de paz, en cuyo cielo sienta yo sonar y pa-
sar la tormenta.

No sé si el trueno está o no está. Es como cuando en la
sombra imborrable de una noche apartada de campo, cree-
mos que hay alguien a nuestro lado y lo sentimos encima sin
verlo. ¡Qué infinidad de taxitos, de trenecitos, de tranvitas,
de casitas en construcción, por la breve inmensidad de mi ca-
beza! Hasta hoy, que no oigo, en la tormenta, el trueno, no
he oído qué ruido era este de New York... Llueve. No se ve.
Y se ven momentáneas luces blancas.

CIII

ABRIL

El oro, apenas,
de la hora,
posa su gracia en los arbustos,

177

igual que un niño aún, y sin rendirlos,
pero ya en él toda la gloria
de oro y de esmeralda, de su vida.

Y mira, alegre, al cielo y a la tierra,
adolescente, apasionadamente.

CIV

New York,
18 de abril.

Saliste, entonces, de tu muerte seca y yerta,
como la chispa ardiente de la piedra yerta,
como el olor sin fin de la corteza seca,
como el chorrear puro de la charca muerta.

CV

New York,
19 de abril.

TARJETA EN LA PRIMAVERA
DE UN AMIGO BIBLIÓFILO

¿Brentano's? ¿Scribner's?[66]. ¡Horror!
No muchos *tantos libros*. Muchos —¿dónde?— *un libro*.

CVI

¿Sencillo?
                    Las palabras
verdaderas;
lo justo para que ella, sonriendo
entre sus rosas puras de hoy,
lo comprenda.

---

[66] Brentano's y Scribner's son famosas librerías de Nueva York.

178

Con un azul, un blanco, un verde
—justos—,
se hace —¿no ves?— la primavera.

CVII

¿PRIMAVERA?

Sí. Ponte de puntillas. ¿No ves el mundo, como si fuera un
sol naciente, tras el arbusto verde, blanco y carmín de la au-
rora?

CVIII

New York,
20 de abril.

¿...?[67]

Vive entre el corazón
y la puesta de sol o las estrellas.
—En el silencio inmenso
que deja el breve canto
de un pájaro; en la inmensa
sombra que deja el oro último
de una hojita encendida
por la yerba.—

---

[67] «Enigma» (Ej. c.). Aunque es muy difícil precisar el sentido de este poe-
ma, está íntimamente relacionado con el dilema del amor, con el conflicto
entre la niñez y la madurez, dentro del protagonista. La segunda estrofa nos
recuerda la ansiedad del niño del poema 6 que «llora y huye / sin irse, un
punto, por la senda». «La ventana primaveral» de la tercera estrofa expresa la
constante preocupación por la primavera en esta tercera parte del *Diario*,
preocupación, en muchos casos, relacionada con «la terrible amenaza» del
poema 25, «se caerá, sin abrir, la primavera». La personalidad poética está
buscando siempre el florecer de *su* primavera, la plena realización de su nue-
vo amor.

Vive dentro
de un algo grande que está fuera
y es portador secreto a lo infinito
de las llorosas pérdidas
que huyen, al sol y por el sueño
igual que almas en pena,
en una desesperación que no se oye,
de fuera a dentro a fuera.

Alguien pregunta, sin saberlo,
con su carne asomada a la ventana
primaveral: ¿Qué era?

CIX

New York,
21 de abril.

EL ÁRBOL TRANQUILO

A Mr. Plimpton[68]

Desde que está aquí la primavera, todas las noches veni-
mos a ver este árbol viejo, bello y solitario. Vive en la prime-
ra casa de la Quinta Avenida, muy cerca de la que fue de
Mark Twain[69], en este sitio grato en que la iluminación dis-
minuye y el gentío, y se sale, como a un remanso, a la noche
azul y fresca de Washington Square[70], en la que, como en su

---

[68] Mr. George Plimpton, amigo de Juan Ramón y Zenobia, mencionado
varias veces por ésta en su diario. Por ejemplo, el 6 de abril anota: «Luego ce-
namos con Mr. Plimpton, pasando una velada agradabilísima viendo su co-
lección de dechados, libros y manuscritos de gran valor y sus mil curiosida-
des. Mr. P. parece tomarle gran cariño a J. R.», pág. 51.

[69] Mark Twain (1835-1910), seudónimo de Samuel Langhorne Clemens, es
el escritor humorista más importante de la literatura norteamericana y uno de
sus autores principales de ficción. Pasó una temporada en Nueva York duran-
te la década de 1890, y vivió en la Calle 10, no muy lejos del Hotel Van
Rensselaer, donde se alojaron Juan Ramón y Zenobia.

[70] Un agradable parque público en el sur de Manhattan, con una fuente y
un arco conmemorativo del primer presidente, George Washington. Está
muy cerca del Hotel Van Rensselaer.

fuente, se bañan, puras, las estrellas, apenas perturbadas por algún que otro anuncio triste y lejano —Germanian[71]— que no deslumbra la noche, barco remoto en la noche del mar.

Abril ha besado al árbol en cada una de sus ramas y el beso se ha encendido en cada punta como un erecto brote dulce de oro. Parece el árbol así brotado un candelabro de tranquilas luces de aceite, como las que alumbran las recónditas capillas de las catedrales, que velaran la belleza de este regazo de la ciudad, sencillo y noble como una madre.

Pasan junto a él y junto a mí, que estoy apoyado en su tronco, los ómnibus, lleno el techo de amantes que van, de Washington Square a Riverside Drive[72], a darse besos junto al río, un poco cerca de sus carnes. El árbol no se entera, y entre él —yo— y este sucederse de agrios colores, olores y rumores, se agranda la distancia como si fuera solo todos sus inviernos de cerrado sueño, indiferente al voluble amor y sólo atento a lo que no se cambia. Y mis ojos, enredándose por sus ramas, son flor suya, y con él ven la noche alta, solo yo como él, que ha encendidos, igual que mi corazón su sangre, su aceite puro, a la eterna realidad invisible de la única y más alta —y siempre existente— primavera.

CX

DESVELO[73]

Amor, no me acompañas; me amedrenta
el cercano secreto
de tu sueño encendido y dilatado
a mi lado, en la sombra.

---

[71] Germania Life Insurance Company, antiguo nombre de la compañía de seguros, hoy conocida como Guardian Life Insurance Company of America. Véase *The Encyclopedia of New York City*.

[72] Véase la nota 49.

[73] Poema altamente revelador de la crisis de transición de niño a adulto que la personalidad poética está sufriendo. El lenguaje recurrente de secreto, sueño, susto, tormenta, desvelo, grito y miedo, todo capta el clima emocional de un ser cogido entre dos mundos que no están en armonía.

Sí; a veces veo luz de espadas en el cielo
de tu soñar,
como en una tormenta de desvelo, y me oigo
gritar en él, desde mi susto,
mientras tú te sonríes, preparando
mi muerte en lo lejano de tu sueño.
Sí, sí; me coges en el círculo
de tu soñar, y no lo sé...

Y aunque te tengo y eres toda mía,
con tu soñar en ti, y pudiera
matar, amor, tu sueño en ti, lo mismo
que a un veneno en su flor, le tengo miedo
a tu sueño, ¡amor, sí, te tengo miedo!

CXI

New York,
23 abril.

LA LUNA

A Alfonso Reyes[74]

Broadway[75]. La tarde. Anuncios mareantes de colorines so-
bre el cielo. Constelaciones nuevas: El Cerdo, que baila, ver-
de todo, saludando con su sombrerito de paja, a derecha e iz-
quierda. La Botella, que despide, en muda detonación, su
corcho colorado, contra un sol con boca y ojos. La Pantorri-
lla eléctrica, que baila sola y loca, como el rabo separado de
una salamanquesa. El Escocés, que enseña y esconde su
whisky con reflejos blancos. La Fuente, de aguas malvas y na-
ranjas, por cuyo chorro pasan, como en una culebra, promi-
nencias y valles ondulantes de sol y luto, eslabones de oro y
hierro (que trenza un chorro de luz y otro de sombra...). El
Libro, que ilumina y apaga las imbecilidades sucesivas de su

---

[74] Alfonso Reyes (1889-1959), erudito, poeta y ensayista mejicano, buen
amigo de Juan Ramón. Testimonio de esta amistad son las cartas de Juan Ra-
món dirigidas a él, recogidas en *Selección de Cartas (1899-1958)*.
[75] Véase la nota 54.

182

dueño. El Navío, que, a cada instante, al encenderse, parte cabeceando, hacia su misma cárcel, para encallar al instante en la sombra... Y...

—¡La luna! —¿A ver? —Ahí, mírala, entre esas dos casas altas, sobre el río, sobre la octava, baja, roja, ¿no la ves...? —Deja, ¿a ver? No... ¿Es la luna, o es un anuncio de la luna?

CXII

New York, 24 de abril.

PRIMAVERA
EN LA ADUANA

En flor, un arbusto mece su sombra esmeralda sobre el prado verde limón, al suave viento de la una, un poco solitaria por fuera. Un pajarillo que ya ha vuelto de su lunch[76] en la posada de Fraunces[77], juega y canta, de la flor a la sombra, de la sombra a la flor.

CXII

IDILIO

¡Con qué sonrisa, en el paisaje rosa,
la madre joven hace, con su mano,
más larga la manita tierna
del niño, que la alza,
en vano, a las cerezas!

Un pajarillo, cerca, canta,
y el sol, bajo el rosal, trenza, vibrando,
sus rayos de oro con la yerba fina;

---

[76] Almuerzo.
[77] Fraunces Tavern, famosa taberna histórica, donde Juan Ramón y Zenobia almorzaron con el hermano mayor de ésta, José Camprubí, el 25 de abril, según el diario de Zenobia, pág. 61.

y el agua brota, blandamente,
perfumada de rosas encendidas
y de rosas en sombra.

¡Amor y vida
se funden, como el cielo con la tierra,
en un esplendor suave
que es, un instante, eterno!

CXIV

New York,
26 de abril.

GARCILASO EN NEW YORK

A Mr. A. Huntington[78]

¿Cuando vino de España aquella carabela que trajo, con esta pequeña joya de libro, seco y manchado hoy, la carga infinita de belleza? Aquí, bajo este árbol preñado de verdura, Garcilaso —que ¿desde cuándo? estaba sentado esperándome— está conmigo, es decir, en mí, mirando con mis propios ojos, en el cielo aún, la primavera nueva, que parece luz levantada con el cristal de su libro, o dilatada imagen de su mirar que vio a abril en Toledo. Sí. En ningún libro, en cuadro alguno, en ninguna insinuación de aquí hay una frescura, un verdor, una suavidad, un rumor, una trasparencia más igual a la de esta primavera que en estos once versos de Garcilaso, que yo digo en voz alta[79]...

---

[78] Archer M. Huntington (1870-1955), fundador y presidente de la Hispanic Society of America de Nueva York, que publicó la primera antología de Juan Ramón, *Poesías escogidas (1899-1917)* (Nueva York, The Hispanic Society of America, 1917, impreso en Madrid, Imprenta Fortanet).

[79] Entre los papeles de Juan Ramón en la Sala de Puerto Rico, el poeta identifica estos versos que intercala aquí. Es la cuarta estancia del lamento de Nemoroso que canta su dolor de amor por la muerte de Elisa. Empieza y acaba así:

¿Quién me dijera, Elisa, vida mía,
[...]
ciego, sin lumbre en cárcel tenebrosa.

—... Leyéndolos yo, cada verso, doncella o doncel desnudos, con toda la hermosura tierna de abril, ha dejado, corriendo al mar por cada calle, verdes, inesperadas y alegres las once avenidas de New York...

—¡Sí! ¡Yo he sido! ¡Yo he sido! ¡Yo he sido!

Pero los policías sonríen...

CXV

New York, Hotel Vauderbilt[80], 27 de abril.

OASIS

¡Qué ruido sin voces!
¡qué sol sin astro!
¡ay, qué alegría triste!
¡qué desierto tan lleno y tan sin sombra!

... Y el árbol sólo de mi alma crece
raudo, y con sus ramajes ideales
lo va guardando todo;
y su silencio húmedo
tiende sobre el desierto seco
y lleno todo,
un campo, nido eterno
de soledad, de paz y de dulzura.

Juan Ramón reconoce a Garcilaso en su libro *El modernismo* como «uno de los mejores poetas españoles» (pág. 126) y le identifica en dos ocasiones con una renovación poética equivalente a la de Góngora y Rubén Darío (páginas 104 y 109). Este sentido de «una primavera nueva» en los versos de Garcilaso inspira aquí el sentido de primavera/renovación.

[80] Hotel Vanderbilt, un hotel nuevo y moderno para la época, construido en 1912. Como indica el diario de Zenobia, fue un lugar de reunión con amigos.

CXVI

¡Viva la primavera!

New York, el marimacho de las uñas sucias, despierta. Cual de la luz las estrellas lúcidas, en el anochecer del cielo, van surgiendo, uno a uno, de la sombra, negros, los buques que la guardan, en cerco férreo, anclados en el Hudson[81] turbio. El día va poniéndose en su sitio y recobra su teléfono en su oficina de Broadway[82].

En un anhelo, doblado por la aurora, de ser pura, viene la primavera, nadando por el cielo y por el agua, a la ciudad. Toda la noche ha estado, desvelada, embelleciéndose, bañándose en la luna llena. Un punto, sus rosas, aún tibias sólo, doblan la hermosura de la aurora, en lucha con el trust «Humo, sombra, barro, and C.º»[83], que la recibe con su práctico[84]. Pero ¡ay! se cae al agua, casi vencida. Ejércitos de oro vienen en el sol en su ayuda. La sacan desnuda y chorreante, y le hacen la respiración artificial en la estatua de La Libertad. ¡La pobre! ¡Qué encanto el suyo, tímida aún y ya vencedora!

El oro leve de las nueve le basta ya para ser reina. Sí. Los brotes sucios de los árboles de los muelles se sonríen, con una gracia rubia; cantan cosas de oro los gorriones, negros aún del recuerdo de la nieve, en las escaleras de incendio; los cementerios de las orillas estallan con leves ascuas el hollín, una banda rosa de oriente encanta los anuncios de las torres; repican, confundidas, las campanas de fuego, las campanas de todas las iglesias...

¡Vedla! Ya está aquí, desnuda y fuerte, en Washington

---

[81] Hudson River, río que bordea toda la parte oeste de la isla de Manhattan y que separa la ciudad de Nueva York del estado de New Jersey. Es uno de los ríos navegables más importantes del mundo.

[82] Véase la nota 54.

[83] Véase la nota 63.

[84] Práctico: piloto; en el puerto, el que dirige el rumbo de una embarcación para entrar en el mismo.

Square[85], bajo el arco[86], dispuesta a desfilar, por la Quinta[87], hasta el parque. Sus piernas desnudas inician, sin marchar todavía, el paso marcial. Inclina la cabeza. ¡Ya!

—¡Viva la Primavera! ¡Viva la Primaveraaa! ¡Viva la Primaveraaaaa!

CXVII

New York,
27 de abril.

CANCIÓN

¡Yo sólo vivo dentro
de la primavera!
¿Los que la veis por fuera
qué sabéis de su centro?
—Si salís a su encuentro,
mi sueño no se altera...—
¡Yo sólo vivo dentro
de la primavera!

CXVIII

New York,
27 de abril.

ALTA NOCHE

New York solitario ¡sin un cuerpo! ... Y voy despacio, Quinta Avenida abajo, cantando alto. De vez en cuando, me

---

[85] Véase la nota 70.

[86] Arco en Washington Square, en conmemoración de George Washington, primer presidente de los Estados Unidos y «padre de la patria».

[87] La Quinta Avenida, una de las avenidas más famosas de Nueva York. Atraviesa todo Manhattan de sur a norte y es donde se encuentran las tiendas más elegantes de la ciudad. En esta visión satírica de la difícil llegada y entrada de la primavera en «New York, el marimacho de las uñas sucias», el poeta nos ofrece una parodia juguetona de la costumbre en Nueva York de celebrar desfiles para todas las ocasiones. Uno de los desfiles más tradicionales y más populares de la época era el de Pascua en que la gente se paseaba por la Quinta Avenida para lucir ropa y sombreros de última moda. ¡De este desfile primaveral seguramente se está burlando el poeta aquí con su personificación de la primavera, desvestida, desnuda, como batonista a la cabeza de la parada!

paro a contemplar los enormes y complicados cierres de los bancos, los escaparates en transformación, las banderolas ondeantes en la noche... Y este eco, que, como dentro de un aljibe inmenso, ha venido en mi oído inconsciente, no sé desde qué calle, se acerca, se endurece, se ancha. Son unos pasos claudicantes y arrastrados como por el cielo, que llegan siempre y no acaban de llegar. Me paro una vez más y miro arriba y abajo. Nada. La luna ojerosa de primavera mojada, el eco y yo.

De pronto, no sé si cerca o lejos, como aquel carabinero solitario por las playas de Castilla, aquella tarde de vendaval, un punto, un niño, un animal, un enano... ¿qué? Y avanza. ¡Ya!... Casi no pasa junto a mí. Entonces vuelvo la cara y me encuentro con la mirada suya, brillante, negra, roja y amarilla, mayor que el rostro, todo y solo él. Y un negro viejo, cojo, de paletó mustio y sombrero de copa mate, me saluda ceremonioso y sonriente, y sigue, Quinta Avenida arriba... Me recorre un breve escalofrío, y, las manos en los bolsillos, sigo, con la luna amarilla en la cara, semicantando.

El eco del negro cojo, rey de la ciudad, va dando la vuelta a la noche por el cielo, ahora hacia el poniente...

CXIX

SERENATA ESPIRITUAL

Ahora, que estás dormida,
puedo, solo, adorarte,
sin serme, con tu parte,
mi fe correspondida.

¡Qué bien, dar uno, entero
su afán, sin recompensa!
¡Esta es la vida inmensa,
el amor verdadero!

... Duerme, que yo, extasiado,
te adoro; que yo sigo,
pensándolo, contigo,
tu sueño remontado
hasta los altos fines
de esos cielos abiertos
a los que son, despiertos,
dignos de sus jardines.

¡Qué bien, ver la hermosura
que copia lo infinito
en el blancor bendito
de esta tu ausencia pura;
seguir atentamente
esa desentendida
realidad, que es la vida,
más alta de tu frente!

Cual si muerta estuvieras,
en tu latente calma
te adoro, con mi alma
entre dos primaveras...

Duerme, que así me abismo
en tu amor sordo, ciego,
mudo para mi ruego,
cual si fueras Dios mismo...

CXX

New York,
28 de abril.

Sí. Aprenden de nuestro sueño a ver la vida.
Basta.

CXXI

AMOR

No, no, nosotros dos no somos
nosotros dos, que estamos
aquí, viendo ponerse el sol granate
entre el verdor dorado
en que cantan, en ramo, sobre el río
los inconstantes pájaros.
No, no somos nosotros.
Nosotros dos —¡oh encanto
del parque sin nosotros, con nosotros!—,
nosotros somos esos dos románticos
que no son aún nosotros, que no están aún con ellos
mismos, esos dos, que, soñando
en ser ellos, en no ser ellos, dulces,
se pierden lentamente, en solo un beso,
por el sendero —vago
ya en la hora en que cierran,
solo obedientes al ocaso—,
por el sendero
solitario
en donde canta a la arboleda verde
ya, libre del pisar del día,
un obstinado pájaro[88].

---

[88] Lo que se comunica aquí es la sensación de no ser quienes son, de estar
y no estar en el encanto del parque, de ser y no ser, como dos románticos,
«soñando en ser ellos, en no ser ellos». Este sentimiento de ser y no ser está
íntimamente relacionado con la búsqueda de identidad del viajero, en su cri-
sis de transición entre niño y adulto, dilema que se resuelve dramáticamente
al final de la cuarta parte, como se verá.

Tanto este poema como el próximo, «Prolongación de paisaje», revelan
que el problema de «nosotros» es realmente el problema de la personalidad
poética, y no el de la amada. Es muy interesante comparar los sentimientos
de estos dos poemas con la experiencia no problemática de Zenobia, tan poé-
ticamente expresada en su diario el mismo día 29 de abril: «En la 110 entra-
mos en el Parque [Central Park West], y sentados en un banco vemos jugar
a una bandada de pajaritos en la pradera. Venimos inesperadamente al Reser-
voir [embalse] y la seguimos al borde solitario y alejado del rumor de la ciu-

CXXII

PROLONGACIÓN DE PAISAJE

¡Qué bienestar material! Parece que la sangre del cuerpo es el agua aquella que reflejaba el crepúsculo, que es él mismo el paraje que ha sentido el alma, con sus árboles, con su agua, con sus pájaros. Es el cuerpo como una carne gloriosa que está esperando, en su centro, la resurrección de su alma muerta en el reino de la realidad, es decir, de la fantasía. O que el cuerpo es el paisaje de tierra y el alma es el cielo crepuscular...

La ciudad nocturna intenta despertarnos al entrar en ella por la Quinta iluminada toda violentamente, como la aurora de los gallos de un cielo dulce. Pero es un duermevela en el que vence siempre el sueño de la carne, es decir, la verdad[89].

CXXIII[90]

De pronto, cayendo ya el sol sobre la dulce calle once, en sombra la roja casa vieja de esos señores que ahora van camino de España, un organillo empieza a llorar bajo mi ventana. Es un carrito verde que arrastra y toca una bruja de Goya, negra, cana, con grandes guantes de pelo gris.

La señorita desnuda que, enfrente, escribe a máquina desde el alba, no se inmuta ni para su aguacero de metal. Sin

---

dad, embebidos en el encanto de la hora, de la gran superficie lisa y llena de luz del agua, y de las orillas esfumadas grises. Intensamente felices», pág. 64.

[89] Esta división entre tierra y cielo, cuerpo y alma, realidad y fantasía es precisamente lo que el protagonista tiene que superar para conseguir la verdad de una personalidad integrada. Aquí comienza el poema sugiriendo que esta integración podría ser posible por medio del agua que refleja el cielo desde la tierra. El cielo y la tierra se unen, pues, en el agua (el embalse de Central Park a que se refiere Zenobia en la nota 88), con la cual el cuerpo y el alma podrían identificarse.

[90] En los papeles de la Sala de Puerto Rico, este texto se titula «El organillo italiano».

embargo, el organillo llora igual que un hombre. Sí, parece que destila lágrimas difíciles de no sé qué barniz multicolor y cristalino que embriaga mal como un vinote de taberna... Pero hace llorar limpio y eleva, no sé a qué, el corazón, solo...

Innumerables cirros rosas pintan por el cielo como una escalera blanda que lleva a los ideales, ¡al sur! —El organillo, al sentir yo así, grita y se desentona, cual si sus notas fuesen latidos de un corazonazo descompuesto.—

CXXIV

1 de mayo.

DÍA DE PRIMAVERA
EN NEW JERSEY

A Yoyó[91]

I.—La mañana

... Los troncos, secos aún, tan secos que parecen apolillados, han abierto orejas de arriba abajo, en sarta viva, por toda su madera, para oírla venir, como viene, cantando débilmente por los valles velados.

II.—Mariposa malva

Ya la nieve ha dejado al sol las hojas secas del otoño pasado, que conservaba iguales e intactas bajo su frío blanco y llenan todo el suelo. Los árboles, aún sin brotes y sin flores, tienen, sobre el azul con viento, volubles copas de nubes blancas. Una mariposilla malva pasa entre los troncos crujientes y se va, antes casi de que podamos verla.

[91] José Camprubí Aymar, el hermano mayor de Zenobia, fue padrino de la boda. Graciela Palau de Nemes nos informa: «A José Camprubí Aymar la familia le llamaba Yoyo, corrupción del diminutivo inglés de su nombre de pila, Joe», *Vida y obra*, II, pág. 601.

—¡Mira!

Cuando tú miras, ya se ha ido, dejando una inmensa desolación del tamaño de la esperanza de un minuto, que llenó todo el campo, en todo el valle solitario, que manda al olor seco con sol del bosque alto un olorcillo con sol, fresco y nuevo.

III.—Mediodía

Por el ambiente yerran, como viento, colorines que aún no están posados en ninguna parte. Aquel bosque parece ahora vagamente verde, luego, lleno de flor roja, o violeta...

La hora, de oro claro, se va llevando al ocaso, en su seno, visiones de armonía y de hermosura que no se sabe qué son, ni cómo, ni por qué. Se salta, se ríe, se habla mucho, se canta... se suspira... ¡Ya viene, por la tarde también!

IV.—Insistencia

Lejos, entre el fresco viento tembloroso, hay ilusiones de color nuevo, como manchas verdes, moradas, azules, que las sombras de las nubes quitan y ponen. Todo el paisaje está cual esfumado dulcemente por una eterna mano femenina. Estamos en dos tonos. No hay aún tricromía. Es como si abril acercase a nuestra alma la primavera lejana a través de su telescopio de alegres cristales.

V.—Insistencia

Aquí, a mi lado, en la infinita soledad de cerca, canta un rondaflor en una rama amarilla; la deja luego, y la rama se queda meciéndose. Allá, en la infinita soledad lejana, se adivinan, entre la niebla, vagas manchas verdes, tiernas, albinas, de campos grandes que tienen el gran sol débil de un cielo que insiste en despejarse.

VI.—*La tarde*

El claro oro de luz de las cinco se dilata inmensamente, hasta romperlo, en su marco de colores nuevos, como si fuera el alma ansiosa de la tarde que quisiera ser todo el mundo, mostrarse en toda su hermosura, desbaratar la naturaleza que la contiene para crear otra naturaleza más divina. Se enciende, se enciende... Todavía no puede... Y, poco a poco, apagándose otra vez en maravillosa retirada de color con luz, se va al ocaso suspirando inmensamente por una verdad que aún parece mentira.

Mañana, ya con un poco más de fuerza, dirá: ¡Mañana!

VII.—*Sombras verdes*

Sobre la yerba verdeoro, en que la luz decae y se enfría, verde que no ha igualado la guadaña, oro que el sol complica, nuestras sombras de amor se alargan, en pura esmeralda, hasta un naciente malva, rosa y gris de ramajes y nubes confundidos, que parece la retirada del invierno.

VIII.—*La niña*

La niña se ha quedado sola, sentada en el troncón, jugando con las culebrillas de tierra que saca de debajo de las piedras. No habla. Sólo sonríe.

Le sonríe y le tiende las manos, echando la cabeza atrás, abiertos los ojos al cielo que tiene a la espalda, en un deseo descuidado y tornadizo, al sol poniente que, como un caramelo grana, se pierde poco a poco tras la niebla de un alto horizonte de nube[92].

---

[92] Esta niña, muda y absorta en lo que está haciendo, con la cabeza echada para atrás, y «abiertos los ojos al cielo», vive en un mundo infantil con el que una faceta de la personalidad poética se identifica intensamente. Véase la nota 95.

Morado y verde todo, vagamente. La primavera, toda la primavera ante la que vamos pasando, gran fresco de un Puvis de Chavannes[93] con más jugo, se recoge y se hunde en su propia alma como una flor de esas que se cierran de noche, una gran flor poco vista... Soñolencia... Cada vez que se abren los ojos, el paisaje real tiene el valor mismo que el del recuerdo, pintado en la ausencia momentánea del sueño. Nunca vi más armonía entre la ilusión y la verdad, amor, que entre tú y mi sueño, que entre mi sueño y este anochecer verde y morado de primavera[94].

CXXV

EPITAFIO
DE UNA REINA DE CORAZONES
MUERTA EN UNA MÚSICA, PUES QUE ES IDA PARA MÍ

Ejemplo de mi vida es esta rosa
que de mi muerte, vida eterna, brota:
lleva en su mano, dulce, la corona.

---

[93] Puvis de Chavannes (1824-1898), pintor francés, renovador de la gran pintura decorativa, la cual concibió sobre una temática clásica y mitológica. Juan Ramón tuvo ocasión de conocer algunas pinturas suyas en la Biblioteca Pública de Boston, según registra Zenobia en su diario el 11 de marzo: «Ante todo visitamos la Biblioteca, y Juan Ramón se embelesa con Puvis de Chavannes», pág. 36. Otra vez invoca el arte de este pintor francés en el poema 176. Véase la nota 174.

[94] En un paseo con Juan Ramón y amigos el primero de mayo, Zenobia también registra su experiencia del campo: «Impresión perdurable de césped verde tendido hacia el río y el sol poniente. En el Ardiley Country Club nos espera un automóvil y pasamos una hora maravillados en un país ideal», pág. 65.

CXXVI

Mariposa malva[95]

—¡Ahí va!
　　　　　—¡La primavera nueva!

Corren todos un punto, mudos, ciegos,
locos, sin saber qué era,
solo porque gritaron:
¡Ahí va la primavera nueva!

Y todos vuelven tristes,
caminando hacia atrás, sonriendo al frente,
con los brazos tendidos
y las manos abiertas[96].

—¡Qué lástima!
　　　　　—¡Sí era!
　　　　　　　　　Corren todos
de aquí a allá, ciegos, mudos,
locos, entre los secos árboles,
sobre las viejas hojas secas,
solo porque gritaron:
　　　　　¡Sí era!

Cruje todo el invierno, exhala
olores de madera seca y tierra
abierta.

---

[95] «Enigma» (Ej. c.). En este poema, el «enigma» está íntimamente relacionado con el problema de la primavera, anunciado en el poema 25. La preocupación aquí de coger la mariposa de la primavera, símbolo de resurrección y renovación, es de los niños, con cuyo mundo se identifica el «corazón de niño» del poeta. Por eso, el significado del fracaso al final de este poema. El adulto dentro del poeta tiene que experimentar una nueva primavera en compañía de su amor en la tierra, y no dejarse obsesionar por el cielo de las fantasías.

[96] Estas actitudes de los niños nos recuerdan claramente a la niña del poema 124. Véase la nota 92.

—¡Ay, ay, ay, ay!
                           Todos miran
al cielo, abriendo inmensa-
mente los ojos, olvidados
de la tarde.

    Y caen, al fin, mustios,
como una yerba muerta
quemada de ansia. Al lado de su sueño,
la mariposa malva se ha quedado quieta.

CXXVII

PUERTO

A Miss Hague[97]

Las seis del agua. El silencio, como un enorme color úni-
co, parece inmenso y se siente con los ojos, pero en los oídos
siguen, en insistente confusión, las sirenas, los remaches de
aire comprimido, las bocinas, como sonando en un cuadro.

¡Ah! La primavera, que aquí también se gana la vida
—hija única al fin— como «decoradora de exteriores», se re-
tira en su golondrina, de blanco y Panamá, a su casa de Long
Island, a descansar hasta mañana.

CXXVIII

Montclair[98],
2 de mayo.

CEMENTERIO ALEGRE

Está, como el de Spoon River[99], en la colina que pisa ya le-
vemente la primavera, al otro lado, el más bello siempre, del

---

[97] Miss Marian Hague, amiga de Zenobia, mencionada por ésta en su dia-
rio, pág. 63.

[98] Montclair, una ciudad en el noreste del estado de New Jersey.

[99] *Spoon River Anthology* (1915), de Edgar Lee Masters (1868-1950), es una
colección de epitafios en verso libre, revelando las vidas secretas de ciudada-

río. Sus árboles tiemblan ya todos verdes, pero todos traspa-
rentes aún, y se les ven los pájaros y las ardillas.

Es como la plaza del pueblo, lo despejado, lo claro, lo jun-
to al cielo, a donde se viene, la mañana de asueto, a ver los
lejanos horizontes azules. Sus tumbas se derraman, como
unas ruinas bellas, como una luna hecha pedazos, por lo ver-
de, o buscan, entre las casas, la sombra de las ventanas con
flor. Los niños se paran tranquilos entre ellas, hablándoles a
sus juguetes, absortos en una hormiga, mirando sus globitos
rojos, morados, amarillos...

Dan ganas de alquilar una tumba ¡sin criados! para pasar
aquí la primavera.

CXXIX

TARDE DE PRIMAVERA
EN WASHINGTON SQUARE[100]

La copa del árbol frondoso que cobija este banco en el
que, cara al cielo, me abandono, no es de hojas sino de pája-
ros. Es el canto tupido el que da sombra —una sombra oscu-
ra de tarde nublada ya muy tarde, sombra, sombra, sombra,
casi hasta ser nada—, gratitud y frescura, el que pinta, enlaza
y se menea con la leve brisa que, a ratos, quiere levantarse,
como otra música, de la paz plomiza de mayo.

Es como estar al lado de un manantial de melodía fresca,
no sé qué alta fuente de fortaleza, salud y alegría. No impor-
ta el sabor de la tarde, amarga igual que una raíz. Como el
niño pobre es feliz con solo un juguete, los pájaros bastan a
ahuyentar la hiel e ilimitar la plaza breve limitada arriba —el
alma— por nubarrones cercanos y bajos que de vez en cuan-

nos muertos. Desenmascara la hipocresía de la vida pueblerina del medio-oes-
te y el deterioro de los valores tradicionales norteamericanos. Como señala
Graciela Palau de Nemes en su *Vida y obra*, II, esta antología le impresionó a
Juan Ramón profundamente (pág. 608), y, como se ve aquí, sugerirá directa-
mente el tema del cementerio. Para la opinión de Juan Ramón sobre esta an-
tología, véase *El modernismo*, págs. 112, 140 y 141.
[100] Véase la nota 70.

do, como un perrazo a un pollito, nos dan una manotada desconocida y fría.

... Aquí y allá, mudos y extrañados eslabones de mi misma deslabonada cadena, unos pajarillos rojos, de esos que, según dice la prensa, se han escapado estos días del jardín zoológico y que no hablan la lengua de los otros, esperan, como yo, sin movimiento, no sé qué verdad, primavera, o, amor, qué mentira...

CXXX

New York,
3 de mayo.

«ME SIENTO AZUL»

¡Qué gusto poderlo decir sin que a nadie le extrañe, aunque le fastidie! Azul, sí... Antes de saber que el rubio y seco inglés lo decía de este modo, ya yo, que como el que lo dice y el que no lo dice, me había sentido azul muchas veces —no tantas quizá como supone Fitzmaurice-Kelly que, en su lamentable *The Oxford Book of Spanish Verse,* me ha bautizado en azul de cromo y a su gusto cuatro poesías[101]—, lo había dicho y escrito: *Dios está azul*[102]... Porque no se trata de

---

[101] James Fitzmaurice-Kelly, *The Oxford Book of Spanish Verse*, Oxford, At the Clarendon Press, 1913. Zenobia anota en su diario el 4 de mayo: «Compramos la antología de Oxford y nos vamos a leerla en un rincón callado y verde de Riverside Drive mirando al río», pág. 66. La profesora Palau de Nemes explica muy bien el disgusto de Juan Ramón con esta «lamentable» antología: «Juan Ramón se refiere al hecho de que Fitzmaurice-Kelly le da títulos que no llevan originalmente a cuatro de las seis poesías de él incluidas en la antología: «Una noche», "Domingo de primavera", "Espinas perfumadas", "Hastío de sufrir", títulos que, en opinión del poeta, son *azul de cromo*, es decir, falsamente melancólicos», *Vida y obra*, II, pág. 612.

[102] Este poema está incluido en *The Oxford Book of Spanish Verse* con el título cambiado por Fitzmaurice-Kelly a «Mañana de luz». En realidad, figura, con ligeras variantes, como el primer poema de *Baladas de primavera* (1907), con el título «Balada de la mañana de la cruz». La primera estrofa reza así:

Dios está azul. La flauta y el tambor
anuncian ya la cruz de primavera.
¡Vivan las rosas, las rosas del amor
entre el verdor con sol de la pradera!

(*Primeros libros de poesía*, pág. 739)

decir cosas chocantes, como puede creer cualquier poeta del Ateneo de Madrid o del Club de Autores de New York, sino de decir la verdad sencillamente, la mayor verdad y del modo más claro posible y más directo. Sí. ¡Qué gusto! «Me siento azul.» «¡Qué azul estás!» «Tengo los azules en el cuerpo»...

Pero no para matarlos, como quiere ese anuncio del tranvía, en que un cazador —periódico de chistes— mata, rojo en fondo amarillo, a dos «azules» atados, en forma de demonios, a un árbol seco.

No, no hay que matar la pasión de ánimo, mala o buena que sea. Hay que dejarla libre, hasta que ella quiera ¡que ya querrá!, como yo me dejo hoy, azul, estar y nombrarme azul en esta New York verde, con agua y flores de mayo.

CXXXI

Nocturno[103]

A Antonio Machado[104]

... Es la celeste geometría
de un astrónomo viejo
sobre la ciudad alta —torres
negras, finas, pequeñas, fin de aquello...—

[103] «Enigma» (Ej. c.). No hay que olvidar que en este viaje por tierra, mar y cielo, el cielo es un elemento clave que el poeta está constantemente mirando en busca de señales y símbolos del naufragio o éxito de su aventura de amor. Su *Diario* es en cierto sentido una «astronomía» y «astrología» poética que va a revelar la verdad de su destino como poeta reciencasado.

[104] Se puede encontrar a lo largo de la obra crítica de Juan Ramón el testimonio de la admiración y respeto que siente por Antonio Machado, como gran poeta y figura histórica clave en el desarrollo de la lírica española de su tiempo. Quizá lo que inspira la dedicación aquí es la afinidad que Juan Ramón siente entre su *Diario* y la profundidad, misterio y carácter enigmático que tanto admira en las *Soledades* de su colega. Como observa al hablar con Ricardo Gullón: «A Machado y a mí nos correspondió iniciar lo interior en la poesía moderna nuestra», *Conversaciones con Juan Ramón*, pág. 106.

Como si, de un mirador último,
lo estuviera mirando
el astrólogo.

Signos
exactos —fuegos y colores—
con su secreto bajo y desprendido
en diáfana atmósfera
de azul y honda trasparencia.

¡Qué brillos, qué amenazas,
qué fijezas, qué augurios,
en la inminencia cierta
de la extraña verdad! ¡Anatomía
del cielo, con la ciencia
de la función en sí y para nosotros!

—Un grito agudo, inmenso y solo,
como una estrella errante—.
                              ... ¡Cuán lejanos
ya de aquellos nosotros,
de aquella primavera de ayer tarde
—en Washington Square[105], tranquila y dulce—,
de aquellos sueños y de aquel amor!

CXXXII

New York,
7 de mayo.

¿El cielo? Un incoloro color más, para hacer, en franjas iguales, una bandera —enseña de lo mortal— con la cortina azul a un tercio de ventana y, a dos tercios, la cortina amarilla.

El cuervo dice: Nada más[106].

---

[105] Se refiere a su experiencia de esta plaza, descrita en el poema 129.
[106] «Quoth the raven, "Nevermore".» El conocido verso recurrente del famoso poema «The Raven» («El cuervo», 1845) de E. A. Poe.

CXXXIII

MARINA DE ALCOBA[107]

Estampa anticuada

La ilusión, gaviota,
se posa aquí y allá.
No la vemos, llegando,
donde cerró el volar.
La isla estaba desierta,
sin luz primaveral
mayo, el amor volvía
los ojos hacia atrás...
        Vida: ¡mar!

—Se mueve, alegre, el lecho
como un barco. La mar
tiembla, toda amarilla
de sol —en el cristal
que, entre las rosas, coge
su irse—, con el afán
de ser surcada. Ardiendo,
dicen las olas: ¡Más!
        Vida: ¡mar!—

De pie en el alma mía,
nunca se pararán

---

[107] Esta es la tercera vez que aparece la aventura del viaje en el sueño (véanse los poemas 70 y 76) en la tercera parte. Este poema como el 70, «Sueño en el tren / ... No, en el lecho», es positivo. El adulto dentro de la personalidad poética sabe que tiene que vencer al mar («el contacto con lo natural, con los elementos», un nuevo mundo de experiencia) y dejar atrás la tierra natal, «isla» de la niñez para conseguir su «mujer primavera». La descripción del lecho como un barco y la mar en términos eróticos, en esta visión onírica, nos prepara para la gran experiencia y conquista del mar en la cuarta parte (véase, sobre todo, el poema 184, «Mediodía», en que la proa del barco y el agua del mar consiguen una unión amorosa, muy expresiva de la resolución del dilema de amor dentro del poeta).

mis ojos en la vida
firme. En inmenso par,
latirán el mar único
y mi corazón. ¡Más!
dicen las olas; dice
¡Más! ¡¡Más!! mi voluntad.
Vida: ¡mar!

8 de mayo.

CXXXIV

Noche en Huntington[108]

A Mrs. Arthur W. Page

I.—*Tormenta*[109]

... Se oye hablar al niño, y es como si la palabra infantil que traspasa las maderas, fuese del tamaño de la casa —esta casita de estanciero, vieja, baja, de pequeñas ventanas, con su jardincillo humilde—, que se siente blanca y recogida, como una gata blanca, en la noche fresca de tormenta. Y las palabras del niño a la madre le preguntan, tranquilas, al cielo.

Fuera, los sapos cercan la casa, en charcas que no sé, con su unánime flautido de agua, agudo y dulce, que no parece de seres feos, sino de lirios del aire, que sube todo, o baja, o se desvía, según el ventarrón. Dentro, el reloj, se oye, por el hueco de la escalerita blanca, abajo, donde antes hemos leído y tocado el piano viejo. —¡Qué paz habrá en las cosas solas, libros, flores, rescoldos!—

El trueno cerrado, tras la madera débil, que casi no está entre él y nosotros. Otro. —El aguacero completo—. Otro.

---

[108] Huntington es un pueblo de Long Island, New York. Mr. & Mrs. Arthur Page son amigos de Juan Ramón y Zenobia que les recibieron en su casa en Huntington el 8 de mayo. Véase el diario de Zenobia, págs. 68-69.

[109] Zenobia también menciona una tormenta nocturna en Huntington durante su visita, pág. 69. También sabemos que la tormenta y el mal tiempo, en general, son simbólicamente expresivos del tumulto del alma del viajero.

Y se derrama en el espanto, como un aceite tenue, calma de la tempestad, la voz inocente del niño, que le habla a la madre y al cielo[110].

II.—*La tormenta pasa*

¿Qué hora es?... Como en una isla de luz verde, en cuya gran claridad lucen zigzagueos más claros aún, por la ventanita, se ven, un momento, en el huertecillo de la casa, que da su poquito de realidad dulce y pacífica a la madrugada, los cerezos en flor y las gallinas dormidas... El fondo aparece, a saltos, un punto, aquí y allá, siempre donde no se esperaba, en su susto acercado en diversas cercas, con todas sus cosas representadas tétricamente...

III.—*Alba*

Despierto, por centésima vez, entre los indios de mi pesadilla, los del relato de anoche, que parece que acaban de salir de mi cuarto...

Entra por las ventanas abiertas un fresco crudo, vivo, con un olor a flores mojadas que barre la pesadilla. ¡Qué sofocación! ¡Qué fiebre! Por esta parte, el cielo está de agua, pero el sol debe verse en su aurora porque los verdes de la colina están con él...

... Otra vez despierto con los indios. Pero, ¿me había dormido? El perrillo negro de anoche debe estar jugando con las gallinas. Pían los pollitos amarillos de ayer, y los pajarillos del nido del árbol al que nos llegamos ya anochecido...

Y entro y salgo en mi sueño de la madrugada, casa, como ésta, de dos puertas —¿el sueño o la casa?—. ¡Qué amanecer tan largo y tan igual a sí mismo! ¡Siempre el mismo tras mi

---

[110] El niño aquí recuerda al niño en el poema 52, «Niño en el mar.» Vemos otra vez que la visión del niño inocente, en compañía de su madre, tranquiliza a la personalidad poética en estos momentos de tormenta y tumulto interior.

sueño! ¿Es que amanece? ¿Es que lo que yo creo amanecer es la entrada de la primavera en Huntington?[111].

CXXXV

New York,
10 de mayo.

ELEGÍA

I.—*En la mañanita*

Un fino pajarillo canta débilmente en la ventana. Desde el lecho de los dos, aún encortinado, su voz dice que hace sol afuera. Es su trino de sonetillos frescos, como un mayo breve, dentro del cual está ya toda la que no estaba aún ayer en la primavera grande: la rosa, la brisa, la nubecilla blanca, el arroyo deshelado... ¿el amor? ¡El amor! ¿Dónde está el amor?

II.—*Por la tarde*

Ha vuelto el pajarillo a mi ventana, en la que pienso, ahora, solo con la tarde; el cantorcillo se hincha, se dilata, se hace junto a mí como otra New York ideal de ilimitadas márgenes de oro, la New York verdadera que viene bien a mi corazón. El amor ¿no se fue ya? Ahora el horizonte último, con la música sencilla, está aquí ¡solo! y el horizonte lejano está vacío. ¿Y el amor? ¡Aquí está el amor, ay!

CXXXVI

Aquí está ya lo mismo
que entonces, viva,

---

[111] Este lenguaje recurrente y altamente significativo («amanecer», «primavera») señala una y otra vez la crisis de transición de niño a adulto que está sufriendo el poeta y que queda aquí, desde luego, sin resolver.

fresca y de oro,
como si ella fuese Ella,
¡más Ella todavía,
pues se parece a su recuerdo inmenso!

Primavera, ¿a qué pones
nuevo campo a su fuga?
¿Por qué haces que torne
a huir de mí, otra vez,
por tus valles en flor,
más bella aún en la memoria?

CXXXVII

11 de mayo.

¡Qué distancia, aquí, de la vida a la muerte y, por lo mismo, qué proximidad, es decir, qué conformidad!

CXXXVIII

New York,
12 de mayo.

TARDE DE PRIMAVERA
EN LA QUINTA AVENIDA[112]

A Madeleine Bogert[113]

I.—Paz

Los gorriones, que no se ven en el hierro de los peldaños, chillan en las escaleras de incendio, que no se ven de gorriones. Chillan, casi cantan con la belleza del sol rosa que se va,

---

[112] Véase la nota 87.

[113] Madeleine Bogart (no Bogert, véase el *Diario 2. Estados Unidos* de Zenobia Camprubí, traducido y editado por Palau de Nemes), amiga de Juan Ramón y Zenobia, mencionada por ésta varias veces en su diario de Nueva York, págs. 48, 53, 54 y 73.

206

y hacen las escaleras hórridas de hierro escaleras de plata, de alegría, de cristal —un poco basto, como de botella, pero cristal al fin—. Paz ruidosa...

II.—¡Fuego!

... No. No es aquí. ¡Podéis seguir cantando, gorriones! ¡Talán! ¡Talán! Las bombas[114], largas, doradas y rojas, con sus hombres de juguete o de teatro, pasan, campeadoras, entre las magnolias en flor de la casa de Mark Twain[115] y de la de Brevoort[116]...

III.—Viento

... Y a través de los banderones rojos, blancos y azules, listados y estrellados, que hincha el gran viento de la Quinta llevándosela al ocaso con ellos, velamento polícromo, se ven, vagos, los enormes edificios, llenos de oros y cristales, cobrizo todo del poniente tras la tela. Está claro el cielo y, volviéndose uno, mira, sobre el arco de Washington[117], las torres del Woolworth[118], blanca y oro, y del Singer[119], roja y gris, distintas ¡y hasta puras!

---

[114] En este mismo día, el 12 de mayo, Zenobia anota en su diario: «Vemos un incendio y cómo lo apagan», pág. 71.

[115] Véase la nota 69.

[116] James Renwick Brevoort (1832-1918), pintor paisajista estadounidense, que vivió en la Calle 10 entre 1858 y 1861 (véase *The Encyclopedia of New York City*).

[117] Véase la nota 86.

[118] Véase la nota 45.

[119] Singer Building, un rascacielo airoso y ornamentado. Cuando se terminó de construir en 1911, era el edificio más alto del mundo hasta la construcción del Woolworth Building 18 meses más tarde. Como éste, fue modelo para los rascacielos que se construyeron durante las próximas décadas. Véase *The Encyclopedia of New York City*.

IV.—Anuncios

... Multiformes, multicolores y multiveloces, se van encendiendo sobre el cielo malva, en el que alguna estrella prende la luz del día, los anuncios. ¡Qué bonitos están hoy, como dados a luz por la primavera con las flores!

CXXXIX[120]

New York,
13 de mayo.

> *Noche fabricadora de embelecos,*
> *loca, imaginativa, quimerista*[121]...
>
> LOPE DE VEGA

Hemos estado en ello
y se nos ha quedado
para siempre en la sombra. Cosa nuestra

---

[120] «Enigma» (Ej. c.). Este poema emplea el lenguaje recurrente tan expresivo del dilema del viajero, de su crisis de transición de niño a adulto («Estamos hoy, / como nacidos hoy», «la primavera»). Comunica, además, la sensación de haber salido recién nacidos de un recinto oculto y secreto, pero manifiesta la voluntad dispuesta ahora a vivir de nuevo en la renovada primavera. Esta nueva condición de recién nacidos, por positiva que sea, también es problemática como indica la última estrofa.

[121] Es muy significativo que Juan Ramón encuentre en este soneto, «A la noche», de Lope de Vega una afinidad con su propia experiencia nocturna. Este soneto es el número 137 que pertenece a las *Rimas* (1602). En sus notas sobre Lope en *El modernismo*, Juan Ramón cita este soneto en su integridad con el comentario: «He aquí un soneto místico, de ternura, abierto»:

> Noche, fabricadora de embelecos,
> loca, imaginativa, quimerista,
> que muestras al que en ti su bien conquista
> los montes llanos y los mares secos;
>
> habitadora de cerebros huecos,
> mecánica, filósofa, alquimista,
> encubridora vil, lince sin vista,
> espantadiza de tres mismos ecos;

fue, mas nosotros lo ignoramos,
y nadie nunca nos dirá qué era
porque fue sólo nuestro.

                           Estamos hoy,
como nacidos hoy —como si fuera
ello el vientre cerrado
que nos dio a luz, donde estuvimos
no sabemos por qué, ni cómo, ni qué tiempo,
ni cuándo...—

   Y ahora, ¡a vivir de nuevo! Sigue
la primavera engalanando-
se. El pájaro, la flor, tranquilamente,
cantan y aroman en el sol suave
el jardincillo solitario
de la calle de hierro, piedra y ruido.
... Mas, ¿cómo podrá ser hoy el vivir,
desde un nido de sombra,
como creímos ayer tarde,
entre la primavera verde, claro?

CXL

De New York a Philadelphia[122],
19 de mayo.

CEMENTERIOS

   Otra vez, sí. ¡Y ciento! El mayor atractivo, para mí, de
América, es el encanto de sus cementerios sentidos, sin va-

---

          la sombra, el miedo, el mal se te atribuya,
          solícita, poeta enferma, fría,
          manos del bravo y pies del fugitivo.

          Que vele o duerma, media vida es tuya;
          si velo, te los pago con el día,
          y si duermo, no siento lo que vivo.

                              (*El modernismo*, pág. 123)

[122] Zenobia también anota en su diario el 19 de mayo que salen en el tren
por la tarde para Washington D. C., pasando por Filadelfia, pág. 74.

llas, cercanos, verdadera ciudad poética de cada ciudad, que atan con su paz amena y cantada de pájaros, en medio de la vida, más que los jardines públicos, que los puertos, que los museos... Una niña va entre las tumbas —violetas y azules bajo lo verde—, de su casa a otra, tranquila, deteniéndose abstraída a sonar su muñeca o a seguir con los ojos una mariposa. En los cristales colgados de yedras de las casas próximas, se copian las cruces, a la fresca paz cobijada por la espesura que hermana, en una misma sombra, casa y tumba. Los pajarillos de ahora vuelan de la cruz a la ventana, tan tranquilos entre los vivos como la niña en la colina, entre los muertos.

¡Cómo vence aquí la belleza a la muerte, ejemplo tranquilo y grato en medio de tantos malos ejemplos de prisa y malestar! ¡Oh rosa bien olida, oh agua bien bebida, oh sueño bien soñado! ¡Qué bien deben descansar los muertos en vosotras, colinas familiares de New York, claros, en la vida diaria, de vida eterna!

CXLI

De New York a Philadelphia,
entre la primavera verde de los dos lados de la vía,
20 de mayo[123].

Dejarse mandar en lo difícil es, o puede ser, signo de energía. Obedecer en lo nimio y fácil es cobardía, humillación, servilismo.

---

[123] En realidad, Juan Ramón y Zenobia ya han llegado a Washington el 20 de mayo, según el diario de ésta.

CXLII

Washington,
20 de mayo.

Nocturno

A Katherine Sargent[124]

Luces verdes, blancas, carmines, moradas, que se parten, se complican y se adornan en el Potomac[125], poblando de colorines su limpia sombra trasparente, señalan y nombran la fijeza y el sueño de las cosas recogidas ya, hasta mañana. La ciudad mejor, sosegada y feliz, se retira a su alma, y en su arrabal, vecino al campo, un pedazo de luna grande y grana, como mal partida por las manos de un criado negro, sube difícilmente, ganando en oro. Se adivinan vagos yates blancos en un agua que arañan los sauces trenzando con el oleaje horizontal de ella un oleaje vertical, azul éste, verde aquél. Según pasamos, un árbol murmura tras otro, con el viento suave dentro de sus copas que mayo refresca de un verdor unánime. La noche no tiene una sola nube y es de un solo e inmenso olor crudo, áspero y fino. Un pájaro, que no sé qué es, canta insistentemente en un bosque de bajos arbustos húmedos...

Ni el reflector que ilumina la punta del obelisco[126], ni los letreros de luces de colores de los hoteles, ni los puentes que trenes constantes dibujan con ruido, perturban el romanticismo clásico que emana de la noche pura. La juventud la goza en automóviles brillantes y alegres, por los caminos asfalta-

---

[124] Amiga de Zenobia y Juan Ramón, con quien planearon y realizaron este viaje por tren a Washington D. C. Figura mucho en el diario de Zenobia. Véanse, sobre todo, las págs. 70, 73 y 75.

[125] Un hermoso e histórico río que forma la frontera entre los estados de Maryland, West Virginia y Virginia. Se origina en las montañas Allegheny, y desemboca en la bahía de Chesapeake, pasando por Washington D. C., conectando como río navegable la capital con el Atlántico.

[126] Washington Monument, hermoso obelisco de mármol blanco, dedicado a la memoria de George Washington. Es uno de los monumentos más famosos y la estructura más alta de Washington D. C. Desde lo alto de él, hay una vista espléndida de toda la capital. Véase la descripción de Zenobia del monumento y, en general, de su primer día de visita en Washington, págs. 74-75.

211

dos que acompañan en sus caprichos al río, con jacintos y lirios que si los reflectores despiertan un punto, dan a la noche su amarillo, su rojo o su violeta. Una brisa total, de todos los tiempos, pasa el corazón, fría y grata como una crema, igual que si en la noche honda de primavera rebosara de las estrellas, que fulgen cuajadas, como postres helados de la cena.

CXLIII

Washington,
21 de mayo.

RECTIFICACIÓN CON EL SOL

No hay nada de lo dicho anoche. ¡Qué desayuno! Era la ignorancia, doble noche, ¡como siempre!

CXLIV

20 de mayo[127],
por la pradera del obelisco
de Washington[128],
con sol poniente.

NOTA
A MISS RÁPIDA[129]

Si corres, el tiempo volará ante ti, como una mariposilla de marzo. Si vas despacio, te seguirá el tiempo, lentamente, como un buey eterno.

---

[127] The National Mall es un hermoso parque de césped y árboles, largo y estrecho, que se extiende desde Capitol Hill (en el centro de Washington) hasta el monumento en memoria de Lincoln, pasando por el obelisco.

[128] Véase la nota 126.

[129] Seguramente Graciela Palau de Nemes (en *Vida y Obra*, II, pág. 612) y Arturo del Villar (en *Vivir con Juan Ramón*, pág. 75, nota 59) tienen razón al identificar a «Miss Rápida» como Zenobia, por su dinamismo e incansable actividad.

CXLV

PAISAJE DE CONSTABLE[130]

Tormenta encima. No es sombra de nube, porque no hay sol. Es un frío como una sombra, en vez de una sombra...

—Parece que caen unas gotas... ¡Ah, qué tontería; no importa; tiene montera la sala...

CXLVI

REMORDIMIENTO

¿Y habrás de conformarte,
alma, con olvidar en la mañana?

¡Si cuatro largos clavos bien clavados
alma hasta tus entrañas,
abrieran cuatro grandes rosas puras
de aquellas cuatro lívidas palabras
que en su corazón bueno
él tendrá, desde entonces, enclavadas!

¿Y habrás de conformarte solamente,
con ser feliz del todo, alma?

---

[130] John Constable (1776-1837), pintor inglés y notable paisajista. El diario de Zenobia, fechado el 23 de mayo, registra: «Amanecemos en Phila [...] Visitamos el Museo Nacional, llevándose una impresión profunda de *La vuelta del rebaño*, de Millet. Vemos una sala de Romney's, Gainsborough's y Reynolds y algunos Constables», pág. 76.

[131] Efectivamente llegan de vuelta a New York el 24 de mayo, según el diario de Zenobia, pág. 77.

CXLVII

New York,
26 de mayo.

A Miranda en el estadio[132]

*Come unto the yellow sands,
And then take hands!*[133]

Shakespeare

¡Miranda, Miranda, Miranda
blanca, dulce y de oro, anda,
no te quites ya el traje puro,
no tornes al sótano oscuro
esta ilusión de tu belleza
que, pues ha estado en tu cabeza,
es verdad tuya!

        —El encendido
reloj de la torre, subido
a las estrellas, se ha perdido.—

... ¡No vuelvas tú ya de la escena
a la amarilla y triste arena!

Ya que, en esta noche, supiste
ser de fulgor, y conmoviste
mi alma, hasta hacérmela diosa,
alimentemos a la rosa

---

[132] H. T. Young ofrece un excelente comentario de este poema. Nos informa que «Juan Ramón y Zenobia asistieron a una "community masque" titulada "Caliban by the Yellow Sands", basada en *La tempestad* de Shakespeare y ofrecida en el estadio Lewishon del City College de Nueva York el 26 de mayo[...] A Juan Ramón le impresionaron la escena al aire libre, la poesía y la actriz Gladys Hanson que hizo el papel de Miranda [...]» («Dimensiones historicistas del *Diario*», *Encuentros y desencuentros*, pág. 121). Zenobia también anota en su diario el 26 de mayo: «Caliban en el Stadium, de un gran efecto», pág. 77.

[133] «Acérquense hasta estas arenas amarillas / y entonces dense la mano.» La cita de Shakespeare viene del principio de la canción de Ariel en *La tempestad* (*The Tempest*, Acto I, esc. II).

cortada, con agua divina,
para que nunca sea espina.
¡Vamos los dos a donde ha ido
tu voz celeste! ¡Que el olvido
no se interponga, como el día,
entre esta noche tuya y mía
y esa otra noche de mañana,
... ¡y esa otra noche de mañana!

    ¡Miranda, vamos donde ha muerto
tu voz ¡para mí! en el abierto
mar de la noche constelada!
Aún esa luna inmaculada
puede decirme en dónde estamos
con tu voz...

    ¡Sí, Miranda, vamos,
anda Gladys, digo, Miranda,
¡Miranda, Miranda, Miranda!,
desde este azul artificial
al oro real de lo inmortal!

CXLVIII

New York,
27 de mayo.

AMANECER

Por los claros de la tormenta[134], comienza a verse, diluida, el alba, no sé si con luna. Truena sordamente.

El elevado pasa por la 6.ª, sobre su puente, como una rápida baraja voleada de ventanas amarillas, y ya, o aún, sin nadie. Un único pajarillo entrecanta aquí y allá. En el palacio de enfrente —¿la muerte, el amor?— el portal encendido aún, o ya.

---

[134] Esta tormenta que constituye el trasfondo tanto aquí como antes (poema 145) y después (poema 149) es un recuerdo constante de la confusión de la condición emocional del viajero que amenaza con cerrar su nueva primavera de amor.

215

Un instante, como una isla, el mal olor de siempre se abre con no sé qué olor bueno, como de lirios del valle o de no sé qué fruta en flor —¿el amor, la muerte?— en la brisa de abril. Una mariposilla blanca, que en la vaga luz suave y azul de lo que viene es blanquísima, revuela, loca, del suelo al cielo, en una libertad triste —¿la muerte, el amor?— ... Truena sordamente...

CXLIX

ABRIL

¡Cuánta nube, esta noche de tormenta,
debajo de la estrella!
¡Qué mala tienes siempre
que ser, para ser buena![135].

CL

New York,
Museo Metropolitano[136],
29 de mayo.

RETRATO DE NIÑO
(ATRIBUIDO
A VELÁZQUEZ)

En un caerse de temprana tristeza pensativa, me mira, desde el rincón, el niño. ¡Qué acariciar el de su nostálgica almilla española! Son los ojos más bellos y más dulces que he visto aquí, manantial sin fin de bellas miradas, que miran desde tantas partes. Yo estaba pensando con nostalgia en el otoño

---

[135] Creo que este lenguaje paradójico tiene sentido si se interpreta en el contexto de la crisis de transición de niño a adulto de la personalidad poética. «La nube» que cubre la estrella aquí es «mala» para el «corazón de niño» que desea la estrella en sus fantasías celestiales, pero «buena» para el adulto porque no le permite refugiarse en la niñez.
[136] El diario de Zenobia registra una visita al Museo Metropolitano aquella tarde, el 29 de mayo.

216

de New York, ahora que entra la primavera. Y de pronto, he aquí el otoño.

Sí. Caen hojas secas en este rincón solitario, y el cuadro se sume a veces en una arboleda de oro, malva y rosa, con lágrimas colgadas, que está en su fondo, tras su fondo...

¡Pero no debe ser! Este niño debía tener en su boca la rosa mejor de la primavera. El vigilante está dormido... ¡Si fuera el cuadro más pequeño...!

CLI

New York,
4 de junio.

AUSENCIA DE UN DÍA[137]

Ahora, soñar es verte,
y ya, en vez de soñar,
vivir será mirar
tu luz, hasta la muerte.

¡Mirar tu luz! Ni sueño,
ni ensueño. Sólo amor,
más fácil y mejor
que el sueño y el ensueño.

¡Muera mi fantasía!
Tocar, gustar, oler,
oír, ver... esclarecer
tu verdad con la mía;
pues que tú me has dejado,
con tu oculto fluir,
para tu sonreír
como un iluminado.

---

[137] Confirmación de esta ausencia la encontramos en el diario de Zenobia el 4 de junio. «[...] cojo el tren para Essex Falls [pueblo en el estado de New Jersey], en donde paso un día feliz de campo, sintiendo sólo que no esté Juan Ramón, que no ha querido venir», pág. 80.

¡Qué claros campos riegas,
derecho, oh río, hoy!
¡Ahora sí que voy
por las eternas vegas![138].

CLII

LA MORAL EN EL AMOR

Recuerdo el cuadrito de Couture[139], y siempre, como su nombre, caen sobre él las dos palabras desnudas: El Placer.

El cuadro es pequeño como el mundo, y claro; alegre como la mañana, visto por la tarde, y triste como la tarde, pensando en la mañana; rojo y hueso, como una herida. Un joven pintor, sentado sobre una marmórea cabeza de Apolo, analiza, más que dibuja, boca casi contra hocico, la sangrienta cabeza de un cerdo[140].

CLIII

VÍSPERA[141]

Ya, en el sol rojo y ópalo del muelle,
entre el viento lloroso de esta tarde

---

[138] La voluntad sana expresada aquí («¡Mirar tu luz!» que es la luz del adulto, «¡Muera mi fantasía!» que es la fantasía del niño) es sumamente positiva como conciencia necesaria para resolver el dilema de amor del poeta. Esta determinación de experimentar el mundo con los cinco sentidos y de armonizar su verdad con la de su amor tiene implicaciones importantes también para la nueva estética del *Diario*, como se verá en la cuarta parte.

[139] Thomas Couture (1815-1879), pintor francés académico, famoso por su gran pintura de una orgía romana, *Los romanos de la decadencia* (1847).

[140] Este cuadro se llama *Le Réaliste* (1865). En esta época Couture manifiesta su aversión por el realismo en la pintura y en este cuadro satiriza, por su vulgaridad, el tema del cerdo (símbolo de la estupidez de un joven pintor). Según el libro *Thomas Couture (1815-1879): Sa Vie-Son Oeuvre-Son Caractère* (París, Le Garrec, Editeurs, 1932), este cuadro se encontraba en esa época en Nueva York.

[141] El diario de Zenobia, fechado el 5, 6 y 7 de junio, hace referencia, con

caliente y fresca de entretiempo,
el barco, negro, espera.

—Aún, esta noche, tornaremos
a lo que ya casi no es nada
—a donde todo va a quedarse
sin nosotros—,
infieles a lo nuestro.
Y el barco, negro, espera.—

Decimos: ¡Ya está todo!
Y los ojos se vuelven, tristemente,
buscando no sé qué, que no está con nosotros,
algo que no hemos visto
y que no ha sido nuestro,
¡pero que es nuestro porque pudo serlo!

¡Adiós! ¡Adiós! ¡Adiós! a todas partes, aun sin irnos,
¡y sin querernos ir y casi yéndonos!

... Todo se queda con su vida,
que ya se queda sin la nuestra.
¡Adiós, desde mañana —y ya sin casa—
a ti, y en ti, ignorada tú, a mí mismo,
a ti, que no llegaste a mí, aun cuando corriste,
y a quien no llegué yo, aunque fui de prisa
—¡qué triste espacio en medio!—

... Y lloramos, sentados y sin irnos,
y lloramos, ya lejos, con los ojos
contra el viento y el sol, que luchan, locos[142].

_____

detalles, a los «cien mil encargos y cuatrocientas despedidas» (pág. 81) que llenaron para el matrimonio los últimos días pasados en Nueva York. Seguramente la agitación y el nerviosismo previos al embarco, el día 7 de junio, afectó el estado de ánimo reflejado en estos últimos poemas que completan esta tercera parte.

[142] Esta sensación de que algo falta, de que algo está incompleto, sensación de una realidad que no ha sido realizada, de dos personas que no están sin-

CLIV

PUERTO

A Mrs. Seth Low Pierrepont[143].

La libertad[144] se funde en el raudal oriblanco del sol poniente, y sólo es ya estatua en el recuerdo o en el sueño. Un biplano se echa, libélula inmensa, contra ese sol que alucina. Incesantes barcos de todas clases, justificadores del oleaje sin tregua, pasan, vienen, van, agriando sus verdes, endulzando sus carmines, dorando sus amarillos. La realidad invisible es tan bella, que lo absorbe todo, y no se oye rumor molesto alguno sino en lo inconsciente —no sé qué subpuerto de sirenas, campanas y martillos de aire comprimido...— Frío...

De pronto, el barco de la noche, la Sombra de pie en la proa, viene de oriente, majestuoso y raudo, a la ciudad ya casi sin luz. Y en un juego complicado y doliente de retirada, el ocaso le proyecta a la noche, con focos malvas y de oro, grises y rosados, una remota primavera, que ella apaga, sin resistencia, sonriendo, en una semilucha tranquila y sin sangre[145]...

---

cronizadas, capta bien el conflicto de personalidad que atormenta al viajero. La lucha interior, representada simbólicamente, en la segunda parte, entre «sol y agua» (poema 38), aquí se expresa entre «viento y sol» («que luchan, locos») que capta aspectos del dilema central, llamado «locura» en el poema culminante, «Todo» (poema 191).

[143] Aunque el nombre de esta persona no aparece en el diario de Nueva York de Zenobia ni en los diarios posteriores traducidos y editados por G. Palau de Nemes, sabemos que los Pierrepont eran una familia prominente de la alta sociedad de Nueva York.

[144] Se refiere a la Estatua de Libertad en el puerto de la ciudad de Nueva York.

[145] El dilema sin resolver del viajero se expresa aquí en términos altamente simbólicos. La Sombra aparece como fuerza personificada, símbolo ya de esa fuerza opresiva del este, de Moguer, y viene con la noche a rescatar a su hijo de Nueva York y del amor. La noche apaga, sin resistencia, la posibilidad para el protagonista de un renacer en Nueva York. Así que «Puerto» ofrece una elaboración y profundización del «enigma» del poema 25: «La terrible amenaza es ésta: "Se caerá, sin abrir, la primavera."» Lo que se anuncia como amenaza al final de la primera parte se siente como realidad al final de esta tercera parte.

CLV

New York, cuarto vacío,
entre baúles cerrados,
6 de junio, noche.

REMORDIMIENTO

Le tapararía el tiempo
con rosas, porque no
recordara.

Una rosa distinta,
de una imprevista magia,
sobre cada hora solitaria de oro
o sombra,
hueco propicio a las memorias trágicas.

Que como entre divinas
y alegres
enredaderas rosas, granas, blancas,
que no dejaran sitio a lo pasado,
se le enredara,
con el cuerpo,
el alma.

CLVI

A bordo, 7 de junio[146].

DESPEDIDA SIN ADIÓS

Mar amarilloso con espumas sucias, en un leve fermentar,
como de gaseosa de limón. Se quedan atrás, con el leve ir del
barco, barriles rotos, maderas viejas, guirnaldas de humos y
espumas. Volviendo la cabeza a lo de antes, que ya no es
nada, New York, como una realidad no vista o como una vi-
sión irreal, desaparece lentamente, inmensa y triste, en la
llovizna. Está todo —el día, la ciudad, el barco— tan cu-

---

[146] El diario de Zenobia confirma este día, el 7 de junio, como fecha del
embarco.

221

bierto y tan cerrado, que al corazón no le salen adioses en la partida.

Salida dura y fría, sin dolor, como una uña que se cae, seca, de su carne; sin ilusión ni desilusión[147]. Despedida sin alas, las manos en los bolsillos del abrigo, el cuello hasta las orejas, la sonrisa inexpresiva, que no se siente y nos sorprende —¿se ríe usted?— contestada por otra, en el rostro pasado por agua.

Ya no se ven... A babor... Un paseo por toda la borda... Bueno.

... La mar.

---

[147] La imagen de «la uña de la carne» tiene una resonancia inconfundible en la literatura española. ¡Cómo se contrasta la dureza e indiferencia, «sin dolor», de esta partida con el dolor del Cid cuando tiene que despedirse de su mujer y sus dos hijas en el Cantar Primero, «Destierro del Cid»!

> agora nos partimos, Dios sabe al ajuntar.
> Llorando de los ojos, que non vidiestes atal,
> assis parten unos d'otros como la uña de la carne.

IV. Mar de retorno[148]

---

[148] Es curioso que el diario de Zenobia no registre ninguna anotación entre el 8 y el 18 de junio, durante este viaje por mar, de regreso.

CLVII

7 de junio.

NOSTALGIA

El mar del corazón late despacio,
en una calma que parece eterna,
bajo un cielo de olvido y de consuelo
en que brilla la espalda de una estrella.

Parece que estoy dentro
de la mágica gruta inmensa
de donde, ataviada para el mundo,
acaba de salir la primavera.

¡Qué paz, qué dicha sola
en esta honda ausencia que ella deja,
en este dentro grato
del festín verde que se ríe fuera![149].

---

[149] El viajero no ha participado todavía en su primavera de amor y madurez y busca refugio dentro de la mágica gruta que le protege, felizmente desde el punto de vista de su «corazón de niño», de la verdadera primavera recién abierta en el mundo natural.

CLVIII

MAR DE PINTOR[150]

(Al encausto y en dos mitades.)

Cuatro de la madrugada: Mar azul Prusia.
Cielo verde malaquita. —Emociones.—
   Seis de la mañana: Mar morado. Cielo gris.
—Sports.—
   Nueve de la mañana: —Lectura.—
   Una de la tarde: Mar ocre. Cielo blanco.
—Desamor.—
   Cuatro de la tarde: Mar de plata. Cielo rosa.
—Nostalgia.—
   Ocho de la tarde: Mar de hierro. Cielo gris.
—Pensamientos.—

CLIX

¡DESNUDO!

¡Desnudo ya, sin nada
más que su agua sin nada!
¡Nada ya más!

Éste es el mar.
¡Éste era el mar, oh amor desnudo![151].

---

[150] En este ciclo de poemas (158, 162, 165) en que el poeta hace el papel de «pintor» de mar, conviene tener en cuenta el simbolismo del mar y del cielo como fronteras de su mundo psicológico en proceso de transformación. El poeta está en un agudo estado de alerta frente a la hora del día y a los colores del ciclo y del mar, que inspiran el sentimiento y la emoción del momento. Como se verá en el poema 181, «Amanecer», la hora deseada es el amanecer plenamente realizado y el color deseado es un oro vivo y fulgurante, señales los dos de la plena redefinición de su ser.

[151] El poeta recobra aquí la lucidez expresada en el poema 39, «Menos», de la segunda parte («El mar/de mi imaginación era el mar grande») y la deter-

CLX

SOL EN EL CAMAROTE

Pensado mientras me baño vien-
do, por el tragaluz abierto, el mar
azul con el sol, y cantado, luego,
toda la mañana.

No más soñar; pensar
y clavar la saeta,
recta y firme, en la meta
dulce de traspasar.

Todo es bueno y sencillo;
la nube en que dudé
de todo, hoy la fe
la hace fuerte castillo.

Nunca ya construir
con la masa ilusoria.
Pues que estoy en la gloria,
ya no hay más que vivir[152].

---

minación de librarse de los temores y dudas inspiradas por la contemplación del mar. «Amor desnudo» significa amor, libre de las complicaciones y fanta- sías del sueño y del ensueño. Este poema está íntimamente relacionado con la voluntad expresada antes en el poema 151 («¡Mirar tu luz! Ni sueño, / ni ensueño. Sólo amor») y en el próximo poema 160 («No más soñar [...] / Nun- ca ya construir / con la masa ilusoria»).

[152] Este poema corresponde, en sentimiento y voluntad, al poema 38, del mismo título. Se ve el efecto sumamente beneficioso del sol que dispersa «los nubarrones» (poema 37) y la nube de dudas y miedos (véase la nota 24) y per- mite al poeta seguir adelante, en la plena luz del día, su viaje por mar y cielo hacia el amor.

CLXI

9 de junio.

MAR

A veces, creo que despierto
de mi misma vigilia, y que con ella
—sueño del mediodía—
se van monstruos terribles
del horizonte puro.

—Es cual una tormenta
de duermevela, cuyo trueno
no se supiera nunca
si fue verdad o fue mentira.—

Se me abre el corazón y se me ensancha
como el mar mismo. La amenaza
huye por el oriente
a sus pasadas nubes.

El mar sale del mar y me hace claro[153].

CLXII

10 de junio.

AL FRESCO

Con una cantidad inmensa de pintura nueva, un escobón
mágico pinta francamente, como anuncio del espectáculo del
día, la aurora, decoración sencilla: arriba, un gran oro, casi sin

---

[153] Este poema revela un mayor grado de conciencia con respecto a su di-
lema de personalidad. El viajero duda de la realidad de los temores y mons-
truos de su mente que le han asaltado hasta ahora. «La amenaza» (frente al fu-
turo de «su primavera»), anunciada en el poema 25, que se expresa en forma
vaga e inconcreta como niebla, tormenta y mal tiempo en la segunda parte
(poemas 42, 52, 53) y a lo largo de la tercera parte, y que se hace realidad,
pero no definitiva, al final de la estancia en Nueva York, aquí se ve huyendo
«por el oriente / a sus pasadas nubes», al mundo infantil de Moguer, origen
del dilema del adulto. El mar de su imaginación se libra del mar real y natu-
ral y le permite ver el mundo con mayor claridad.

amarillo, solo luz; abajo, un único azul, exuberante, derramado en sí mismo; debajo del sol —que no se pinta—, un vaivén —de izquierda a derecha— de ancha plata trasparente.

Ahora, a las sillas largas: estío del agua.

CLXIII

10 de junio.

El mar

Le soy desconocido.
Pasa, como un idiota,
ante mí; cual un loco, que llegase
al cielo con la frente
y al que llegara el agua a la rodilla,
la mano inmensa chorreando
sobre la borda.
               Si le toco un dedo,
alza la mano, ola violenta,
y con informe grito mareante,
que nos abisma,
dice cosas borrachas, y se ríe,
y llora, y se va...
               A veces, las dos manos
en la borda, hunde el barco
hasta su vientre enorme
y avanza su cabeza, susto frío,
hasta nuestro minúsculo descuido.
                              Y se encoge
de hombros y sepulta
su risotada roja en las espumas
verdes y blancas...
                    Por doquiera
asoma y nos espanta; a cada instante
se hace el mar casi humano para odiarme.

    ... Le soy desconocido[154].

---

[154] A pesar de la agresividad y violencia del mar, personificado aquí como una enorme y ebria criatura, su humanización frente al viajero es un signo

CLXIV

11 de junio.

¡Oh mar, cielo rebelde
caído de los cielos![155].

CLXV

12 de junio.

MAR DE PINTOR...
(¿DE MÚSICO?)

A las dos de la tarde: Un movible y luciente brocado verde plata.

A las seis y media: Los valles de espumas blancas se llenan de rosas.

A las siete y cuarto: Agua alta y verde. Antecielo de nubarrones azul cobalto. Cielo gris. Trascielo de oro.

CLXVI

13 de junio.

¡EL MAR ACIERTA!

No sé si es más o menos. Pero sé que el mar, hoy, es el mar. Como un orador sin paz, que un día llega a su plena exaltación, y es él ya para siempre, porque la ola de su fervor rompió su vaso, así, hoy, el mar; como un pintor que acertase a dar en una sola pincelada la luz del color de la aurora primera; como un poeta que se hace en su alma una estrofa mayor

---

positivo. Refleja la propia humanización del protagonista, sus primeros y tímidos esfuerzos, en este viaje por mar, de establecer contacto con fuerzas naturales y poderosas, en lugar de refugiarse en la tranquilidad de un cementerio (en la tercera parte) o contemplar en sueños o desde la lejanía las estrellas en la noche.

[155] El mar, como Lucifer, es un ángel rebelde, gigante vencido, desterrado de los cielos.

que el mundo, así, hoy, el mar; como una primavera que
abre su flor mayúscula...

Hoy el mar ha acertado, y nos ofrece una visión mayor de
él que la que teníamos de antemano, mayor que él hasta hoy.
Hoy le conozco y le sobreconozco. En un momento voy
desde él a todo él, a siempre y en todas partes él.

Mar, hoy te llamas mar por vez primera. Te has inventado
tú mismo y te has ganado tú solo tu nombre, mar[156].

CLXVII

13 de junio.

> ... Lo recuerdo, de pronto,
> como un niño asustado
> que se ha ido muy lejos, por el bosque,
> se acuerda de su casa.
>
> ¡Oh memoria, memoria
> necia, vieja pesada y habladora,
> isla de llanto y cobardía![157].

CLXVIII

14 de junio.

> Hoy eres tú, mar de retorno;
> ¡hoy, que te dejo,
> eres tú, mar!

---

[156] Como se ve, la relación del protagonista con el mar en esta cuarta par-
te está cambiando. A desemejanza de la segunda parte, «El amor en el mar»,
donde el mar era pura negación, la experiencia del mar en este viaje de retor-
no le está ofreciendo al viajero posibilidades de entenderlo y de entenderse.

[157] El ritmo de esta primera parte de «Mar de retorno» es el de un vaivén
(véase el poema 162): un paso para adelante hacia la conquista del mar y del
amor, un paso para atrás hacia el mundo de la niñez. Después de la experien-
cia sumamente positiva del poema anterior, que prepara al poeta para el fu-
turo, aquí el protagonista se siente momentáneamente invadido por la nos-
talgia del pasado y abrumado por el peso de memorias infantiles.

¡Qué grande eres,
de espaldas a mis ojos,
gigante negro[158] hacia el ocaso grana,
con tu carga chorreosa de tesoros!

—Te quedas, murmurando
en un extraño idioma informe,
de mí; no quieres nada
conmigo; entre tu ida
y mi vuelta
resta el despego inmenso
de una eterna nostalgia.—

... De repente, te vuelves
parado, vacilante,
borracho colosal y, grana,
me miras con encono
y desconocimiento
y me asustas gritándome en mi cara
hasta dejarme sordo, mudo y ciego[159]...
Luego, te ríes, y cantando
que me perdonas,
te vas, diciendo disparates,
imitando gruñidos de fieras
y saltos de delfines
y piadas de pájaros;
y te hundes hasta el pecho
o sales, hasta el sol, del oleaje

---

[158] El mar de su imaginación se concibe aquí como un «gigante negro», que es la objetivación de todos los miedos, dudas y monstruos de la mente. El viajero se ve obligado finalmente a confrontarse directamente con una imagen concreta y asustante de esa «terrible amenaza», anunciada en el poema 25.

[159] Es como si el gigante marino, en su violencia, su borrachera, su salvajismo, estuviera repudiando la delicadeza de quien ha sido hasta ahora un contemplador enamorado de luna y estrellas. El mar, como Lucifer (poema 164), es un gigante vencido, desterrado de los cielos. El poeta, como el mar, es también desterrado del cielo («náufrago de la luna», poema 5) y tiene que aprender a vivir sobre la tierra y el mar y tomar contacto con fuerzas naturales.

—San Cristóbal[160]—,
con mi miedo en el hombro acostumbrado
a levantar navíos a los cielos[161].

Me siento perdonado. ¡Y lloro, mar salvaje
toda tu agua de hierro, luz y oro![162]

CLXIX

14 de junio.

Ya solo hay que pensar en lo que eres,
mar. Tu alma completa
en tu cuerpo completo;
todo tú, igual que un libro
leído ya del todo, y muchas veces,
que con su *fin* ha puesto
fin a las fantasías.

Mar digerido, mar pensado,
mar en biblioteca,
mar de menos en la nostalgia abierta,
de más en el aguardo
de las visiones no gozadas!

---

[160] San Cristóbal «es el patrono de los viajeros [...] y en recuerdo de su encuentro con Cristo, se le representa atravesando las aguas de un río, con el Niño Jesús sobre la espalda y llevando en la mano la palma que le servía de báculo», J. A. Pérez-Rioja, *Diccionario de símbolos y mitos*, pág. 146.

[161] La violencia del asalto del gigante marino sacude poderosamente al protagonista quien se siente culpable porque experimenta un gran alivio al recibir el perdón del mar. Hay incluso una indicación de que el mar salvaje, una vez que le ha perdonado, desea responder con un gesto de buena voluntad. Se ve al gigante marino como a San Cristóbal, prestando ayuda al viajero, levantando su carga de miedo y exponiéndola al sol. Aquí, de pronto, el mar y el sol son vistos en un acto de cooperación que contrasta dramáticamente con la lucha simbólica de sol y agua en la segunda parte.

[162] La reacción del protagonista a la ayuda del mar-gigante es llorar copiosamente de gratitud, acto que es también expresivo de la unión del agua marina y de la luz solar. Que estos versos expresan simbólicamente una nueva relación entre la personalidad poética y el mar se confirma además por el hecho de que el viajero ya nunca más es amenazado o intimidado por el mar en el *Diario*.

Mar, mar, mar, mar
monótono, minuto del reloj diario,
latido igual del corazón diario;
ya solo hay que pensar en lo que eres,
no hay que pensar en lo que eres,
¡oh mar inadvertido, no escuchado
de los oídos ya, ya no mirado
de los ojos, oh mar!

CLXX

14 de junio.

CONVEXIDADES

Vuelve el cielo su espalda,
vuelve su espalda el mar, y entre ambas desnudeces,
resbala el día por mi espalda.

Lo que en el día queda,
es lo que dicen todos todo.
Nuestros tres pechos ¡Dios! están abiertos,
contra el todo de todos,
a lo que ignoran todos,
¡hacia todo![163].

CLXXI

14 de junio.

AGUA TOTAL

Se borra el mar lejano, y el horizonte se viene encima y
aprisa, de modo que la raya última del agua tiene ya la ola,

---

[163] La resolución del conflicto del poeta supone un cambio fundamental
de relación entre el poeta, el mar y el cielo. Aquí parece que hay una falta de
comunicación entre los tres. Un significado de «todo», el que pertenece al
mundo semántico del niño, tiene que ser superado y reemplazado, como se
verá en «Todo», poema 191.

suave primero, luego grande, sobre el cielo. El aire se achica y el interior de nuestro orbe se hace pequeño, como el de una naranja cuya piel hubiese crecido hacia dentro, o como un corazón hipertrofiado. El mar parece una gotita del tamaño —¡menor!— del ojo que lo mira.

El cielo no es casi bóveda nuestra, sino posible visión convexa de otros. Llueve más. Agua arriba y agua abajo, es decir, agua enmedio, y toda de un color, digo, sin color, digo, negra... o tal vez blanca... Solo agua, todo agua. Ahogo total, diluvio nuevo. En el arca, yo con mi familia y una pareja de todos los animales conocidos[164].

CLXXII

14 de junio.

NOCTURNO

Tan inmenso como es ¡oh mar! el cielo,
como es el mismo en todas partes,
puede el alma creerlo tan pequeño...
Enclavado a lo eterno eternamente
por las mismas estrellas,
¡qué tranquilos sentimos, a su amparo,
el corazón, como en el sentimiento
de una noche, que siendo solo nuestra madre,
fuera el mundo!
¡Qué refugiados nos sentimos
bajo su breve inmensidad definitiva![165]

---

[164] La lluvia y el mal tiempo ahora son positivos porque borran las fronteras entre mar y cielo, y crean condiciones de un «diluvio nuevo» que sugiere un nuevo comienzo en el universo psicológico del poeta.

[165] Aflora otra vez el sentimiento del niño que busca refugio bajo el cielo de la noche, sintiendo cerca la presencia de su madre.

CLXXIII

MAR DESPIERTO

¡Oh, cuán despierto tú, mar rico,
siempre que yo, voluble y trasnochado,
salgo a mirarte; siempre
que yo, los ojos ojerosos,
salgo, a mirarte, cada aurora!

Tu corazón sin cárcel,
de todo tu tamaño,
no ha menester reposo;
ni porque desordenes
tu hondo y alto latir sin cuento,
te amedrenta la muerte
por ningún horizonte.

¡Cuál juegas con tu fuerza,
de todos los colores
de las horas! ¡qué alegre y loco,
levantas y recoges, hecho belleza innúmera,
tu ardiente y frío dinamismo,
tu hierro hecho movimiento,
de pie siempre en ti mismo, árbol de olas,
y sosteniendo en tu agua todo el cielo!

¡Mar fuerte, oh mar sin sueño,
contemplador eterno, y sin cansancio
y sin fin, del espectáculo alto y solo
del sol y las estrellas, mar eterno![166]

---

[166] El viajero ya no le teme al mar, sino que le admira por su fuerza, su belleza y su relación permanente y estable con el cielo, y por su vida sin cárcel, sin amenazas y sin sueño. Son todas condiciones de la vida a las cuales aspira el poeta en su camino hacia la madurez.

CLXXIV

15 de junio.

La luna blanca quita al mar
el mar, y le da el mar. Con su belleza,
en un tranquilo y puro vencimiento,
hace que la verdad ya no lo sea,
y que sea verdad eterna y sola
lo que no lo era.
            Sí.
                ¡Sencillez divina
que derrotas lo cierto y pones alma
nueva a lo verdadero!
¡Rosa no presentida, que quitara
a la rosa la rosa, que le diera
a la rosa la rosa![167].

CLXXV

15 de junio.

PARTIDA

A Joaquín Montaner[168]

Hasta estas puras noches tuyas, mar, no tuvo
el alma mía, sola más que nunca,
aquel afán, un día presentido,
del partir sin razón.
            Esta portada
de camino que enciende en ti la luna

---

[167] Este cambio de significados corresponde al hecho de que el mundo semántico del niño se está reemplazando por el del adulto. Éste es un aspecto importante del largo y lento proceso de transformación que terminará finalmente en una nueva definición del viejo mundo familiar.

[168] Joaquín Montaner (1892-1957), poeta español, buen traductor y estimable autor teatral. Obtuvo el premio nacional de literatura y el de novela Ciudad de Barcelona. Véase la carta de Juan Ramón a él en *Cartas* (1962), págs. 225-226.

con toda la belleza de sus siglos
de castidad, blancura, paz y gracia,
la contagia del ansia de su claro
movimiento.
                    Hervidero
de almas de azucenas, que una música
celeste hiciera de cristales líquidos,
con la correspondencia de colores
a un aromar agudo de delicias
que extasiaran la vida hasta la muerte.

   ¡Magia, deleite, más, entre la sombra,
que la visión de aquel amor soñado,
alto, sencillo y verdadero,
que no creímos conseguir; tan cierto
que parecía el sueño más distante![169].

   Sí, sí, así era, así empezaba
aquello, de este modo lo veía
mi corazón de niño, cuando, abiertos
como cielos, los ojos,
se alzaban, negros, desde aquellas torres
cándidas, por el iris, de su sueño,
a la alta claridad del paraíso[170].
Así era aquel pétalo de cielo,
en donde el alma se encontraba,
igual que en otra ella, sola y pura.
Éste era, esto es, de aquí se iba,
como esta noche eterna, no sé a dónde,
a la tranquila luz de las estrellas;
así empezaba aquel comienzo, gana

---

[169] El poeta manifiesta una creciente conciencia de que el primer deseo irracional e inconsciente para hacerse a la mar había surgido, en realidad, tanto o más por el deseo del alma para unirse con el cielo como por el deseo del alma para unirse con su amada.

[170] Aquí el viajero hace explícito que este anhelo trascendente de un paraíso de claridad es el de un niño. Y es este niño con los ojos «abiertos / como cielos» a quien se refiere en el poema culminante «¡Todo!» (poema 191) con la expresión, «a mis ojos / abiertos ¡tan abiertos / que estaban ciegos!»

celestial de mi alma
de salir, por su puerta, hacia su centro...[171].

¡Oh blancura primera, sólo y siempre
primera!
... ¡Blancura de esta noche, mar, de luna![172].

CLXXVI

9 de la mañana.

Día entre las Azores

A Saturnino Calleja[173]

El sol, que se enciende, lento, en blanca luz, al afinarse las
nubes de agua, alumbra de plata verde el sur del mar de plo-
mo carminoso. Gotas dulces de llovizna barrida y gotas
amargas de ola asaltadora no llegan confundidas a los labios
y a los ojos. Vamos al estío, enfundados hasta las orejas en las
pieles de diciembre.

1 de la tarde.

Már sólido

Está el mar de piedra, y las olas se barajan como cartas o
lascas de pizarra. Aquí y allá, vagas malaquitas de imponde-
rables verdes, profundos y finos mármoles negros que des-

---

[171] El poeta ha sido llevado a una plena conciencia de su problema y esto
va a constituir un punto decisivo en su aventura espiritual. De ahora en ade-
lante, con estas excepciones (poema 189, «Ciego», y poema 190), el diario
poético apunta hacia la resolución del problema y la liberación del alma.

[172] Aunque esta confesión se expresa exclusivamente en tiempo pasado
como si «aquello» ya no existiera, el poeta delata su constante susceptibilidad
a su anhelo infantil rindiéndose al encanto de la luna en estos versos finales.

[173] Saturnino Calleja (1855-1915), editor español y fundador de la Casa Edi-
torial Calleja, para la cual Juan Ramón trabajó. El *Diario* está dedicado a Rafael
Calleja, hijo de Saturnino. Para más información sobre las relaciones y amistad
de Juan Ramón con la Editorial Calleja, véanse Arturo del Villar (ed.), *Vivir con
Juan Ramón*, pág. 18, y Graciela Palau de Nemes, *Vida y obra*, II, págs. 613-615.

cendieran, en escalinatas imantadas, al misterio. En súbitas apariencias volubles, sobre la cima de las mudables y minúsculas cordilleras de olas, remolinos de yeso. Parece que es polvo la brisa. La boca y el alma tienen sedes.

2 de la tarde.

Al subir del comedor, no hay mar. Todos, sin verlo, siguen creyendo que está. Pero no está. No, no hay mar. El sol contagia toda la atmósfera lloviznosa, y todo es sólo luz blanca, suave, vendada. En la unánime claridad, breves sangres derramadas por heridas de albor, leves guirnaldas vivas —¿de qué?— no sé si por el agua o por el cielo.

5 de la tarde.

¡Adiós!

¡Qué lejos ya la triste cueva llorosa, de que hemos salido ahora mismo, de las «Azores de la lluvia constante»! ¡Salud alegre de la abierta tarde de sol! El mar, Prusia otra vez, está como tajado en infinitos planos de oscuros colores luminosos que se complican en cambiantes innumerables, como si cada ola tuviera un parto perpetuo de olitas. Claridades de nubes encendidas lo deslumbran sin reposo, y en las espumas de cada ola rota, un arco iris eleva su lira de colores. —Así las Musas aclamando al Genio «mensajero de luz»[174] de Puvis de Chavannes, femeninas olas blancas de una mar ideal.— El cielo es hoy más grande que el mundo, y parece que su gloria se ha bajado al ocaso, que está ahí cerca, entre sus jardines acuáticos. La última isla, casi de música, suma de la ilusión, sale, como una proa de luz cristalizada, de entre las nubes bajas, que la abrazan, que la cuelgan, que la coro-

---

[174] «Les Muses inspiratrices acclament le génie, messager de lumière», una pintura mural que se encuentra en la Biblioteca Pública de Boston, que Juan Ramón visitó durante su viaje a esta ciudad, hecho registrado en el diario de Zenobia. Véase la nota 93.

nan inmensamente, en la desproporción mágica —¡pobres de nosotros!— de su magnificencia apoteótica[175].

6 de la tarde.

La isla transfigurada

Malva, de oro y vaga —igual que un gran barco boca abajo sobre el mar concentrado y azul ultramar—, en un ocaso amarillo que ornan mágicas nubes incoloras, gritos complicados de luz, la «Isla de los Muertos», de Böcklin[176]. Mas los cipreses están ardiendo esta tarde y los muertos están resucitando. Oro, fuego, purificación. El mar suena a César Franck[177].

7 1/2 de la tarde.

Transfigurada ya y ardida, entre el sol del ocaso y su largo derramamiento en el mar azul, como un ascua que se apaga roja, malva y ceniza —negra por sitios, carbón que permanece—, la «Isla —¡Adiós, adiós, adiós!— del Juicio Final»[178].

16 de junio.

CLXXVII

LOS TRES

El gallardete, blanco,
se pierde en las estrellas mismas siempre.

---

[175] Me parece que esta «última isla» viene a ser símbolo de la infancia del poeta y de las ilusiones y fantasías de su niñez. Primero es abrazada y coronada por las nubes que han cubierto y frustrado el poder del sol a lo largo de la obra. Después es transfigurada y ardida en una visión apocalíptica que presagia la destrucción del viejo mundo y el advenimiento de uno nuevo, la extinción final de la infancia y la inminencia de la llegada de la madurez.

[176] Arnold Böcklin (1827-1901), pintor suizo. Pasó gran parte de su vida en Italia. Entre sus pinturas más conocidas están la «Isla de los Muertos» y los frescos mitológicos.

[177] César-Auguste Franck (1822-1890), compositor y organista de origen belga. Algunas de sus obras más conocidas de carácter religioso son *Ruth*, *Les Beátitudes* y *Rédémption* que quizá inspiran la evocación aquí.

[178] Conviene señalar que el Apocalipsis bíblico también narra la huida de toda isla (*Ap.* 16. 20).

Sólo estamos despiertos
el cielo, el mar y yo —cada uno inmenso
como los otros dos—.

              Hablamos, lentos,
de otras cosas, serena y largamente,
toda la madrugada[179]...

   El gallardete, blanco,
sigue, agudo en el viento, en las estrellas mismas,
en las estrellas de antes, que ya faltan
algunas...

            Canta el gallo
en la proa, y despiertan todos...
Sus últimas estrellas
recoge el cielo, sus tesoros
el mar, yo mi infinito,
y nos vamos del día luminoso
y venimos al día de la vida,
cerrados y dormidos[180].

CLXXVIII

16 de junio.

Por el cielo de la Atlántida, líquido hoy —¡qué bajos!—,
mirando al segundo cielo, verde. —El fraile de las barbas
azules, en un afectado misticismo oratorio, rabo de púlpito,
las manos trenzadas sobre la boca, los ojos en lejanía tras las
gafas naranjas, dice, melifluo, a la cubana de la cocaína: ¡Po-
der de Dios! ¡Ese pico en medio del mar...!—

---

[179] La voluntad de avanzar para completar el proceso de transformación es-
piritual es detenida aquí. Hay cierto intento de comunicación entre los dife-
rentes protagonistas del universo mental, pero «los tres» evitan el problema
fundamental, el conflicto íntimo del viajero, y hablan de otras cosas.

[180] El momento de cambio radical no ha llegado aún, porque al rayar el
alba cada uno de los tres protagonistas permanece encerrado en su propio do-
minio, protegiendo cada uno sus tesoros.

CXXIX

16 de junio.

IRIS DE LA TARDE

A José M.ª López Picó[181]

Finamente, cada cima de ola, al congregar su espuma, exalta, como una plumilla de colores, un breve arco iris. El mar entero está ya lleno de arco iris, que le sueñan una música ideal a su dilatado rumor de hierro, como una junta de liras espirituales que, en levantamiento igual de aspiraciones, exaltaran en las olas aspirantes, las musas marinas. Son estas gráciles luces coloridas, lo mismo que un pensamiento de cada ola, concertados por la unanimidad de su armonía.

Algo que no es agua sale del mar con tales iris, algo que nos conduce, de rosa en pájaro, a esa estrella naciente de la tarde. Nuestros ojos quieren adivinar qué misterio es éste, que así persuade al alma, pero no lo consiguen, y se cierran una vez y otra, en un naufragio constante de belleza. Surge por vez primera en mí, y en su puesto, el mito de la sirena, como una realidad perfecta. No sabe el cuerpo qué es ello; sólo sabe que el atractivo de la ola engalanada es cosa infantil que va para mujer y que se concierta maravillosamente con la delgadez, la ternura y la finura de la hora delicada.

Por dentro, al reflejarse estos iris multiformes en el alma, triste por nada y por siempre, el corazón recoge su color como un canto perfumado; y se hace allí, en el fondo de su pasión inmensa, una imagen de lo externo, en la que la ola tiene una correspondencia entrañable, y la espuma y el iris una adoración imitativa de caricias y suspiros[182].

---

[181] José María López Picó (1886-1959), escritor español en lengua catalana. Autor de *Poemes del port*, *Epigramata*, *Vía crucis*, etc. El diario de Guerrero Ruiz registra esta observación de Juan Ramón el 28 de septiembre de 1915: «Me habla de López Picó, diciéndome que, muerto Juan Maragall, es el mejor de los poetas catalanes», pág. 41.

[182] Todas las señales y símbolos del mar aquí presagian el nacimiento inminente de Venus, nacimiento que quedó abortado en el poema 31, pero que se realizará en el 186.

CLXXX

16 de junio,
soñando en la silla larga.

Nocturno
en la tarde

Dejaste mi ideal, ya para siempre,
pequeño, pues que lo dejaste,
y amenazado de insistentes lutos,
iguales a las sombras de esas nubes
que enviudan la plata
—única y variable—
de la luna serena de esta noche
del mar[183].

¡Qué blanco, antes,
qué despejado, como un solo pétalo
que fuese, cual la luna y como el cielo,
breve e inmenso;
... porque estaba sin sombra!

CLXXXI

17 de junio.

Amanecer

Nubes de cobre grana ponen de cobre el mar azul de
hierro. Metales líquidos. De oro vivo, el oriente fulgura
irresistible, acercando con su duro límite listado de azul
Prusia el horizonte del agua. En el confuso despertar, su
derramamiento amarillo sobre el agua es como si se hubie-
ra exaltado hasta un oro máximo, hecho grito, estallido, re-
surrección el derramamiento de diamante, alas blancas y

---

[183] Las sombras de las nubes, que bloqueaban antes la luz del sol primave-
ral y el renacer del poeta, ahora cubren la mística luna, amor infinito de su
niñez. El abandono del ideal, la ruptura de lazos entre el viajero y la luna, su-
pone la muerte de un miembro de una relación amorosa y la viudez del otro.

platería que anoche, aquí mismo, esparcía la luna en el mar de acero[184].

Parece que el cielo se ha roto como un gran huevo fresco y que una yema sorprendente y nunca presumida cuelga por doquiera del inmenso cascarón; y que la brisa clara ha manado infinitamente de un pomo del tamaño del mundo como un unánime raudal de alegría y de vida, filtrándose por todo esto, que es todo, y traspasándonos a nosotros, que somos únicos, y que con este amanecer, hemos tornado, mar y cielo con el cielo y el mar, a las cosas, en un nuevo arreglo del universo[185].

CLXXXII

ORO MÍO[186]

17 de junio.

A Manuel Machado[187]

Vamos entrando en oro. Un oro puro
nos pasa, nos inunda, nos enciende,
nos eterniza.

---

[184] En este amanecer plenamente realizado por primera vez en el *Diario*, la crisis de transición de niño a adulto ha dado un paso decisivo en la transformación espiritual del poeta. El sol estalla entre las nubes de cobre de la madrugada en términos que presagian el triunfo. La plata de la luna (del niño) ha sido sustituida por el oro del sol (del adulto). Las nubes de opresión dejan paso a la resurrección del alma tan deseada (véase el poema 122).

[185] El cielo como un gran huevo cósmico se rompe e impregna al mundo resucitado con una nueva vitalidad. Este «nuevo arreglo del universo» implica una redefinición del ser, una nueva madurez, como atestiguan casi todos los poemas que siguen.

[186] Este oro es la joya secreta que el niño no quería entregar al adulto en el poema 6, «Soñando». Sus dentros de oro se han liberado, inundando el mundo con la plenitud de su ser adulto y librando al alma en el reino de la realidad.

[187] Manuel Machado (1874-1947), hermano de Antonio y figura destacada del modernismo. En su libro *El modernismo*, Juan Ramón opina así: «Manuel Machado es el poeta español que tiene más influencia de Verlaine, a quien tradujo. *Alma* está llena de combinaciones a lo Verlaine. Manuel: ligero, gracioso, fino, lo que se suele llamar Andalucía», pág. 158. La dedicatoria a Manuel Machado aquí está inspirada en su libro, *Alma*.

¡Qué contenta va el alma
porque torna a quemarse,
a hacerse esencia única,
a trasmutarse en cielo alto!

... Sobre el mar, más azul, el sol, más de oro,
nos libra el alma, nos dilata
el corazón tranquilo
hasta la plenitud de lo increado.

¡Oro, oro, oro, oro, oro,
sólo oro y todo oro, no más que oro
de música, de luz y de alegría!

¡Ay, que torno a la llama,
que soy otra vez ya la lengua viva!

CLXXXIII

17 de junio.

NOCTURNO

Por doquiera que mi alma
navega, o anda, o vuela, todo, todo
es suyo. ¡Qué tranquila
en todas partes, siempre,
ahora en la proa alta
que abre en dos platas el azul profundo,
bajando al fondo o ascendiendo al cielo!

¡Oh, qué serena el alma
cuando se ha apoderado,
como una reina solitaria y pura,
de su imperio infinito!

CLXXXIV

MEDIODÍA

A Nicolás Achúcarro[188]

Rompe la proa, en cabeceo gentil, el agua, azul, carmín, morada a un tiempo e inmensamente, y el agua se rebela contra ella, y le gruñe y le araña, engalanándola de una leonada blanca y altiva de espumas de armiño. Al caer de espaldas el agua, las espumas se tienden, verdes, floreciendo los flancos del barco con su derrota hervorosa y voluble. Vencidas, lo acarician aún un punto, despidiéndolo[189]; y se quedan, al fin, dejadas, olvidadas ya de él, jugando con ellas mismas, sin nieve ya, cual en lagos de una líquida malaquita ideal, musical más que pictórica, que Verlaine[190], Debussy[191] y Dulac[192] unidos, tal vez soñaran sin acierto; inimaginable.

---

[188] Nicolás Achúcarro (1880-1918), médico español, estudiante de Luis Simarro y colaborador de S. Ramón y Cajal. En su valioso «Recuerdo a José Ortega y Gasset», escribe Juan Ramón: «Vino Ortega a verme [...] a la casa del noble doctor Simarro [...] cuando yo vivía con él y con Nicolás Achúcarro (primer discípulo de Simarro y mi amigo constante de entonces, que luego fue tan amigo de Ortega)», *Guerra en España*, pág. 298.

[189] El paso del barco sobre el agua es concebido como una lucha amorosa entre el macho y la hembra. Así, el mar que se ofrece al barco de manera tan sugestiva en la visión onírica del poema 133, «Marina de alcoba» («la mar tiembla [...] con el afán de ser surcada», véase la nota 107) aquí parece gozar de una plena consumación sexual.

[190] Paul Verlaine (1844-1895), poeta francés, cuya poesía se caracteriza por la gran musicalidad de sus versos. Sobre la notable influencia de este poeta simbolista en la nueva poesía española de fin de siglo, ver el detallado testimonio de Juan Ramón en sus libros, *El modernismo*, *La corriente infinita* y *Política poética*.

[191] Claude Debussy (1862-1918), compositor francés. Ritmo impreciso y una orquestación expresiva, llena de matices dentro de la armonía impresionista, son las características de su música. Entre su obra destacan *Preludio a la siesta de un fauno*, *Pelléas y Mélisande* y *El mar*.

[192] Charles Marie Dulac (1865-1898), pintor francés. Fue discípulo de la academia *La Palette,* dirigida entre otros por Puvis de Chavannes. Lo más notable entre sus obras es la colección de litografías reunidas en las series tituladas: *Cantiques des Créatures* y *Suite de Paysages*.

El mar entero sube y baja, en un derroche de fuerza, de gracia y de armonía. Las olas ensayan toda su gama, en simulacro mágico. Galopan como potros, se derraman como arbustos, crecen como montañas, se dilatan como valles, y ríen y lloran, y lo dicen todo y se callan de pronto, y viven del cielo y lo matan, y se visten de brocados y tisúes y se desnudan del todo.

La sugestión del agua humanizada es evidente. De tal modo llama su oculta belleza, que con sólo decirle a nuestra alma: «Vente», se la lleva. Y el cuerpo, entonces, persuasivo, arrastra al alma mareada, con un gran esfuerzo delicadísimo, de la borda al camarote[193].

CLXXXV

18 de junio.

VIDA

Tu nombre hoy, mar, es vida.
Jamás palpitó nada así, con la riqueza sin orillas
de tu movible y lúcido brocado verdeplata,
blanca entraña y azul de la belleza eterna;
criadero sin fin de corazones
de los colores todos
y de todas las luces;
¡mar vivo, vivo, vivo, todo vivo y vivo solo,
tan solo y para siempre vivo, mar![194].

---

[193] Que el alma se siente atraída por este «agua humanizada» y por el poder seductor del cuerpo simboliza la resurrección del alma (en el «reino de la realidad») y su integración con el cuerpo.

[194] «Vida» sugiere claramente que la unión sexual del barco con el agua ha producido un proceso de fecundación. El mar, penetrado por el barco, se ve como dotado de enorme vitalidad, como criadero de corazones.

CLXXXVI

¿   ?[195]

Es verdad y mentira,
hija tan sólo del instante único,
pero es verdad.

                    La hace
una armonía de la tarde
y la ola,
y nace, entre la espuma y las estrellas,
como algo que no es, pero que quiere serlo,
o se quiere que sea,
y sonríe ante el alma fascinada.

¡Oh música desnuda, que perfumas,
blancamente, como un sabor, el cuerpo
hecho alma, cual tú, por la armonía
de la ola y la tarde!

Es verdad y mentira,
pero es verdad.

---

[195] «Enigma» (Ej. c.). En este mismo Ejemplar corregido, al pie de la página, manuscrito también, escribe Juan Ramón: «*Una serie Enigma en Verso desnudo*», lo cual indica la estrecha relación entre todos los poemas, así designados por el poeta. Como se ha señalado en estas notas, el «enigma» se refiere siempre a aspectos del dilema de la personalidad poética y a su drama de amor. Aquí se refiere al nacimiento de Venus, diosa de amor y hermosura, de la espuma del mar. Hay que comparar este poema con el 31, «Venus», donde se manifiesta que «[...] Venus murió, sin nacer, por culpa de la Trasatlántica!» Estos poemas captan simbólicamente la disposición del viajero para aceptar el nuevo amor (disposición negativa en la segunda parte, «El amor en el mar», y afirmativa hacia el final de esta cuarta parte, «Mar de retorno»). Este poema expresa cuán cerca está el viajero de la plena realización de su transformación espiritual, anunciada, en forma definitiva, cinco poemas después en el poema 191, «Todo».

CLXXXVII

18 de junio.

NOCTURNO

El barco, lento y raudo a un tiempo, vence al agua,
mas no al cielo.
Lo azul se queda atrás, abierto en plata viva,
y está otra vez delante.
Fijo, el mastil se mece y torna siempre
—como un horario en igual hora
de la esfera—
a las mismas estrellas,
hora tras hora azul y negra.
El cuerpo va, soñando,
a la tierra que es de él, de la otra tierra
que no es de él. El alma queda y sigue
siempre por su dominio eterno.

CLXXXVIII

19 de junio.

NIÑO EN EL MAR

Le sonrío, al pasar, y le sonrío,
y le sonrío inmensamente;
y su rostro que nace, fresco y oro,
me mira fijo, mas cerrado
al sonreír sereno que le doy.

Sus ojos serios y mi boca
sonreída,
se quedan solos, cuando la distancia
los borra, desprendidos, pobres,
ellos en su dureza
y ella en su ternura[196].

---

[196] Este poema representa el rechazo final de las fantasías de la infancia.
Hay que notar tanto al principio como al final que el poeta y el niño han in-

—Primaveras y ángeles, un punto,
dentro, no saben nada,
y son un cuadro de museo
esas verdades rosas
del sueño, y ya no hay músicas
tiernas, a las estrellas. Un hastío vano
abre la boca de los niños
en el cielo[197].—

        Soñando,
le sonrío hasta el fin de mi sonrisa,
y hasta el fin, mira el niño mi sonrisa,
serio[198].

CLXXXIX

19 de junio.

CIEGO[199]

De pronto, esta conciencia triste
de que el mar no nos ve; de que no era
esta correspondencia mantenida
días y noches por mi alma

---

tercambiado sus formas de expresión. Primero, era la sonrisa del niño la que
calmaba y fortalecía al poeta en su angustia (véase el poema 52, nota 18).
Ahora es el poeta quien sonríe e intenta dar seguridad al niño cuando se apar-
ta de él.

[197] Estos elementos («verdades rosas del sueño», «músicas tiernas», «es-
trellas») constituyen un perfecto resumen de los objetos de deseo de su
«corazón de niño», expresado trece poemas atrás en «Partida», y rechazado
ahora.

[198] Con este poema, la personalidad poética indica que se ha liberado
de sus antiguas obsesiones y fantasías. La prueba es que esta imagen del
niño, como desdoblamiento del viajero, no vuelve a aparecer en el resto
del *Diario*.

[199] Es notable que en esta secuencia de siete poemas, todos fechados el 19
de junio, estos dos, el 189, «Ciego», y el 190, representen el último retroceso
de duda y miedo —incertidumbre que se disipa rápidamente con el anuncio
de «Todo», poema 191.

y la que yo le daba al mar sin alma,
sino en un amor platónico.

                            ¡Sí, inmensamente
ciego!
            Aunque esta luna llena y blanca
nos alumbre, partimos las espaldas
del agua en una plenitud de oscuridades.
Y no vistos del mar,
no existimos por este mar abierto
que cerca nuestra nada de horizontes
verdes, resplandecientes e ideales.

        Este miedo, de pronto...

                        CXC

19 de junio.

            No sé si el mar es, hoy
            —adornado su azul de innumerables
            espumas—,
            mi corazón; si mi corazón, hoy
            adornada su grana de incontables
            espumas—,
            es el mar.
                        Entran, salen
            uno de otro, plenos e infinitos,
            como dos todos únicos.
            A veces, me ahoga el mar el corazón,
            hasta los cielos mismos.
            Mi corazón ahoga el mar, a veces,
            hasta los mismos cielos.

CXCI

Todo[200]

Al mar y al amor

Verdad, sí, sí; ya habéis los dos sanado
mi locura.

El mundo me ha mostrado, abierta
y blanca, con vosotros,
la palma de su mano, que escondiera
tanto, antes, a mis ojos
abiertos, ¡tan abiertos
que estaban ciegos!

¡Tú, mar y tú, amor, míos,
cual la tierra y el cielo fueron antes!
¡Todo es ya mío ¡todo! digo, nada
es ya mío, nada!

CXCII

¡Ya!

¡Oh, la tierra nos ve, nos ve, sí, sí, la tierra
nos ve!

---

[200] Este poema clave y decisivo anuncia en tono triunfante que la «locura» del protagonista ha sido curada por el mar y por el amor. La «locura» es lo que el viajero llama en el poema 38 «males infantiles», origen de su dilema de personalidad. Los «ojos/abiertos, ¡tan abiertos/que estaban ciegos» se refieren a los ojos de su «corazón de niño» en el poema 175, «Partida». La tierra y el cielo nombrados aquí son la tierra y el cielo de Moguer, el mundo de su niñez. El mar y el amor, apostrofados aquí, representan el nuevo mundo del adulto. El mundo infantil ha sido reemplazado por el mundo del adulto, lo cual implica también una radical transformación de valores. «Todo» pertenece al mundo semántico del niño, ya superado, y «nada» pertenece al mundo semántico del adulto «en un nuevo arreglo del universo», anunciado en «Amanecer», poema 181.

[201] Punto extremo suroeste de la Península Ibérica.

            Dulce y antigua
dueña de su hermosura, con los ojos
abiertos desde y hasta los humanos
corazones acostumbrados, desde siglos,
a ver, menos o más, nos ve.

                        El sol, grana, orna,
más vívido, la tierra azul, porque es mirado
también.
            ¡Oh, la tierra nos ve, nos ve... y nos piensa!
Sí. ¡Ya somos! ¡Ya soy![202].

CXCIII

19 de junio.

IBERIA

¡Iberia de oro, que entreveo ya en la bruma,
llegando, cada vez más roja
—leones hechos tierra—
frente al ocaso de donde venimos!
¡Iberia mía, coronada de cúmulos de malva y de ópalo!
¡Iberia, desde este
viento puro y sereno que nos trae!
—¡Oh, qué bueno, Dios mío,
es tener corazón!—

¡Leones hechos tierra!
¡Muros de tierra seca,
primeros, guardadores, con su capa
de arrugas, de la madre
pobre, seria y herida!
—¡Oh, qué bueno, qué bueno
es tener corazón!—

---

[202] La alegría de ver la tierra después de tantos días en el mar va acompaña-
da por un nuevo sentido de integración y totalidad, que contrasta dramática-
mente con la condición dividida del ser que hemos visto en tantos poemas a
lo largo de las tres primeras partes.

    ¡No! ¡Irás sacando, España,
como esta tarde para mi alma, enfrente
del sol que ha de salir, por ti, mañana,
toda tu alma a flor de tierra, ardiente, joven,
tierra hecha leones,
llamas en vez de muros![203].
    —¡Oh, qué alegre, qué bueno
es tener corazón![204].

CXCIV

19 de junio.

NOCHE ÚLTIMA

    Estrellas, más estrellas, más estrellas.
—Se han acercado y hablan
conmigo.— ¡Oh, qué puerta de estrellas
para entrar en España!

    El cielo se ha colgado al pecho
—al alma—
su tesoro mayor, completo y puro,
que el mar absorto mira en calma.

    Y el barco, fácilmente,
más alto —¡no pesamos nada!—,
rompe, raudo,
el agua,
que le adorna los flancos
de un raso negro, roto en rojas platas vagas,
resplandor indeciso

---

[203] Ya en la última etapa de su transformación espiritual, el peregrino vive
intensamente, aquí y en los poemas que siguen la apoteosis de su tierra —Ibe-
ria, España, patria.

[204] Con este expresión repetida tres veces, se ve que el poeta ha superado
totalmente la duda que tenía sobre la condición de su corazón en el poe-
ma 190.

de planetas
y de la vía láctea[205].

Vamos al corazón por el misterio,
trémulos, sin hablar, todos a proa,
en una inmensa ansia.

CXCV

20 de junio,
cuatro de la mañana.

¡YA!

Aún la luna, encallada ya en el día,
deslumbra
la noche de la media mar morada,
en donde, llenas por el noroeste,
moradas velas tienen
en su alegre henchimiento
el rosa del oriente...
El faro todavía, plata ya y pequeño,
grita, tres veces cada vez:
¡Tierra, tierra, tierra![206].

Tierra, otra vez. La última,
la primera, la mía,
¡la tierra![207].

---

[205] Las estrellas bajan para hablar con el protagonista y el cielo brinda sus encantos una vez más a su antiguo amante, pero la consumación del nuevo amor del poeta no se perturba. El barco continúa dominando y poseyendo el agua; la «carne gloriosa» sigue prevaleciendo en este «sueño de la verdad» (véase el poema 122).

[206] Este poema revela que la luna aquí, como las estrellas en el poema anterior, no interfiere ahora con el amanecer de un nuevo mundo de experiencia para el adulto.

[207] De acuerdo con la intensa experiencia y el tono casi religioso de estos últimos poemas, se siente una resonancia bíblica en esta experiencia de la tierra. «La primera» tierra es la tierra y el cielo de la niñez. «La última» tierra es la tierra y el cielo del nuevo mundo del adulto. Al final de este extraordinario viaje por mar, el paraíso perdido de la niñez ha sido integrado y superado por el paraíso recobrado de la madurez. Durante el curso de este profundo viaje del alma, el héroe ha recapitulado el arquetipo de la historia bíblica, desde el Génesis hasta el Apocalipsis.

CXCVI

Despedida matinal[208]

La famosa poesía de Browning[209] que yo, sin razón quizás
y recordando otra suya[210], sitúo aquí, en este punto del pla-
neta, insiste en mi cabeza y en mi corazón, como una mari-
posa que siempre vuelve, traducida ella misma, sin esfuerzo
inteligente por mi parte:

> *Vuelto el cabo, de repente surgió el mar.*
> *Por cima de la montaña, miró el sol:*
> *Y fue, al punto, una áurea ruta para él,*
> *y un fatal mundo de hombres para mí.*

---

[208] «Parting at Morning». La versión original reza así:

> Round the cape of a sudden came the sea,
> And the sun looked over the mountain's rim:
> And straight was a path of gold for him,
> And the need of a world of men for me.

[209] Robert Browning (1812-1889), poeta inglés. Por su empleo del monólo-
go dramático y sus innovaciones técnicas, ha sido una influencia fundamen-
tal en escritores modernos. Juan Ramón le considera una importante in-
fluencia, junto con Poe, en el simbolismo francés. Véase *El modernismo*,
págs. 68 y 103.

[210] Sánchez-Barbudo opina que la «otra» poesía de Browning es posible-
mente la titulada «Home-Thoughts, from the Sea» («Pensamientos del hogar,
desde el mar») en la que se mencionan el Cabo de San Vicente, la bahía de
Cádiz y Trafalgar. Ver su edición del *Diario*, pág. 229. Me parece también po-
sible que Juan Ramón esté recordando aquí el poema, «Meeting at Night»
(«Encuentro de noche»). Estos dos poemas de Browning, «Meeting at Night»
and «Parting at Morning», aparecieron originalmente bajo un solo título,
«Night and Morning» («Noche y mañana»). La voz poética en los dos casos
es la de un hombre. La primera parte de esta secuencia, «Meeting at Night»,
narra poéticamente el encuentro y unión de dos amantes de noche. La segun-
da parte, «Parting at Morning», expresa la necesidad de reincorporarse a un
mundo de hombres la mañana después —temas que concuerdan perfecta-
mente con el drama de amor del viajero en este *Diario*.

CXCVII

Agua de España,
20 de junio.

Dentro

¡Patria y alma!
Y el alma también es como la patria,
perdidas, dentro, sus orillas dobles
en el oro infinito de lo eterno.

Una abriga a la otra
como dos madres únicas
que fueran hijas de ellas mismas,
en turno de alegrías y tristezas.

Todo y sólo está en ellas;
a ellas tan sólo hay que entregarlo todo,
de ellas tan sólo hay que esperarlo todo,
de la cuna a la muerte.

... Ahora que el cuerpo entró en su patria,
el alma se le entra.
¡Así, bien lleno! ¡Así, todo completo!
¡Con mi alma, en mi patria![211].

---

[211] Con esta integración de cuerpo y alma en la patria, el poeta completa y consolida el proceso de transformación espiritual dentro de «un nuevo arreglo del universo».

V. España

CXCVIII

CÁDIZ

De un cielo bajo y malva, que limitan,
sobre el cielo más alto, verde y puro,
vagos cúmulos de ópalo
con un vago pedazo de arco iris,
Cádiz —igual que un largo brazo fino y blanco,
que España, desvelada en nuestra espera,
sacara, en sueños, de su rendimiento
del alba,
todo desnudo sobre el mar morado—
surge, divina.

—Con las bombas que tiran
los fanfarrones,
se hacen las gaditanas
tirabuzones[213].*—*

Los besos matutinos, nuevos
y frescos, se adelantan
en la brisa total, a esa blancura.

---

[212] Zenobia registra en su diario el 19 de junio: «Vista mágica de Cádiz, de la bahía, Rota, Chipiona», pág. 81. Hay una discrepancia aquí con la fecha de arribada a Cádiz, el 20 de junio, anotada por Juan Ramón.

[213] Una copla popular de Cádiz que se remonta a la época de la ocupación napoleónica y a los orígenes del liberalismo en España. Como se sabe, Cádiz nunca fue conquistada por las tropas francesas y, en esta copla, los gaditanos expresan su desprecio hacia «los fanfarrones», que son los franceses.

¡Hoy sí que amanece!
¡Hoy sí que vas saliendo
sol violeta, que sales
con rueda de albos radios infinitos,
sobre el mar detenido por España!

¡Hoy sí que te ve el alma amanecer, sol sobre el alma![214]

CXCIX

Cádiz,
21 de junio.

FRESQUITOS MATINALES

¡Verano andaluz! ¡Cómo olvida el cuerpo lo que deja, o lo que le deja! ¡El recuerdo del cuerpo; mujer!

Este fresquito de Cádiz es el fresquito más alegre, más abierto, más alto que ha sentido mi carne nunca en el verano. Se diría que el airecillo surte del mar, como de su centro, que él mismo es otro mar de aire que sube y anega y sepulta este montón de limpieza, de colores claros —este blanco con verde chillón, únicos—, de finura; que estamos en un aireario ideal, dentro del aire, que fuera como el alma del aire, cuya vestidura, desnuda ella, se le hubiera caído al suelo.

... Y digo alto, abriendo inmensamente el pecho al aire, por la calle estrecha —sucesión de claridades, encaje de matices suaves—: ¡Qué fresco tan rico! ¡Qué fresco tan rico!

Y un loro grita en un balcón: «¡Qué fresco tan rico!» «¡Qué fresco tan rico!»

---

[214] Este jubiloso saludo del alma al amanecer ofrece más confirmación de su nueva condición liberada.

CC

CÁDIZ

A F. R. Sandoval[215]

En el botón de oro de mi puño, Cádiz, un poquito más pequeña que es, se refleja toda, tacita de oro, ahora. Está, en mi orito redondo, como en su mundo, con su torre de Tavira, con su mar y su cielo completos por el círculo. Todos sus colorines, esos verdes de sulfato de cobre con cal, esos rosas de geranio, esos azules marinos, esos blancos traslúcidos, al recogerse en lo diminuto, parecen facetillas de una breve ciudad de diamante enquistada por mano fililí en mi botón, que el oro del metal magnifica como en una caída de tarde espiritual, nítida y gloriosa.

—Ahora yo hago la noche con mi manga. Cádiz no existe.—

CCI

PLAZA NOCTURNA

Silencio ya. Únicamente grita —en silencio y en el recuerdo de ahora mismo— el colorín de los cafés de cristales del muelle, vacíos ya del todo, cuya policromía rodea de nostalgia mi alma, digo, la plaza esta, frondosa, esmeralda fresca, bien oliente, trasparente y vacía. Intermitentemente, un cielo sin azul, estrellas todo, de estos cielos tesoros de aquí, y

---

[215] Francisco R. Sandoval, uno de los médicos del poeta en Madrid del entorno del doctor Simarro y Nicolás Achúcarro, con quienes Juan Ramón tuvo mucha amistad. Véase las cartas, en que se menciona al doctor Sandoval en *Cartas* (1962). El poeta pasaba temporadas con el doctor Sandoval en la Sierra de Guadarrama. Al doctor le gustaban las cosas pequeñas, incluyendo los diminutivos, lo que quizá inspira la dedicatoria aquí. Véase la muy interesante información sobre los médicos amigos de Juan Ramón en *Vida y obra*, I, de Palau de Nemes, págs. 212-213.

dos cielos verdiblancos, como encalados, espectrales, de pesadilla, que crea el faro sobre una ciudad de torres blancas, coronación de la Cádiz dormida, y no dan tiempo casi a ser cielo de los ojos. Y los ojos se empeñan en cazarlos, vez tras vez, en obstinado deseo...

La brisa anda por las magnolias, que se están bañando, desnudas, en la sombra... Entre el verdor espeso y lustroso, dos gatos negros se escurren, clavándose sus ojos rayos verdes. Silencio, más silencio cada hora, como más sombra...

CCII

22 de junio[216].

DE CÁDIZ A SEVILLA

A J. Moreno Villa[217]

Entre los candeleros verdes de la pita, el sol poniente colma de dorados carmines los cuadros de las salinas blanquiazules. Alguna vaca negra pace, solitaria, en la quietud del anochecer de las marismas, de islote en islote de camarinas. Un viento amplio, que infla el poniente como una gran vela y se lleva la tarde como un barco, entra hasta el alma misma un agudo olor de sal y pino.

(En Cádiz, que va dando la vuelta, el faro, sobre el amarillo de miel del poniente, comienza su vela, con una luz verde y violeta, que es aún como una joya cerrada, sin un solo resplandor hacia fuera.)

Es cual una naturaleza enmendada por un pintor que le hubiese enseñado su hermosura y la pintara de nuevo con más jugo y más brío; como la verdadera entraña de la tierra, salida de lo más hondo a lo más claro; profusión de bienes-

---

[216] Otra vez vuelven a coincidir los diarios de Juan Ramón y Zenobia. Ella anota también su viaje a Sevilla en tren el 22 de junio.

[217] José Moreno Villa (1887-1955), poeta y pintor español, de Málaga, muy respetado por Juan Ramón como se ve en su artículo, «Crisis del espíritu en la poesía española contemporánea (1899-1936)», *Política poética*, págs. 42 y 47, y en sus dos retratos, incluidos en *Españoles de tres mundos*.

tares que dan a cada sentido su más aguda sensación, la cual, analizada, no se sabe de dónde viene hoy más que otro día, y que es poco suponer que mana del fondo sólo de la naturaleza.

CCIII

Sevilla,
23 de junio.

CLAVELES

A José María Izquierdo[218]

Este clavel, esta fuente grana de esencia, colma de su viva frescura sensual todo el color azul y oro de la tarde que, siendo azul y oro, es roja por dentro, como si tuviera alma de sangre y la trasparentara el sol poniente.

Es cual si yo tuviera en mi mano, dentro del cuerpo de Sevilla, cogido su corazón. Es como si todos los corazones de sus mujeres se hubieran hecho un solo clavel, este clavel que yo tengo en mi mano, del puesto verde de la calle de las Sierpes[219].

Este clavel es el mundo, que se ha hecho del tamaño de un clavel, digo, de Sevilla, que está prendida, clavel único, madre de claveles, sobre el pecho izquierdo de la naturaleza.

... La tarde va cayendo, y como una mantilla negra, el anochecer viene sobre Sevilla; y la luna, roja igual que un clavel, asoma entre su nuca, fresca con el río, y el cielo hondo de su pelo.

---

[218] José María Izquierdo (1886-1922), literato español de Sevilla. Aunque murió prematuramente en plena juventud, se le recuerda especialmente por su libro, *Divagando por la ciudad de las gracias* (Sevilla, 1914). Véase el hermoso y sensitivo retrato de él por Juan Ramón en *Españoles de tres mundos*, que ayuda a explicar la dedicatoria aquí.

[219] Calle típica de Sevilla, que serpea con forma irregular entre la Campana y la plaza de San Francisco, no muy lejos del Ayuntamiento. Es como un patio estrecho y largo, y allí en plena vía pública e íntima, se concentran la sociabilidad, el comercio y las procesiones.

CCIV

Sevilla,
23 de junio.

Orillas nocturnas

Un campo muy bajo, casi sin campo, terroso, gris, seco.
Un cielo muy alto, cielo sólo, blanco. Un gran olor a heno,
áspero abajo, purísimo arriba. ¿Se van a separar la tierra y el
cielo?... Grillos y estrellas, enredados, atan el paisaje.

CCV

De Sevilla a Moguer[220],
24 de junio.

«Semper»[221]

A mi hermano[222]

Vuelvo una vez y otra del mundo,
mi pensamiento cada vez más rico
de almas de años muertos,
de renovado espíritu.

¡Qué lejos, desde lejos —y qué otro—,
de todo esto, siempre igual y desvalido!
¡Qué cerca
de todo esto, qué lo mismo
siempre,
qué igual, qué igual a ello,
al llegar, frente a frente,
del eterno cariño!

---

[220] El diario de Zenobia también registra la salida de Sevilla para Moguer
el 24 de junio. Su diario anota con detalle durante estos días el calor y el ca-
riño con que la recibe toda la familia de Juan Ramón.

[221] Siempre.

[222] Su hermano Eustaquio, a quien quería muchísimo. Ver las «Cartas fa-
miliares» (1913-1945) a su madre y a su hermano Eustaquio en *Cartas* (1962).

De Sevilla a Moguer,
21 de junio.

TRIGO Y JARAMAGO

A Javier de Winthuysen[223]

Albino todo y amarillo, valle y colina, como dos cabecitas
de niña y de niño que durmieran todavía, una contra otra,
entre las blancas cortinas rosadas de la mañana. A ras de flor,
cual un ensueño, la brisa. Y como oídos en el sueño de los
niños, pájaros, en un venir melodioso al despertar de calor y
de alegría.

CCVII

Moguer,
24 de junio.

MADRE[224]

Te digo al llegar, madre,
que tú eres como el mar; que aunque las olas
de tus años se cambien y te muden,
siempre es igual tu sitio
al paso de mi alma.

No es preciso medida
ni cálculo para el conocimiento
de ese cielo de tu alma;
el color, hora eterna,

---

[223] Javier de Winthuysen (1874-1956), pintor español y maestro de jardi-
nería artística, nacido en Sevilla. En 1916 expuso en la *Casa Vilches* de Ma-
drid 22 paisajes andaluces, muchos de ellos jardines sevillanos. Algunos de
sus principales óleos son *Guadaira, Molinos de Guadaira, Autorretrato* y *Elviri-
ta.* Véase su retrato en *Españoles de tres mundos.*

[224] Es importante notar que esta visita final a Moguer y a su madre no re-
sucita las obsesiones infantiles que tanta angustia causaron al poeta al princi-
pio de su viaje. En este hermoso poema dedicado por el autor a su madre, se
refleja una nueva madurez, integrando el sentimiento y cariño por su madre
con la nueva experiencia de mar y amor.

la luz de tu poniente,
te señalan ¡oh madre! entre las olas,
conocida y eterna en su mudanza.

CCVIII

Niebla[225],
30 de junio.

¡Niebla, roja en el verde aun oscuro
de la mañana;
roja ruina, al primer sol, pedazo último
de mi corazón roto —que con su ala
última, alón sin pluma, me ha seguido
hasta ti, Niebla ya lejana—,
con su roto pedazo —silba el tren—
último de mi alma!

CCIX

De Moguer a Madrid[226],
30 de junio.

A mi madre

¡Qué bien le viene al corazón
su primer nido!
¡Con qué alegre ilusión
torna siempre volando a él; con qué descuido
se echa en su fresca ramazón,
rodeado de fe, de paz, de olvido!

---

[225] Niebla, pueblo entre Moguer y La Palma del Condado, en la provincia de Huelva, camino de Sevilla. De acuerdo con el simbolismo de «niebla» y «nube» desarrollado a lo largo de la obra, «Niebla» representa aquí la última bruma de ansiedad, la última presión amenazadora del mundo de la niñez, que se disipa rápidamente el mismo día en el poema 211, «¡Adiós!».

[226] Zenobia también anota el 30 de junio la salida de Moguer para Sevilla, camino de Madrid.

... ¡Y con qué desazón
vuelve a dejarlo, pobre y desvalido!
¡Parece que, en un trueque de pasión,
el corazón se trae, roto el nido,
que se queda en el nido, roto el corazón!

CCX

Sevilla,
30 de junio.

CORO DE CANÓNIGOS

A Ricardo de Orueta[227]

En un bajo de sombras, carmines súbitos y trémulas luces, incoloras con el día de las vidrieras, ondula, como un mar sólido, la presurosa y alborotada desentonación de incomprensibles latines, tocados de vino y de carne por un brío basto y senil. El coro está abierto al cielo de la cúpula, que un violeta indecible, fundiendo la piedra gris, hace falsamente verdadero; pero la bullanga, que, cortando la hora, se coge con los comienzos los finales, no sube más alto de lo que es techo ilusorio que ella misma pone, con su mayor densidad, en el plano bajo a donde llega, y allí se queda, en aquella cámara grosera, arrollada y tropezando, como en el propio infierno correspondiente a su teatral representación del cielo.

—La tarde empieza a ser, en las cosas, divina. Los colores se enlazan, en trama delicada y encendida, por las altas soledades, en donde sus almas libertadas por las heridas de la luz, se subliman. Paz. Palmas. Gloria...—

Y el órgano, de pronto, que la mano dura de un ojo que no ve acaricia, le pone al bodegón un nublado de impetuosa música ascendente, y revuelve y borra su orgía con una atronadora revolución celeste, que lo deja preso en el sótano correspondiente a su coceo, a su rumia y a su rebuzno subhumanos.

---

[227] Ricardo de Orueta (1868-1939), crítico de arte español, nacido en Málaga. En 1931 fue nombrado director de la Academia de Bellas Artes de Madrid. Poco después de llegar a Madrid, el diario de Zenobia registra su compañía en un almuerzo el 3 de julio y en una cena el 10 de julio, págs. 90 y 91.

CCXI

De Sevilla a Madrid[228],
30 de junio.

¡ADIÓS!
SOÑANDO, EN EL TREN[229]

¡Oh, qué verde te quedas
atrás, Andalucía,
qué blanca entre tus agrias
viñas!

    Los altos miradores,
en donde el sol complica
colores de cristales
—malva, rosada su cal nueva—,
te miran tu alegría.
—En todos está mi alma
con la veleta, arriba,
arriba.

        ... Aquí y allá, el mar, lejos,
en encendidas cintas—.

CCXII

La Mancha,
1 de julio.

AMANECER

El sol dora de miel
el campo malva y verde
—roca y viña, loma y llano—.

---

[228] El diario de Zenobia coincide con esta fecha de partida para Madrid.

[229] Es muy significativo el contraste de esta despedida con la correspondiente al comienzo del viaje. En la primera parte, el adiós a Andalucía es lento, penoso y aterrador. El «Amanecer» (poema 16) del alma es abortivo, cargado de ansiedad y angustia. En ésta, la quinta parte, la despedida de Andalucía es alegre y el «Amanecer» siguiente, poema 212, establece un sentido de bienestar característico de casi todos los poemas de esta sección.

La brisa rinde, fresca y blanda,
la flor azul de los vallados cárdenos.
Nadie ya, o todavía,
en el inmenso campo preparado,
que con cristal y alas
la alondra adorna.

        Aquí y allá, abiertos y sin nadie,
los rojos pueblos deslumbrados.

CCXIII

1 de julio[230].

MAÑANA

A D. Vázquez Díaz[231]

Polvo inmenso. Por sus ojos morroñosos, piedra y cielo.

A la sombra miserable y de andrajo de un solo verde enfadado, dormido y sucio, unos borregos negros y grises marcados de almagra, se aprietan cabizbajos —sin cabeza— bajo el inmenso y único sol.

Se siente que el tren traza una negra línea larga. Punto rechinante y hueco: ¡Castilleejo!

---

[230] El diario de Zenobia anota la llegada a Madrid el 1 de julio.

[231] Daniel Vázquez Díaz (1882-1969), pintor español, nacido en Nerva, Huelva, influido por el cubismo de Picasso y Braque. Gran retratista que hizo un dibujo de la cabeza de Juan Ramón muy del agrado del poeta, como se comprueba en el diario de Guerrero Ruiz, fechado el 15 de septiembre de 1915, pág. 39. Véanse las cartas de Juan Ramón en que manifiesta su respeto y simpatía por su amigo con motivo de un proyecto de homenaje en honor de este destacado pintor, en *Cartas: Antología*, páginas 51-52.

Madrid.

¿El mar este, cerrado
y solo, que el relámpago de acero,
como una espada súbita,
trae, en la visión medrosa
de la tarde de espanto y de tormenta;
es el mar en que estuve
yo, riente, entre niños;
el mar que fue mi casa,
mi día y mi sustento; el mar rosa y vencido,
que me llevó al amor?

CCXV

Madrid.

SOÑANDO
(AURORA EN EL MAR)[233]

El gallo canta, sin respuesta,
en la proa, que rompe,
firme, la madrugada grana, gris y fría;

---

[232] El poeta interroga aquí a una visión del mar, visto al fulgor del relámpago en una tormenta de un atardecer temible de su vida. Madrid, como un mar, cercado por la tierra, es recordado antes del viaje como la escena de una niñez inocente y libre de recelo. El tranquilo mar del «corazón de niño» ha sido violentamente desordenado, pero dominado al fin, y ha llevado al viajero desde el mundo de su pasado («yo, riente entre niños») a un nuevo mundo de amor y experiencia.

[233] Como para contestar a la pregunta anterior, el poeta emplea de nuevo la técnica del sueño para indicar el origen de su transformación espiritual, su renacer a bordo del barco sobre el mar —un renacer que se señala por el canto del gallo y por el triunfo del sol sobre las nubes, relegadas ahora (en su significado simbólico) al reino de lo irreal. En la segunda estrofa, las consecuencias del triunfo —la purificación y el enriquecimiento permanentes del alma— son expresadas por medio de los nuevos valores simbólicos del mar y del cielo, establecidos al final de la cuarta parte. El hierro del mar y la blancura y plata del cielo (valores del mar y del cielo para el «corazón de niño») se han convertido en la sangre del mar y el oro del cielo —la sangre de la nueva vida y el oro del nuevo día que señalan el logro de la tan esperada «primavera».

y su grito se pierde, solo,
por el mar, contra el sol que se levanta
por un hueco fantástico de nubes.

Agua y cielo son, juntos con su grito,
de sangre y oro,
de sangre que no mancha, sino que purifica,
de oro que enriquece sólo el alma.

CCXVI

Madrid,
3 de octubre.

ELEGÍA

Ahora parecerás ¡oh mar lejano!
a los que por ti vayan,
viendo tus encendidas hojas secas,
al norte, al sur, al este o al oeste;
ahora parecerás ¡oh mar distante!
mar; ahora que yo te estoy creando
con mi recuerdo vasto y vehemente.

CCXVII

Madrid,
domingo.

SENCILLEZ[234]

¡Sencillez, hija fácil
de la felicidad!
            Sales, lo mismo,

---

[234] La sencillez señala el advenimiento de una nueva vida de felicidad y una nueva estética, basada en el verso desnudo forjado en este profundo viaje por tierra, mar y cielo. La confusa y penosa búsqueda de la identidad («la pugna entre el cielo, el amor y el mar») a través de las cambiantes perspectivas de sueño y realidad, verdad e ilusión, ha resultado en la pacificación de las fuerzas rebeldes de la niñez. La confrontación con un mar turbulento y amenazante ha terminado en un descubrimiento y en una conquista —la posesión e integración de un nuevo mundo de experiencia para la alegría y el enriquecimiento del alma.

por las vidas, que el sol de un día más,
por el oriente. Todo
lo encuentras bueno, bello y útil
como tú, como el sol.
                    ¡Sencillez pura,
fuente del prado tierno de mi alma,
olor del jardín grato de mi alma,
canción del mar tranquilo de mi alma,
luz del día sereno de mi alma!

VI. Recuerdos de América del Este escritos en España

CCXVIII

DE EMILY DICKINSON[235]
(Amherst, Mass., 1830-1886)

«El mastín solo»[236]

II

El Alma que tiene Huésped
rara vez sale de Sí.
Más Divina Compañía

---

[235] Véase la nota 37. Sobre su valor para las letras norteamericanas, véase el importante artículo de Juan Ramón, «Precedentes de la poesía moderna en los Estados Unidos», *Política poética*, y sus anotaciones en *El modernismo*, págs. 112 y 140.

[236] *The Single Hound.* Damos a continuación el texto original en inglés de estas traducciones. En la edición definitiva de Thomas H. Johnson (ed.), *The Poems of Emily Dickinson*, 3 vols. (Boston, 1955), donde aparecen todos los poemas en orden cronológico, los traducidos por Juan Ramón corresponden a los números 674, 1687 y 308:

> The Soul that has a Guest,
> Doth seldom go abroad,
> Diviner Crowd at home
> Obliterate the need,
> And courtesy forbid
> A Host's departure, when
> Upon Himself be visiting
> The Emperor of Men!
>
> The gleam of an heroic act,
> Such strange illumination—
> The Possible's slow fuse is lit
> By the Imagination!

quita la necesidad;
y cortesía prohíbe
que salga de Él el Señor,
mientras el Rey de los Hombres
está de visita en Él.

XXVII

¡Resplandor de un acto heroico!
¡Qué extraña iluminación!
—La mecha lenta del Puede
prende en la Imaginación.—

LV

Dos Puestas de sol te mando.
—El Día y Yo competíamos;
hice dos y unas estrellas,
mientras Él hacía una.—

La Suya es más grande. —Pero
como Yo le dije a alguien,
las Mías están mejor
para llevarlas a mano.—

(Con unas vistosas flores.)

I send two Sunsets—
Day and I in competition ran,
I finished two, and several stars,
While He was making one.
His own is ampler—
But, as I was saying to a friend,
Mine is the more convenient
To carry in the hand.

(Sent with brilliant flowers.)

CCXIX

«NATIONAL ARTS CLUB»[237]

New York

Exposición permanente de huéspedes. Restaurant de retratos. ¿Se come? En la sala de acuarelas, digo, en el comedor, toilettes extravagantes, poses inaguantables. Se habla sin color y están torcidas las palabras.

Los cuadros que comen, servidos por estas jóvenes hosteleras de blanco sucio y celeste terreno, con pelo equivocado y verde Veronés[238] en las uñas, parecen, a la luz cuya escasez velan tulipanes de papel de seda rojo y amarillo —¡Su bandera! me dice Nerón, mirándome en los ojos con el monóculo— entre guirnaldas de viejo honor empolvado; parecen, a veces, personas ¿qué hemos visto? —¿dónde? ¡no en la calle!—.

¿Queso? No, no se come; se hace como que se come. Y no es que no haya comida, más o menos cierta, comida que ha servido de modelo para muchas naturalezas muertas; es que —¡ya! ¿cómo no lo había pensado antes?— se representa una comida en simpatía de Ratan Devi[239]. Sí; estoy seguro

---

[237] Uno de los clubs culturales y sociales de Nueva York, frecuentado por Juan Ramón y Zenobia, y mencionado por ésta varias veces en su diario, págs. 32, 33 y 71. Graciela Palau de Nemes nos proporciona esta interesante información: «El club se fundó en 1902 para promover el contacto entre los artistas, patronos y amantes de las artes, proveyendo un lugar de reunión para ellos [...] Generalmente había exhibiciones de artesanía del país y de otras culturas, y se mantenía una biblioteca, comedores privados, salones para festejos y un número de habitaciones para dormir», *Inicios de Zenobia y Juan Ramón*, págs. 143-144.

[238] Paolo Caliari Veronés (1522-1588). Pintor italiano de Verona. Gran colorista, sobresale también por su destreza para reflejar el movimiento de las figuras.

[239] Sobre Ratan Devi y su marido, el Dr. Coomaraswamy, H. T. Young nos informa: «El orientalismo de Juan Ramón y su interés en Tagore les llevaron a asistir a un concierto dado por la cantante india Ratán Deví el 13 de abril en el Princess Theater. La mujer, según reza el *New York Times* (14 de abril, 1916:7), se sentaba en el suelo entre flores de la Pascua y cantaba canciones de su pueblo que su marido, el Dr. Coomaraswamy, explicaba al público. Los Jiménez asistieron a un banquete en honor de la pareja india en

279

de que, habiendo comido y bien, este museo malo piensa en ir a comer a otra parte. Ensayo general de comida al carbón, con algún toque de color. ¡Y son manjares de verdad!

Ya se levanta Cleopatra y se pone en su doscientos años de carne rubia una dalmática india... ¡Y se arrodilla ante el Dr. Coomaraswamy![240].

CCXX

BOSTON EN DOMINGO

Las flores ordenadas —tulipanes, junquillos, azaleas— miran —como en altares hacia afuera— por los cristales morados, para ver a las estatuas —¡horror!— a las ardillas, a los gorriones, a las palomas y a nosotros dos.

CCXXI

BANQUETE

Boston

de pastores unitarios —y pastoras— en el Hotel Somerset. Salida: larga fila recta, en un anuncio malo de ropa hecha. Al final, la mujer del último furgón, digo, pastor, deja, tras su modesta sensualidad, la estela chillona de una gran alcachofa roja de trapo que lleva sobre el tope del traje negro, como la luz de cola de un tren.

---

el National Arts Club[...]», en «Dimensiones historicistas del *Diario* de Juan Ramón Jiménez», *Encuentros y Desencuentros*, pág. 120. Zenobia también menciona este concierto en su diario el 12 de abril: «[...] y luego nos vamos a oír a Coomaraswamy y a Ratan Devi [...] Coomaraswamy nos enseñó la tambora. Estamos contentos», pág. 54. También se puede consultar la edición de Sánchez-Barbudo, págs. 253-254, nota 2.

[240] El doctor Ananda Kentish Coomaraswamy, «autoridad y protector de las artes orientales, recién llegado a la América sajona», Palau de Nemes, *Vida y obra*, II, pág. 611.

CCXXII

El mejor Boston

Calles *Marlborough, Commonwealth* y *Newberry*[241]: tres tijeras paralelas de casas de chocolate, que el día alarga y encoje la noche.

CCXXIII

¿El cielo?

New York

Para ser de imitación, no está mal. Un poco yerto, desvaído y duro. —Estos pintores de anuncios son bastante buenos, ¡caramba! ¡Más arriba! ¡Más arriba! ¡No se caen ustedes, hombres! ¡Más arriba, que todavía se huele la pintura y no se huelen todavía las primeras rosas eternas!

CCXXIV

Andan por New York —mala amiga ¿por qué? de Boston, la culta, la Ciudad-Eje[242],— unos versillos que dicen así:

> *Here is to good old Boston*
> *The town of the beacon and the cod,*
> *Where the Cabot's only speak to the Lowell's*
> *And the Lowell's only speak to God* [243].

---

[241] Tres calles principales, largas y estrechas, bordeadas de viejas y pintorescas casas de ladrillo, en el elegante barrio, Back Bay. Son calles paralelas al Charles River (que separa Boston de Cambridge), muy cerca del centro de Boston.

[242] «Hub of the Universe», uno de los apodos de Boston.

[243] Los Cabot y los Lowell son viejas y distinguidas familias de Nueva Inglaterra. Los versillos aquí, todavía conocidos en el noreste de los Estados

He conocido bien a una Cabot. ¡Cómo deben aburrirse los Lowell's! He leído «La fuente» de Lowell[244]. ¡Cómo debe estarse aburriendo Dios!

CCXXV

DUERMEVELA

New York

... ¡Otra vez las estrellas! No acaban de convencerme. Empiezo el aria y, a la mitad, se me caen, como notas falsas, las notas... Sí, estas estrellas parecen las estrellas de la bandera solamente.

Unidos, son una burla jocosa del esnobismo de la elite de Boston, y se traducen así:

> Brindo por mi viejo y querido Boston
> La ciudad del faro y el bacalao,
> Donde los Cabot sólo hablan con los Lowell
> Y los Lowell sólo hablan con Dios.

[244] James Russell Lowell (1819-1891), poeta, crítico y diplomático, muy influyente en la revitalización de la vida intelectual de Nueva Inglaterra a mediados del siglo XIX. En su carrera multifacética hay que destacar que fue profesor de lenguas modernas en la Universidad de Harvard durante más de veinte años (1855-1876) y fue nombrado ministro en España durante tres años (1877-1880). Su poema, «La fuente», no era evidentemente del agrado de Juan Ramón por su tema tan explícito y su fácil musicalidad, como bien observa H. T. Young en «North American Poetry in the *Diario*», *Estudios*, pág. 176.

CCXXVI

«COLONY CLUB»[245]

New York

A Miguel Gayarre[246]

Se encoje uno sin querer, entrando. Pero... ¿aquí vamos a tomar el café, con tantos loros? ¡Que se viene el techo abajo, por Dios!...

Una lorería de todos los colores posibles e imposibles, pesadilla de una señora nostálgica de un trópico malo, vuela por el falso verde de metal de un jardín, que queriendo ser aéreo, se enreda, como plomo, por la inteligencia. Equivalencia en dólares: 1.000.000. ¡Ah... entonces!... Entonces el corazón se achica pensando en los otros techos que la artista pintará con ese millón que le ha robado al sueño. ¡Lo que soñará ¡Dios santo! a costa del Trópico, del Polo y del Ecuador!

Como el millón suena en el techo, la gente mira al millón de loros, ellas —¿de qué carnaval de cementerio?— con muy poca mortaja, única inteligencia, ellos con el monóculo, ojo único. Mr. B—n, crítico de artes, autor de un catálogo, un loro más, que, desgraciadamente, es más verdad que los del techo, y vuela, ¡viene hacia mí! Mientras me habla, ceremonioso, con el rabillo del ojo veo bajar y subir loros de la chimenea al techo. ¡Como hablan, fumando!...

---

[245] «Una sociedad de las mujeres de la aristocracia, en un edificio de la famosa "Park Avenue". Acababan de decorar el local con motivos del trópico que Juan Ramón hallaba insoportables», Palau de Nemes, *Inicios de Zenobia y Juan Ramón*, pág. 145. La primera mención del Colony Club en el diario de Zenobia es el 27 de febrero, pág. 32.

[246] Miguel Gayarre, otro de los médicos amigos del poeta en Madrid del entorno del doctor Simarro y F. R. Sandoval. Véase la carta de Juan Ramón dirigida al doctor Sandoval en que menciona a Gayarre con mucho afecto y en que dice: «Diga a Gayarre y Achúcarro que sus nombres, con el de usted, los tengo puestos al frente de las tres partes de mi libro inédito *Poemas agrestes* en memoria de los felicísimos instantes de campo y amistad», *Cartas* (1962), pág. 89.

Luego, la noche toda quitándome, como telarañas, loros y enredaderas de la cabeza. ¡Qué fiebre verde y roja, verde y azul, verde y amarilla, verde!... Y amanezco envenenado.

CCXXVII

Sección

De Garden City[247], a New York,
en tren.

... Hombres cansados, que sueñan en que van mascando goma. Señoras extraordinarias del vivero del Hotel Martha Washington[248], que piden al negro una mesita para hacer solitarios... Humo áspero. Sonrisas sin razón ni respuesta. Soñolencia.

De pronto, el tren empieza a seccionar casas. Sí, no es una calle, es que el tren corta una manzana... A derecha e izquierda, en las viviendas sin fachada —como en aquellas secciones de un barco o una fábrica que tanto me intrigaban de niño—, el peluquero, la modista, el florista, el impresor, el sombrerero, el sastre, el carpintero, trabajan, cada uno en su piso, tras su cristal sin puerta, bajo sus lucecitas de colores.

---

[247] Una ciudad en la parte oeste de Long Island. Véase la nota 23.
[248] El hotel donde se hospedó en Nueva York la madre de Zenobia, doña Isabel Aymar de Camprubí. La profesora Palau de Nemes nos informa que el Hotel Martha Washington fue «el primer hotel para mujeres solamente en los Estados Unidos, muy bien situado, cerca de las grandes tiendas de la Quinta Avenida y la calle 34», *Inicios de Zenobia y Juan Ramón,* pág. 141.

CCXXVIII

EX MRS. WATTS[249]

La he visto en el Cosmopolitan[250] y me ha llenado de compasión, de alegría y de tristeza, todo junto. Apenas puede tenerse en pie y anda, con su bastoncito, como con ruedas. Watts es ya rosas, bajo la tierra. Ella, sobre la tierra, es aún gusano.

Es sabido que, muy joven, esta mujer se casó con Watts, quien pintó, sin duda, con ella, la «Eva tentada» y, pensando en ella, ese trágico «Minotauro» que, sin poder escapar de su torre, olfatea el horizonte y le brama al poniente. Para que la primavera duerma con el invierno se necesita una hora de doble hermosura extraordinaria, pocas veces mezclada en la naturaleza. Acordáos de Dante, de Ruskin, de Víctor Hugo...

Un día, Eva se presentó a Watts, que pintaba tal vez «El amor y la muerte», vestida de egipcia; le cantó y le bailó unas monaditas, y, como si se fuera de un espectador por el foro de un teatro, se fue de él y de su casa para siempre. Y Watts se quedó solo con su «Amor sobre el mundo», que parece su epigrama doliente.

ENVÍO

... El *siempre* de más allá del ocaso, era éste: New York astroso y frío, la vejez débil y presa, y yo para decírtelo, Watts triste.

---

[249] La ex Mrs. Watts aquí parece ser la primera esposa, Dame Ellen Alicia Terry (1848-1928), de George F. Watts (1817-1904), pintor y escultor inglés, notable por sus temas alegóricos. La dama Ellen Terry fue una eminente actriz inglesa, admirada por su encanto y belleza, y celebrada tanto por su actuación en obras de Shakespeare como por sus conferencias sobre Shakespeare en Inglaterra y los Estados Unidos. Ella se casó con Watts cuando tenía dieciséis años. El matrimonio fue un desastre y duró poco. Quizá, por eso, Juan Ramón emplea aquí la figura alegórica de Eva, evoca el foro de un teatro, el tema del abandono y la nota de tristeza.

[250] Véase el poema 234, «Cosmopolitan Club», nota 257.

CCXXIX

TRANVÍA

New York

Gafas. Pantorrillas de fieltro alto, arrugado y fangoso. (Van al baile y son ellas solas la pareja.) Gafas. Ningún ojo claro. Mandíbulas incansables —¡qué cansancio!— que mascan goma, sin fin. Gafas. Borrachos sin gracia, que hacen reír risas de mueca a todo un mundo de dientes de oro, plata y platino. Gafas. Amarillos, cobrizos y negros con saqué blanco, es decir, negro, es decir, pardo, y sombrero de copa de ocho... sombras. Gafas. ¡Cuidado! ¡Que me pisa usted los ojos! Mirada, digo, gafada sin vida. Gafas, gafas, gafas.

CCXXX

«AUTHOR'S CLUB»[251]

New York

Creí siempre que en New York pudiera no haber poetas. Lo que no sospechaba es que hubiese tantos poetas malos, ni un tugurio como éste, tan seco y polvoriento como nuestro

---

[251] Club de Autores, sobre el que Graciela Palau de Nemes nos informa: «Por el "Author's Club" habían pasado los más distinguidos escritores del país, sus retratos autografiados colgaban de las paredes», *Inicios de Zenobia y Juan Ramón*, pág. 145. Zenobia menciona en su diario el 20 de abril una visita de Juan Ramón y su amigo, Mr. Walsh, al Club de Autores, y anota lo siguiente: «Juan Ramón vuelve a la una y media después de oír debates y canciones en honor de Shakespeare. Se disgusta con la cantidad de puros, colillas y vasos de whisky de la velada. Conoce a mucha gente, y no se acuerda de nadie más que del señor que vio pintado por Zaragoza en el Retiro», pág. 59.

Para una visión perspicaz de la poesía norteamericana del siglo XIX y principios del XX, conviene consultar el ya mencionado artículo de Juan Ramón, «Precedentes de la poesía moderna en los Estados Unidos», en *Política poética*, págs. 178-188, y su libro, *El modernismo*. Ofrecemos un breve resumen de las ideas del poeta sobre los autores enumerados en este texto en el apartado «La poesía norteamericana» de la Introducción.

Ateneo Madrileño, a pesar de estar en un piso 15, casi a la altura del Parnaso.

Son señores de décima clase, que cultivan parecidos físicos a Poe, a Walt Whitman, a Stevenson, a Mark Twain, y que se dejan consumir el alma con su cigarro gratuito, hechos uno con él; melenudos que se ríen de Robinson, de Frost, de Masters, de Vachel Linsday, de Amy Lowell, y que no se ríen de Poe, de Emily Dickinson y de Whitman, porque ya están muertos. Y me muestran paredes y paredes llenas de retratos manchados y autógrafos en barquillo, de Bryant, de Aldrich, de Lowell, de, de, de...

... He cogido de la fumadora un cigarrillo y, encendiéndolo, lo he echado en un rincón, sobre la alfombra, a ver si el fuego se levanta y deja, en vez de este Club de escoria, un alto hueco fresco y hondo, con estrellas claras, en el cielo limpio de la noche de abril.

CCXXXI

¡DULCE «LONG ISLAND»...![252]

¡Dulce Long Island, ondulada y suave, con tus cerezos en flor, tus senderos poéticos, tu brisa unánime, tus pájaros infinitos más que la simiente de la adormidera; con tus valles al mar, tus enredaderas del bosque, tus bibliotequitas aldeanas bajo los árboles, y tus muertos entre tus vivos; con tus carreteras finas como la planta de los pies, con tus muchachas lectoras y jardineras; dulce isla alfombrada de flox blancos, malvas, rosas...

Long Island, isla dulce; ¿por qué, en tu sitio mejor, Mr. T—i ha levantado esa casa terrible de hierros, mármoles y cristales, galerías policromas y osos blancos por docenas, dragones espantosos y retortas iluminadas —¡oh fuentes!—, ruinas de

---

[252] Véase la nota 6. La isla consiste en zonas urbanas de gran densidad, barrios residenciales, pueblos de pescadores, centros de recreo, y mansiones de los ricos que exhiben, a veces, como se indica aquí, un mal gusto espantoso.

Pompeya y restos de terremoto de Mesina, anclas y malaquitas, loros disecados y armaduras, columpios de bronce y cuadros de opio, divanes turcos y pianolas; dulce Long Island?

... No sé el nombre de la opereta cosmopolita y omnisecular, que en este invernadero del cerebro paralítico, en este mausoleo del gusto, en esta tumba de los sentidos, van a echar al mar por el muelle indio, ¡oh pobre viejo barco quemado, que tienes que ver desde tu prisión de bambalinas el libre mar azul, que tienes que sentirte artificial también, en lo natural, y más triste que yo, que ahora mismo voy a tomar el tren que vuela... ¡dulce Long Island!

CCXXXII

WALT WHITMAN[253]

—Pero, ¿de veras quiere usted ver la casa de Whitman mejor que la de Roosevelt? ¡Nadie me ha pedido nunca tal cosa...!

... La casa[254] es pequeña y amarilla, y está junto a la vía férrea, como la casa de un guardaagujas, en una praderita verde limitada de piedrecillas con cal, bajo un solo árbol. En torno, el llano inmenso se ofrece al viento, que lo barre y nos barre, y deja mondo el mármol tosco y humilde que le dice a los trenes:

---

[253] Walt Whitman (1819-1892) nació en West Hills, Long Island. Sobre este gran poeta, autor de *Leaves of Grass (Briznas de Hierba)* publicado en 1855, que fue engrosándose en sucesivas ediciones, escribe Juan Ramón: «Para mí Whitman no es popular porque esprese los sentimientos o las ideas de un pueblo más o menos verídico, ni porque se dirija en versos mayores o menores a un pueblo sino porque tiene la visión de un pueblo: Whitman es popular hacia el futuro. Por eso es un demócrata auténtico y, por serlo, un verdadero aristócrata, un aristócrata de intemperie...» («Precedentes de la poesía moderna en los Estados Unidos», *Política poética*, pág. 186).

[254] Zenobia registra en su diario el 8 de mayo que vieron la casa de Walt Whitman durante «un buen paseo en auto por el campo» de Long Island, pág. 68. Este paseo tuvo lugar cuando Juan Ramón y Zenobia fueron invitados a pasar la noche en casa de sus amigos, Mr. & Mrs. Arthur Page, en Huntington, Long Island. Véase la nota 108.

TO MARK THE BIRTHPLACE OF
WALT WHITMAN
THE GOOD GRAY POET
BORN MAY, 31-1819
ERECTED BY THE COLONIAL SOCIETY
OF HUNTINGTON IN 1905*

Como el estanciero no parece que está, doy vueltas a la
casa, intentando ver algo por sus ventanuchos... De pronto,
un hombre alto, lento y barbudo, en camisa y con sombrero
ancho, como el retrato juvenil de Whitman, viene —¿de
dónde?— y me dice, apoyado en su barra de hierro, que no
sabe quién es Whitman, que él es polaco, que la casa es suya
y que no tiene ganas de enseñársela a nadie. Y, encogiéndo-
se, se mete dentro, por la puertecita que parece de juguete.

Soledad y frío. Pasa un tren, contra el viento. El sol, grana
un instante, se muere tras el bosque bajo, y en la charca ver-
de y un poco sangrienta que bordeamos, silban, en el silen-
cio enorme, innumerables sapos.

CCXXXIII

New York

—¡No puedo más!
—¡Hasta la luna, solo!
—¿Hasta la lunaaaa...?
—¡Sí! ¡Solo toda la Quinta, y ya estamos![256].

---

* Aquí nació —W. W.— el buen poeta gris... etc[255].

[255] Este comienzo de la traducción por Juan Ramón, que queda sin termi-
nar, se puede completar así:

nacido el 31 de mayo, 1819
erigido por la Sociedad Colonial
de Huntington en 1905

[256] La Quinta Avenida, una de las calles más largas y conocidas de la ciu-
dad, en Manhattan. Véase la nota 87. La breve conversación aquí parece pro-
vocada por el cansancio de caminar tanto por esta avenida sin fin para llegar
a la luna. Véase el texto 21 del Apéndice III.

CCXXXIV

«COSMOPOLITAN CLUB»[257]

New York

¡Horrible vejez la del snobismo! —Sí, es la misma, esté usted segura, Miss S—t; la misma. La misma, con su cara de ceniza, sus grandes gafas redondas, su disfraz blanco de viuda y su gran adormidera roja en el vientre, hinchado por el concentrase de la carne que presiente el gusano último...—

Es natural la fe ciega de estas señoras en cualquier carnaval nuevo —secta religiosa, rama de arte, batallón de algo—. Detrás de mí, en la soledad de la sala azul y miel, tres, que bien pudieran ser las tres Gracias, pero pintadas por Holbein[258] para la Z de su alfabeto, fuman en una actitud de abandono a un ideal que cabe entre sus ojillos y sus gafas, y un humo que hace blandas rosquillas azules, le vela sus capotas, cada una de las cuales es un complicado postre malo, con todos los colores de la primavera, del verano, del otoño y del invierno, mezclados en un pasarse de excarnestolendas.

No sé de dónde salen, como no sé dónde se mueren los pájaros. Son tantos como ellos... y algunas lechuzas más.

CCXXXV

LAS VIEJAS COQUETAS

New York

Eva, Semiramis, Safo, Cleopatra, Agripina, Lucrecia Borgia, María Estuardo, Ninon de Lenclos... todas las viejas con historia de la llamada Historia, viven aquí, en la sexta Aveni-

---

[257] Otro de los clubs sociales de la ciudad donde almorzaban y cenaban Juan Ramón y Zenobia. Véase el diario de ésta, págs. 44 y 50.

[258] Hans Holbein el Joven (1497-1543), pintor alemán, hijo de Holbein el Viejo. Pintor de cámara de Enrique VIII, fue uno de los más grandes maestros del Renacimiento alemán. Autor de retratos de una profunda psicología y cuadernos de tema religioso.

da[259], su vida apartada, o en Grammercy Park[260], o en Brook-lyn[261], discretamente, en pisos suaves a la moda del momento, que les arregla Miss Elsie de Wolfe o Miss Swift, de gracia, un poco recargados por ellas con ciertos recuerdos de época, salvados de saqueos, de naufragios, de quemas, de abandonos. En cualquier reunión de los últimos martes de la «Poetry Society» —«National Arts Club»— o en el «Cosmo-politan», o en el «Actors'», están todas, con dientes de oro, afeitadas, arrugadas, pecosas, pañosas, cegatas, depilado vello perdurable, que, como es sabido, le crece, con las uñas, a los muertos; descotadas hasta la última costilla o la más pristina grasa, llenos hombros y espaldas milenarios de islas rojas y blancas, como un mapa de los polos.

Visten su ancianidad, de náyade, con hierbas verdes en la calva, de Ofelia coronada, de Cleopatra, con la nariz de Pas-cal, de lo que sea preciso o impreciso, con todas las cosas po-sibles e imposibles —casullas españolas, dalmáticas indias, rusas, carnes paradisiacas— y se prenden en cualquier sitio flores de calabaza, malaquitas de a kilo, plumas de avestruz, de águila, de cuervo o de pavo real...

Desveladas siempre del sepulcro, y sin miedo de llegar tar-de, o con lluvia o nieve, al piso 12 de sus cementerios, son las últimas que se retiran, pues conservadas en champagnes infinitos sus arrugadas arrugas empolvadas, son las preferidas de las sillas de desvelo. No se acuerdan, a tales horas, del Pa-raíso, ni de Babilonia, ni de Lesbos, ni de Alejandría, ni de Roma, ni de Italia, ni de Escocia, ni de París, que, por otra parte, ¡están tan lejos para volver de madrugada!; y se que-dan con cualquier poeta cubista, robinsoniano o bíblico, quien las diga en mal verso libérrimo o en peor verso redon-

---

[259] La Sexta Avenida, otra de las calles largas y elegantes de la ciudad, aho-ra llamada Avenida de las Américas, que pasa por el centro de Manhattan.

[260] Un barrio elegante en la parte este (East Side) de Manhattan entre la ca-lle 23 al norte y la 18 al sur.

[261] Brooklyn, uno de los cinco distritos en que se divide la ciudad de Nue-va York. Se encuentra en la parte oeste de Long Island, separado de Manhat-tan por el East River. Aunque es zona industrial y portuaria, tiene algunos ba-rrios antiguos y hermosos.

do inglés —endecasílabo de Pope—[262], un epitafio galante, que les hace olvidar sus idiomas patrios, ya en ruinas entre los restos de sus dientes.

¡Qué terciopelos con espinas y qué cenizas con sedas! Pero sonríen a todos, como claves sin teclas, y coquetean con el chauffeur, con el portero o con el negro del ascensor y se alejan mirando. ¡Pero cualquiera va, a través de los siglos, con esta nieve, a sus sepulcros!

CCXXXVI

WASHINGTON DESDE SU OBELISCO[263]

Proyecto dulce, malva y verde, bajo un cielo de vitrina empolvada, de una ciudad, visto desde la punta de un compás.

CCXXXVII

Washington

Teatro[264]. Un lunar de luz deslumbrante y fría —como el sol y la luna a un tiempo— persigue mal, el rostro feo, deshecho y pintado, de la mujer, tan procaz que exhibe en él todo el cuerpo desnudo. La mujer canta. Tiene un gato y una gallina dentro. A veces es sólo el gato. A veces, la gallina sola. A veces, gallina y gato se agarran en una terrible pelea de maullidos, alonazos, arañones y cacareos...

Se trata de un himno a la paz, desde la «preparación». Aplauso serio y cerrado.

---

[262] Alexander Pope (1688-1744), poeta inglés de la época del neoclasicismo, muy conocido por su verso satírico y su obra heroica-cómica, *The Rape of the Lock (El robo del rizo*, 1712, 1714), tan pertinente a esta caricatura de «Las viejas coquetas».

[263] Monumento a George Washington. Véase la nota 126.

[264] Durante su visita a Washington D. C., Zenobia anota el 21 de mayo en su diario: «Pasamos la noche en el cine, viendo un "gracioso" y *Lady Kithy Bellairs*», pág. 75. Quizá tiene que ver con este recuerdo de un teatro en Washington.

CCXXXVIII

Broad Street[265]: Una iglesia pequeña e indigna, de esta piedra verdosa, blanducha, viscosa y desagradable como jabón malo, que por aquí tanto usan; y sucia y desconchada, y como tirada a la basura, descompuesto ¡más todavía! con roturas y estallidos, el desconcierto de colores crudos de las vidrieras de loros y de lagartos celestiales. A la puerta, en un cartel torcido rechinante y descolgado:

SE VENDE O ALQUILA
78 × 92 PIES
SAMUEL W. LEVIS
RAZÓN: EDIFICIO DE COMPRA Y VENTA DE FINCAS.

CCXXXIX

LA CAMA DE FRANKLIN

He visto ayer el lecho de Washington, el de Lafayette, otros...

—¿Y el de Franklin?[266] —pregunto en la mesa de Arcadia[267].

(Las señoras se tapan una sonrisa y los caballeros callan un punto, sonriendo. Y se habla de los postres exquisitos, del vino, del agua que cae...)

Luego, Mr. W—t se me acerca y me dice al oído:

—Franklin no durmió dos noches en un mismo lecho... y ninguna en el suyo.

---

[265] Calle principal en el centro de Philadelphia.

[266] Durante su visita a Philadelphia, Zenobia registra en su diario el 23 de mayo: «y pasamos la tarde viendo la Casa de la Independencia (blanca, limpia y encantadora), la tumba de Benjamin Franklin y la lápida conmemorativa con la cronología de sus hechos [...]», pág. 76.

[267] Un establecimiento donde comieron varias veces el 23 y 24 de mayo durante su visita a Philadelphia.

CCXL

Un imitador de Billy Sunday

Billy Sunday[268], el terrible predicador, no se atreve a venir a esta «Ciudad de incrédulos». Pero tiene discípulos de una «fuerza» relativa. Así este Pastor A. Ray Petty, de la Iglesia Anabaptista de Washington Square[269]. He aquí dos de sus anuncios:

Anuncio en C:

Organ recital 7. 45 P. M.

THE CRISES OF THE CHRIST   Preaching 8 P. M.

SPECIAL SUNDAY EVENING SERVICES

A. RAY PETTY

	APRIL		
		2 D.	CHRIST AND THE CROWD
		9 TH.	CHRIST AND THE COWARD
TOPICS		16 TH.	CHRIST AND THE CROSS
		23 D.	CHRIST AND THE CONQUEST
		30 TH.	CHRIST AND THE CROWN

SPECIAL MUSIC — GOOD SINGING — *YOU ARE WELCOME*

---

[268] Billy Sunday (1862-1935) fue un jugador profesional de béisbol que se hizo pastor presbiteriano en 1903. Empleando sus conocimientos y experiencia del béisbol, su argot llamativo, su carácter extravagante y toda clase de métodos de propaganda, se convirtió, con el tiempo, en el evangelista más popular de su tiempo. Se decía que había predicado a más de cien millones de personas y que había convertido a más de un millón en sus campañas. Desde luego, los temas simplistas y llamativos y, sobre todo, la mezcla de béisbol y religión son el blanco de la sátira aquí.
[269] Véase la nota 70 y el poema 129, «Tarde de primavera en Washington Square».

Es decir:

	Recital de órgano a las 7.45 de la tarde.
CRISIS DEL CRISTO	Sermón a las 8 de la tarde.

FUNCIONES ESPECIALES EL DOMINGO POR LA NOCHE

A. RAY PETTY

	ABRIL	2 CRISTO Y LA CATERVA
		9 CRISTO Y EL COBARDE
TEMAS		16 CRISTO Y LA CRUZ
		23 CRISTO Y LA CONQUISTA
		30 CRISTO Y LA CORONA

MÚSICA EXTRAORDINARIA — BUEN CANTO — *¡BIENVENIDO SEAS!*

Anuncio en SPORTSMAN

BASEBALL SERMONS
  SUNDAY EVENING AT 8 P. M.

A. RAY PETTY, PASTOR

	MAY 14 TH.	THE PINCH HITTER
TOPICS	MAY 21 ST.	THE SACRIFICE HIT
	MAY 28 TH.	GAME CALLED ON ACCOUNT OF DARK-NESS

LIVE MESSAGES   HOT OFF THE BAT

Es decir:

SERMONES DE BASEBALL
  LOS DOMINGOS POR LA NOCHE, A LAS 8

A. RAY PETTY, Pastor

TEMAS

MAYO 14 «EL PALA» EN APRIETO
MAYO 21 GOLPE SACRIFICADO
MAYO 28 SE SUSPENDE EL JUEGO A CAUSA DE LA
OSCURIDAD

MENSAJES DE VIDA   ACABADOS DE SALIR DE LA PALA

... Es noche de primavera. La plaza, verde; el cielo, un poco dorado aún del día caliente y polvoriento; la luna, como un pájaro de luz, de árbol a árbol; el aire, húmedo de los surtidores desflecados por el viento fuerte y grato. Parece la plaza el gran patio de una casa de vecinos. En los bancos, gente sórdida, que duerme en fraternal desahogo. Borrachos, borrachos, borrachos hablando con niños, con la luna, con quien pasa... De MacDougal Alley[270] vienen musiquillas y gritos de la gente que se ve bailar en las casas abiertas. La iglesia también está de par en par. Entran en ella los gritos de los niños y salen de ella los gritos del pastor semiterrible que, sin cuello, se desgañita en su sermón —sudor y gestos— de frontón.

CCXLI

LA CASA DE POE[271]

New York

A J. M. de Sagarra[272].

—¿Y la casa de Poe? ¿Y la casa de Poe? ¿Y la casa de Poe?
—¡...?

---

[270] Un callejón sin salida, muy cerca de Washington Square North.

[271] E. A. Poe, véase la nota 53. Poe vivió en dos ocasiones en la ciudad de Nueva York, una vez entre 1837 y 1838, y luego, de 1844 hasta su muerte en 1849.

[272] José María de Sagarra (1894-1961), dramaturgo, poeta y novelista español en lengua catalana.

Los jóvenes se encogen de hombros. Alguna viejecita amable me susurra:

—Sí; una casa chiquita, blanca; sí, sí, he oído de ella. Y quiere decirme dónde está; pero su memoria arruinada no acierta a caminar derecho. Nadie guía. Y vamos a donde nos semidicen, pero nunca la encontramos. ¿Es, acaso, una mariposa?

Y, sin embargo, existe en New York, como en la memoria el recuerdo menudo de una estrella o un jazmín, que no podemos situar más que en un jazminero o en un cielo de antevida, de infancia, de pesadilla, de ensueño o de convalecencia.

Y, sin embargo, yo la veo, yo la he visto en una calle, la luna en la fachadita de madera blanca, una enredadera de nieve en la puertecilla cerrada ante la que yacen muertos, con una nieve sin pisadas, igual que tres almohadas puras, tres escalones que un día subieron a ella.

CCXLII

DESHORA

New York

«Abingdon Sq.»[273]. Dos de la madrugada. Una farola de cristal negro con letras encendidas en blanco:

INASMUCH
MISSION[274]

(Misión con motivo de...)

---

[273] Abingdon Square, nombre dado al cruce de West 12th St. (la calle 12 Oeste), la Octava Avenida y la calle Hudson en Manhattan, y, por extensión, al barrio circundante. No está lejos del Hotel Van Rensselaer, donde se hospedaron Juan Ramón y Zenobia.

[274] Zenobia anota en su diario el 9 de mayo: «Volvemos en el tren de la 8.ª Avenida, y copiamos el rótulo de la Misión Inasmuch en Abingdon Sq.», pág. 69. Esta misión religiosa, como el Pastor A. Ray Petty, de la Iglesia Anabaptista de Washington Square (véase el poema 240, nota 268) son expresiones de los movimientos evangelistas de aquellos años.

Entre dos escaparates de pobres y aislados grape fruits[275] y tomates, cuyos amarillos y carmines duermen un poco, tristes, hasta mañana, una escalerilla sucia baja a una puerta humilde. Todo en dos metros de espacio y encuadrado, como esquelas de defunción, en madera de luto con polvo. Y en un cristal de la puerta, con luz:

WHAT MUST I DO TO BE SAVED?
COME AND HEAR
REV. L. R. CARTER.

(¿Qué he de hacer para salvarme? Ven a oír al Rev. L. R. C.)

CCXLIII

CRISTALES MORADOS
Y MUSELINAS BLANCAS

¡Cristales morados!... Son como una ejecutoria de hidalguía. Hay muchos en Boston y algunos en New York, por el barrio viejo de Washington Square, ¡tan grato, tan acogedor, tan silencioso! En la Ciudad-Eje[276] especialmente, estos cristales bellos perduran y se cuidan con un altivo celo egoísta.

Son de la época colonial. En su fabricación se emplearon sustancias que, con el sol de los años, han ido tornándolos del color de la amatista, del pensamiento, de la violeta. Parece que por ello se viese, entre las dulces muselinas blancas de sus mismas casas en paz, el alma fina y noble de aquellos días de plata y oro verdaderos, sin sonido material[277].

---

[275] Toronjas, pomelos.
[276] Boston. Véase la nota 242.
[277] En las *Conversaciones con Juan Ramón*, se identifica esta casa de cristales morados como la de Henry Wadsworth Longfellow (1807-1882) de Nueva

Como las flores y las piedras que antes dije, los hay que tienen casi imperceptible el tono, y hay que hacer habilidades para vérselo; otros, lo dan vagamente, cuando los pasa el sol, las tardes de ocaso puro, en las muselinas blancas, sus hermanas; otros, en fin, son ya morados del todo, podridos [de todo jénero][278] de nobleza.

Con ellos sí está mi corazón, [cansado de la mujer machuna del bastón, el cigarro y el whisky], América, como una violeta, una amatista o un pensamiento, envuelto en la nieve de las muselinas. Te lo he ido sembrando, [semilla de protesta] en reguero dulce, al pie de las magnolias que se ven en ellos, para que, cada abril, las flores rosas y blancas sorprendan con aroma el retorno vespertino o nocturno de las sencillas puritanas de traje liso, mirada noble y trenzas de oro gris [vivas y humanas solo por el amor], que tornen, suaves, a su hogar de aquí, en las serenas horas primaverales de terrena nostalgia. [Porque yo soy idealista, pero humano, humano. Fundo la exquisita carne en el espíritu escogido y detesto el otro puritanismo, el árido. Aunque...][279].

Inglaterra, quizá el poeta estadounidense más popular en el siglo XIX. Vivió la mitad de su vida (1843-1882) en su casa en Cambridge, Massachusetts, al lado de Boston. En estas conversaciones, Juan Ramón agrega más información sobre el fenómeno y significado de «los cristales morados»: «Los cristales de la casa de Longfellow [a que se refiere el poema final de *Diario de un poeta recién casado*] no eran morados; eran de una sustancia que con el tiempo tomó ese color; el morado fue obra del tiempo y en realidad se debió a un proceso puramente químico. Pero de ese proceso y de ese color nace una aristocracia que desea conservarlo por creerlo símbolo de una tradición. Quien rompe uno de esos cristales comete un pecado imperdonable, porque atenta a la tradición», pág. 90.

[278] Se indican entre corchetes los pasajes añadidos por Juan Ramón a la edición *Diario de poeta y mar*, Buenos Aires, Losada, 1948.

[279] En noviembre de 1953, en las *Conversaciones* con Ricardo Gullón, Juan Ramón comenta lo que es para él lo más importante añadidura que hizo a la edición original del *Diario*: «Sólo una cosa he variado en las ediciones ulteriores del *Diario*, y eso porque no estoy muy seguro de lo que represente y valga el puritanismo norteamericano. La variación consiste en haber añadido al último poema una palabra —*Aunque*—, seguida de puntos suspensivos», pág. 84.

Unos días después, vuelve a insistir en este punto: «El *aunque* del *Diario*[...] lo añadí para responder a ciertas críticas. Cuando estuve en los Estados Unidos, el año 1916, el puritanismo me pareció una de las cosas más puras de la

(NOTA:

ESTE DIARIO, *más que ninguna otra obra mía, es un libro provisional. Es probable que, más adelante, cuando me olvide de él y lo crea nuevo, lo corrija más, es decir, algo; y es posible que le quite las leves correcciones que ahora le he hecho y lo deje casi en esencia.*

No sé lo que será. Sé que, hoy, me parece este libro mío un boceto de él mismo, no sé si boceto de más o de menos, que me quiero quitar de encima o de debajo, para libertarme, por este lado del alma y del cuerpo, del mí reciente, molesto y sin revisión por ahora, de hace sólo un año.)

---

nación. El puritanismo, para mí eran Emily Dickinson, Emerson, Lowell... Los puritanos eran, o parecían, lo mejor de Nueva Inglaterra; los brahmines, según les llamaban, parecían intachables. Luego fui conociéndoles mejor y se supieron atrocidades, de manera que fue preciso rectificar. Y de ahí nació el *aunque*, que es una duda, la expresión de una duda y la manera de dejar abierto el libro», págs. 89-90. Juan Ramón termina su comentario de este último poema con una repetición de lo ya dicho, pero relacionando el puritanismo esta vez, de una manera muy positiva, con la familia y amigos de Zenobia: «La prosa del *Diario* está escrita contra lo que vi en los Estados Unidos. Es casi siempre irónica. Entonces pensé que la tradición se salvaba por el puritanismo, porque a éste lo veía según se presentaba en la familia de mi mujer, en los amigos. Y expresé en mi libro lo que en ellos veía», pág. 90.

Apéndices

Apéndice I

Los 10 textos incluidos aquí aparecieron por primera vez publicados por Gastón Figueira en la tercera edición (1972) de *Diario de poeta y mar* (Buenos Aires, Losada, 1948). Es una selección de páginas inéditas del *Diario*, proporcionadas por Don Francisco H.-Pinzón Jiménez, y proceden de los Archivos de Madrid y Puerto Rico. Aunque son pocos, estos textos poseen cierta coherencia y orden. Los dos primeros, «Despedida» y «Libro de mar», tienen claramente el carácter de una introducción al *Diario* y el último, el número X, el de conclusión. Los otros poemas corresponden a las diferentes partes, en orden, del *Diario*, como se indicará en las notas.

I

DESPEDIDA

No importa irse. Irse vale quizá como quedarse. Quizá más. Hay un momento en que las cosas que con uno eran una cosa, se abren, se rajan y nos repelen. Entonces queda uno hecho uno solo con uno, desgajado de todo y ligado a uno mismo. En ese instante, uno sabe sólo y todo lo que vale.

II

LIBRO DE MAR

Este primer libro de mi época segunda, aunque no sea todo de mar puede llamarse libro de mar, como el primero de mi época, libro de tierra, aunque tuviera mares.

El mar elemental, con el cielo elemental, el alto mar universal me lo dieron y por todo él está su realidad y su recuerdo. El mismo verso libre que lo domina y que empezó en mí con él, es como un oleaje. Esto lo he dicho ya.

III[1]

En el mar,
7 de febrero.

Cierro los ojos, triste,
a este mar falso, y sigo
viendo, dentro a aquel mar tan verdadero
de los libros aquellos,
de los cuadros aquellos,
de los cantos aquellos,
de los sueños aquellos,
aquel mar de colores, grande, solo,
tan lleno de bellezas y peligros!

¡Oh, mar pequeño y pobre,
oh, mar sin libro,
oh, mar sin cuadro,
oh, mar sin canto,
oh, mar sin sueño,
con toda tu alma limitada dentro de tu cuerpo,
mar sin ti mismo, mar, mar sin mí mismo!

---

[1] Este poema corresponde al ciclo de cinco poemas de la segunda parte, 42 al 46, fechados el 7 de febrero en que la experiencia del mar es muy negativa.

IV

TORMENTA A MEDIANOCHE[2]

La tormenta, allá lejos,
sigue su representación medrosa y alta
en el ancho escenario, que dilata
ella, infinita y locamente,
del agua absoluta...

         —*Parecería*

caído, el mar, y tembloroso,
bajo el celeste movimiento
de luces y tinieblas, inocente
igual que un niño.

         Un niño
gritó, y temblaban las mujeres,
y los hombres hablaban
más bajo,
de su niñez, cuando creían...

         Íbamos

lentamente, y parecíamos
unas veces muy grandes,
otras veces minúsculos... y ¿a dónde?
¿Adónde se va cuando
la memoria se cierra
como un jazmín y todo, trastornado,
no es ya nada, y parece
otra vida la vida, u otra muerte?—

         ... Las estrellas

entre los grandes nubarrones negros

---

[2] Por el tema y por las fechas, este poema tiene estrecha relación con el poema 52, «Niño en el mar», y el 53, «Fin de tormenta», de la segunda parte del *Diario*.

—ya sin rencor para nosotros—,
que, abriendo su maldad muestran un claro
cielo de luna fría,
alumbran la esperanza que, el pie alzado
que la oprimía, alce hoy
todo su corazón, lleno aún de sangre,
a las verdades que el olvido
alejaba (aún resuenan las cadenas
por el este cerrado)
de la verdad, ¡amor, aurora en calma!

1916.

V[3]

Martes, 21 de marzo.

La nieve, otra vez. ¿A cuántas leguas estamos de ayer? En un día solo se pasa en N. Y. por la primavera, el verano, el otoño y el invierno. Por eso es tan difícil encontrarse a sí mismo aquí porque no hay nada que aleje a una ciudad de sí misma que las estaciones, o que acerque, en cambio, a dos ciudades lejanas y distintas, así nada que desuna, que distancie tanto de uno mismo como este trueque constante de espectáculo diario natural. Parece como si la naturaleza aquí se hubiese acomodado al cosmo-politismo incoloro de la población y cada día el rito y las costumbres son de un color y de una temperatura. Por eso el que vive aquí con y de sí mismo, tiene que encerrarse, como el gusano de seda en su capullo, y los interiores, cómodos y confortables, están hechos para olvidarse de la calle y encontrar la línea oculta y seguida de la vida como en un túnel ideal. Sin embargo, la naturaleza vence y, como aquí, por la calle el cielo es casi un sueño que hay que

---

[3] Este poema y los dos que siguen, «Estrellas de N. Y.» y «La primavera», pertenecen todos a la tercera parte del *Diario*, «América del Este», y a las impresiones irónicas y agudas que tiene el poeta frente a la gran ciudad. Estos textos expresan su constante interés en descubrir la naturaleza en Nueva York y la preocupación del protagonista por la primavera.

soñar, o por lo menos, recordar, casi todos miran abajo y van aprisa, corriendo, como la naturaleza, que se abrevia y se sintetiza a cada instante. Me dicen que siempre no es así, que la primavera, que el otoño son seguidos y dorados, pero no lo creo. Es que los que lo dicen son, sin duda, los pocos que aquí sueñan desde dentro y tienen en su alcoba, en su sala y en su cuarto de trabajo, como yo ayer, otoño y primavera.

VI

ESTRELLAS DE N.Y.

Cuando se va a un país nuevo hay que aprender otra vez la naturaleza. Estas estrellas de N.Y. parecen como los primeros brotes tiernos y pálidos de un árbol celestial de estrellas de lo porvenir. La noche es como el atardecer de otras partes, promesa exterior, clara, visible de hondas y magnas plenitudes azules que aún están muy altas, muy altas, tan altas que aún no se sienten. Me parece mirar este cielo como cuando abro un libro de mi infancia y deletreo, otra vez, las sencillas lecciones de estrellas de entonces. Breves oraciones.

VII

Miss Conciencia.[4]

LA PRIMAVERA

N.Y.

De pronto, en el vertiginoso ir de la Quinta Avenida, una mano espiritual que con la fuerza de una mano de hierro, dedicada al tiempo como de una niña estrella, me retiene y me hace mirar atrás...

¡Ay! Es un pequeño prado verde, ayer de nieve, escondido tras una verja negra con anuncios de Cristo, al pie de cuatro muros neoclásicos, oscuros, con árboles negros, aún en su sueño de invierno. Parece como un recuerdo, o un sueño, o

---

[4] Parece ser otro apodo que Juan Ramón le pone a Zenobia lo mismo que «Miss Rápida».

como un juguete de verdad para un niño que quisiera la primavera. La primavera.

VIII

SUEÑO[5]

Íbamos los dos en el tren, hacia el sur, por aquellas marismas, mías, con el aire vivo del mar en la mañana de estío. Y, aunque ibas tú conmigo, yo me sonreía tristemente pensando: ¡Qué bien cuando venga ella conmigo!

Desperté; despertamos. Cantaban los gorriones en la tormenta del amanecer ¡qué lejos de las marismas! ¡Y qué tristeza al ver que no estabas tú conmigo!, ¡tú la que venía conmigo en el tren de mi sueño; no tú, la que no venía conmigo todavía!

IX

ELEGÍA[6]

(En el entierro de un muchacho de 13 años que fue
reidor y fuerte.)
In memoriam. S. E. 25 marzo, 1916

¡Qué remordimiento! ¡Y no tenemos la culpa. ¡Qué remordimiento!

---

[5] Me parece que este texto también pertenece a la tercera parte del *Diario* y está relacionado con un ciclo de poemas sobre el sueño, el 70, «Sueño en el tren / ... no, en el lecho»; el 76, «Orillas de sueño»; el 133, «Marina de alcoba», y el 134, «Noche en Huntington», donde se revelan aspectos del dilema de amor dentro de la personalidad poética.

[6] Aunque no sabemos a quién está dedicada esta elegía, inspirada por «un recuerdo traído por la música», la fecha y el clima emocional la relacionan con una serie de poemas de la tercera parte del *Diario*, escritos hacia finales de marzo: el 73, «La muerte»; el 81, «Humo y oro»; el 82, «Cementerio»; y el 81, «El prusianito».

Hemos enterrado un árbol nuevo y verde, con savia para estar un siglo en pie, cantando, siendo sombra y nido abierto para todas las penas, las fatigas, las alas por venir. ¡Qué remordimiento!

Sí, porque hemos quitado del sol nuevo, padre de la sangre roja, una risa buena y sin segundo; porque le hemos puesto al olvido en su boca implacable de sombra fría el alba de una completa primavera. ¡Qué remordimiento por él y por lo que se queda sin él!

¡Y qué angustia y qué opresión de alma por tener encerrada la brisa, aprisionado el fuego, prensada la rosa entreabierta, oprimido el suspiro, amordazada la palabra, la ilusión con un muro ante el acaso! ¡Qué remordimiento!

Envío

Joven corazón parado, ¡qué remordimiento! Parece que te hemos parado nosotros, y sin embargo lloramos por ti, porque no te hemos parado.

¡Qué remordimiento, sin tener la culpa! ¡Qué remordimiento!

25 marzo, sábado, «Carnegie Hall[7]»,
Concierto escandinavo. Sobre un recuerdo
traído por la música.

X

Ahora sé que soy universal en mí mismo. Ser conocido en el universo me importa poco. Quien quiera leerme que aprenda este maravilloso idioma español.

---

[7] El diario de Zenobia confirma la asistencia del matrimonio a este concierto el 25 de marzo: «Después de cenar vamos a oír el concierto escandinavo. Mme. Endelius canta muy bien los "lieders" populares, y oímos el *Norronak vael* y *Kongek vael* de Grieg y Bjornson, que son con el coro, orquesta y [palabra ilegible] como la voz heroica de un pueblo viril, libre, norteño y exaltado en su espíritu de empresa esforzada», pág. 44.

Apéndice II

Los 27 poemas en verso y prosa, reunidos aquí, se encuentran en el Archivo Histórico Nacional o en posesión del sobrino del poeta, don Francisco H.-Pinzón Jiménez. Fueron publicados por primera vez por A. Sánchez-Barbudo en su edición del *Diario* (Barcelona, Labor) en 1970. Como explica Sánchez-Barbudo, los originales de estos textos aparecen entre los papeles de Juan Ramón sin orden alguno. Sánchez-Barbudo los ha agrupado en dos series, verso y prosa, y dentro de cada una de estas categorías por orden cronológico (véase su edición, pág. 279). Desafortunadamente, su cronología tiene varios errores y el sentido de la poesía se pierde cuando los textos no se leen en su debido contexto.

Me parece posible en casi todos los casos contextualizar estos poemas con mayor rigor señalando, en notas, correspondencias (de fecha, lugar o tema, o alguna combinación de estos elementos) con los poemas que pertenecen a la obra publicada. Por consiguiente, ofrecemos aquí una ordenación de estos textos completamente diferente a la de la edición de Labor, con la esperanza de enriquecer tanto la lectura de cada poema incluido en este apéndice como el contexto de la parte a que pertenece en la presente edición. Como se verá, más de la mitad de estos textos pertenecen a los poemas escritos en la tercera parte de la obra, «América del Este».

1

MAR[1]
(A LA IDA)

¡Qué solo, mar, qué solo
te quedas sin nosotros —mar, sin mí,
sin mi amor solo, rico, fuerte,
cerrado, limitado
por lo infinito—, tras nosotros!
                                    Fría,
una mano remueve y parte y hunde
y alza tus pensamientos
que, cual olas, un punto se quedaron
absortos en nosotros,
copiando nuestras almas,
uniendo nuestros ojos...

Me acuerdo de aquel campo,
tranquilo, dulce, mudo,
después del paso de las procesiones
—de mi amor, solo, rico, fuerte,
cerrado, limitado
por lo infinito—, recogido
en sí mismo,
absorto en la quietud de sus constancias
—agua, pájaros, flores—
pasadas por la dicha...
                        ¡Mar disperso,
qué solo, qué sin *[espacio en blanco]* tu te quedas,
sin nosotros, sin mí, sin ti, qué solo!

---

[1] Este poema pertenece claramente a la segunda parte, «El amor en el mar»,
y elabora temas que reconocemos, sobre todo, en dos poemas, el 29, «Sole-
dad» y el 35, «Nocturno».

2

6 de febrero

ELEGÍA ALEGRE[2]

Mirar, a veces, es pensar. En su infinito movimiento alegre, el mar me piensa y me da, hecha, una hermosura maravillosa como mi pensamiento en su mejor hora. Se dijera, el mar, un pensamiento mío sobre el mar.

Nada mejor que este mirar lo cercano y lo lejano a norte, a este, a sur, a oeste, sentirse el alma colgada de los cuatro innumerables espectáculos. Un punto surgen en mi mente, con su mala costumbre, las ideas, pero es borrada cada una por una y nueva ola en la mar, en mis ojos, que las sepultan, para siempre, en luces, en colores, en sonidos. ¡Siempre vence el inmenso olvido del mirar!

¡Mirar, mirar, sólo mirar, y ver mi pensamiento como un muerto que, cayendo en el mar, se pierde al punto de caer, cuyo recuerdo es sólo una limpia y llena alegría superficial, más bella, mil veces, para mí mismo que mi fantasía, a pesar de tanto verso en contra! Elegía: El pensamiento de los ojos.

1916

3

Cinematógrafo

PUERTO[3]

En una indecisa y sucia vaguedad en que el cielo hace como una corona con el suelo, surgen las torres de innume-

---

[2] El sentimiento de este poema está relacionado con el optimismo positivo (del adulto) de dos poemas, de la segunda parte, escritos el 5 de febrero, el 38, «Sol en el camarote», y el 39, «Menos». El descubrimiento alegre aquí de que la realidad supera a la fantasía anticipa dos poemas importantes, el 151, «Ausencia de un día», y el 160, «Sol en el camarote», al final de la tercera parte y al principio de la cuarta, respectivamente.

[3] Aunque el final de este texto es una variante del principio del poema 154, «Puerto», al final de la tercera parte del *Diario*, la expresión aquí, «nosotros llegamos», parece situarlo en el viaje de ida a Nueva York y no en el de regreso. Pertenece entonces al final de la segunda parte.

rables ventanas (vagamente verdes), como bajada la ciudad
de su cielo o como en un espejismo; y delante, cual trayén-
dola —más cerca cada vez a medida que nosotros llega-
mos— barcos —limpios y dibujados [?] por la cercanía—
negros, que medio dora el sol. La libertad se funde en el rau-
dal del sol poniente y un aeroplano gira en torno.

4[4]

Me despierto con el canto, cercano y distante a un tiempo,
y de cristal agudo, que pasa las verdes vidrieras ojivales de
una iglesia episcopal frontera a mis ventanas. Recojimiento.
Silencio. Paz. Qué lejos de N.Y. Parece esta ciudad como la
mujer, buena y abandonada, o como la viuda. (N.Y. es como
el hombre brutal, violento, adinerado y alegre de esta pobre
Boston, guardadora y pasada de moda.) Zenobia se ha ido a
misa. Luego, damos, a pie y despacio, el primer paseo por la
ciudad. Desde el primer momento, la ciudad conquista con
su sencillez, no con su coquetería. El mismo mal gusto que
hace adornar las ventanas con flores y flores para los que pa-
san —nunca para adentro—, se hace simpático en su orden.
Posados en los secos ramarajos que surgen, negros y duros,
de la nieve de ayer que todo lo cubre, los gorriones esperan
el pan de las manos, y en los árboles y el suelo ardillas y pa-
lomas hacen causa común con el transeúnte. Las casas se pa-
recen bastante a las de N.Y., pero parecen más hechas a
mano o, al menos, de una fundición más torpe y elemental.
Aquí y allá, los cristales violetas, históricos y reverenciados,
dan fe. ¡Qué frío! El viento imprime y cuaja y fija en la nie-
ve su movimiento y su onda. Venimos a tomar el lunch al
hotel Somerset y como nos encanta nos venimos del Belle-

---

[4] Este texto (del 5 y 6 de marzo) y el que sigue, el 5, se relacionan con los
poemas 62 al 69, al principio de «América del Este», y registran las impresio-
nes y experiencias del poeta en Boston cuando el matrimonio visita esta ciu-
dad entre el 4 y el 17 de marzo, poco después de su boda, el 2 de marzo, en
Nueva York.

nes [?], y, por la tarde, mientras el sol toca elegíacamente las fachadas oscuras, cerradas y solas, hacemos nuestro hogar provisional, que es encantador, verde todo, y dorado sin oro, y grana viejo. El idilio tiene ya otro lecho. Son ya tres en cuatro días y todos parecen eternos.

Lunes, 6

Un anuncio de visita en el teléfono. Las 11. El sol dora el corazón. Abrazos y besos en la puerta del cuarto, largos, efusivos, estallantes, llenos de alegría y de verdad. Y entran abrazadas Zenobia y Delia W. Delia es como esas flores grandotas llenas de perfume sano y que recuerdan el corazón. Su marido, otro corazón de flor sana, viene luego, con flores para todos.

5

Boston con nieve. Oro, blanco y negro. Oro en la cúpula del ayuntamiento; blanco el cielo y el suelo; negro todo lo demás: palomas, árboles, gentes, casas...

El cielo se sale por los ventanales de la biblioteca y se va al cielo sin cielo. Con el invierno, los frescos de Puvis de Chavannes son el verdadero, el único cielo celeste de Boston.

¡Qué paisaje tan de cementerio de no sé donde!

6

IDILIOS[5]

Diario
N.Y.

Igual que dos culebras,
enlazados,

---

[5] Este poema pertenece a los escritos en Nueva York y tiene elementos en común con el 72, «Espina».

nos erguimos
para darnos el beso último y solo
en la estrella
del cielo
vespertino.

7[6]

Veníamos hablando
esas palabras
que son silencio...
Por la orilla del agua
entre los álamos.
      Tornábamos
      Entrábamos
del campo al sueño
por un camino dulce
de cansancio...
      Muy despacio
por la orilla
entre los álamos.
      De vez en cuando
nos parábamos,
la mano en una flor,
el oído en un pájaro,
el ojo en un color,
las bocas en un beso enamorado...

---

[6] Este poema participa en el clima emocional de la tercera parte, y tiene aspectos en común con el 85, «Silencio», y el 99, «Crepúsculo».

8

VIDA INTERIOR[7]

Varias voces

Aquí estoy. Me estaba esperando. Yo no sé por dónde andaba *[espacio blanco]* esta selección del mundo que uno se complace en dilatar en el alma. Abre una breve flor y con ella perfuma todo el ámbito interior, prende una lucecita y todo lo cuelga de egregios resplandores, inicia una sencilla música y la armonía llega hasta el rincón más entrañable. Con la flor, nace la primavera, con la luz el cielo, con la música lo increado.

9[8]

Diario

Entre la 5.ª y la calle 4.ª, en un rincón ilusorio, está sentada una ciega con su organillo dulzón entre los automóviles, los carros, los omnibus, los coches de incendio... En el enorme rumor, la musiquilla no se oye, sólo se ve. ¡Y de qué manera tan triste! En suma, lo que hace la mujer, es vestirse, rodearse, defenderse con la música sentimental de la enorme amenaza ciega. Y en su pobre paraíso, solitario, ¡qué tranquila está! Sólo cuando el policeman gira los discos y se para todo, queda libre un momento aquella gastada música y habla y se entona, en no sé qué concordancia, con el sol poniente que también en ese instante la gente, que no tiene otra cosa que hacer, mira caer, rosa un punto, sobre W. Square[9].

Por virtud del sentimiento un momento reina la poesía.

---

[7] Este texto está relacionado con la serie de poemas de la tercera parte que tratan el tema de la primavera, y, en particular, con el 93, «Primer día de primavera».

[8] El tema del organillo en las grandes calles de Nueva York también aparece en el poema 123 de «América del Este».

[9] Washington Square. Véase la nota 70 y el poema 129, «Tarde de primavera/en Washington Square».

10[10]

Al salir, la tarde que parece primero azul, ha abierto, y en las fachadas altas el sol rosa se levanta al infinito como uno que se ahoga. Acaricia la frente un aire alegre de todas partes y las cosas son de otro modo, las calles salen de otra manera al parque que sostiene sobre sus troncos secos —que pasan un gentío negro— un cielo glorioso y más grande.

11[11]

En parte alguna hay tal distancia como aquí de la vida a la muerte y en parte alguna se siente más la paz del reposo eterno.

12

Día 12 de Mayo
4 de la tarde.

Diario

TARDE DE ESPAÑA[12]

Se levanta una brisa clara y limpia que juega con las cortinas azules y amarillas, iluminando y oscureciendo la estancia alternativamente. De un árbol verde, cuyas hojas, aleteando al viento en la seguridad del tronco quieto, parecen mariposas verdes que quieren subir, como pajaritos que aún no pueden volar, viene el gorjeo de unos gorriones. La campana de la iglesia de la esquina plañe. En la calle, que acaba de dejar

---

[10] Es muy probable que este sentimiento de la tarde en el parque esté inspirado otra vez por el parque de Washington Square del cual disfrutaba el poeta tanto durante su estancia en Nueva York.

[11] Este texto ofrece una variación del mismo tema expresado en el poema 137, fechado el 11 de mayo.

[12] Este poema corresponde en ciertos aspectos interesantes con el poema 138, «Tarde de primavera/en la Quinta Avenida», fechado también el 12 de mayo.

un organillo, un amolador afila y afila. Un pregonero pasa y dice: ¡Arrope! Riegan las calles... ¿Es posible? Sí. Es posible. Calle 11 y 5.ª Avenida, N.Y.

13

LAGUNAS. LAGUNA[13]

—de N.Y. a W.

Que triste un agua limitada en estos sitios cercanos al mar. Parece un corazón estridente cercado por la carne, que no puede salir con su inquietud a lo más grande (libre!). Es al mar como el alma, agua celestial estancada, al cielo ideal (verdadero) que está tan cerca de ella.

14

WASHINGTON

Como en dos estampas superpuestas, de dos tiempos, en la pradera verde, que va del Capitolio blanco y babilónico al Obelisco de W.[14] y a la Casa Blanca, pacen vacas. Los coches de punto cruzan lentos, con sus negros. Vamos en uno al embarcadero de *[espacio blanco]* y salimos por el Potomac[15] hacia la casa de N.

Una tarde de viñeta. Los campos son suaves y, a estas tres de la tarde de mayo, tienen una vibración española. Por aquí ni fábricas ni trenes. Lugares de paz, yates que esperan.

Una vuelta del río nos enseña el Manicomio. Ahí estuvo

---

[13] Este texto y los cinco que siguen están inspirados por lo que el poeta vio en un viaje en tren, de ida y vuelta, de Nueva York a Washington D. C., pasando por Philadelphia y Baltimore. Este viaje tuvo lugar entre el 19 y el 24 de mayo, según indican las fechas de los poemas 140 al 146 en «América del Este». Se confirma este viaje en el diario de Zenobia, págs. 74-77.

[14] Véase la nota 126.

[15] Véase la nota 125.

Achúcarro[16] y en sus ojos grises tras sus lentes vio a esta hora cada día el paisaje este verde-oro, blando, plano, sensual, lleno de irisaciones y de espejismos suaves.

Va el barco suave, lleno de sombrillas. Atrás se ha quedado Washington. Sin edificios altos, sumida la paz provinciana de sus casas entre los arbolados redondos, cortado el suelo por el serpenteante río, orillado de céspedes para el reposo, la amistad y el amor.

15

MISS RÁPIDA[17]

Dice Lola, la andaluza:
—Ay, qué florecita amarilla—. ¡Ay, qué prado tan verde! —¡Ay, qué pajarito azul!— ¡Ay, qué olor más bueno!

Y se para, y bracea, y se exalta, y se sofoca, y los ojos se le ponen grandes, del tamaño del campo, y puros como todo el cielo. Se ríe de gusto con la flor, toca las palmas saltando en el prado, le silba al pajarillo, y el alma se le dilata lentamente para coger en ella el olor aquel, inmenso y fino.

Miss Rápida casi dice:

—¡Qué flor; es grana! Mira ese prado. ¡Un pajarito rojo! ¡Qué olor!

Y al punto pasa, y sigue, y deja.

---

[16] Véase la nota 188.
[17] Este texto se relaciona con el poema 144, «Nota a Miss Rápida», fechado el 21 de mayo. La gracia de este texto, para mí, se basa en el contraste entre lo que dice y hace Lola, la andaluza, y lo que dice y hace «Miss Rápida». Ésta se distingue por una economía de palabras y movimientos. Contra lo que opina Sánchez-Barbudo (véase su edición, pág. 292, nota 7), sigo pensando que «Miss Rápida» es Zenobia. Véase la nota 129.

16

ESQUELETOS

Wast. Museo[18]

Llueve sobre la primavera verde y en flor. Por los ventanales abiertos del museo el aire vivo, fresco, húmedo corta y separa el olor acre de la conservación de los esqueletos que, ante la vida, se van a su tiempo y a su ser en una unidad de término negativa. ¡Qué fraternidad la de estos huesos en la vitrina! Perdidos los colores y las masas que tanto los distanciaban, secretos, se evidencian como un secreto descubierto. Y dan la paz de un misterio aclarado, de una duda puestos en su sitio, de una confidencia que termina para siempre.

17

ADIÓS
BALTIMORE[19]

Los relojes encendidos se quedan marcando la hora a los que se quedan. Los anuncios iluminados giratorios, de sube y baja, de ratón y gato, no dicen nada al que se va. Llueve. Y en la hora crepuscular, azul, morada, carmín, trasparente

---

[18] Se trata aquí seguramente de un error tipográfico. «Wast. Museo» se refiere a «Washington Museo». Una visita a este museo está confirmada por el diario de Zenobia que registra el 22 de mayo: «Visitamos despacio el Nuevo Museo Nacional (bastante pobre en cuadros), y muy detenidamente la sección de cosas indias. Hermosísimas capas y taparrabos hechos de plumas de colores vivos. Pueblo de "Pueblo Indians". Cabezas de muertos resecas conservando facciones», pág. 75. «Los esqueletos» y «huesos» de este texto se refieren probablemente a estas «cabezas de muertos resecas», de esta gran tribu indígena del suroeste de los Estados Unidos.

[19] Importante ciudad y puerto en el norte del estado de Maryland, en la bahía de Chesapeake, en la línea entre Washington D. C. y Philadelphia. Aunque no sabemos la fecha exacta de la composición de este texto, sabemos por el diario de Zenobia (véanse las págs. 75-76) que pasaron en tren por la ciudad de Baltimore el 22 de mayo por la tarde.

por doquiera en sus profusas sombras, el unánime verdor pleno de la primavera, fulge, lustroso y vivo; de la primavera esta que, como el reloj, marca su hora al que se queda: de la primavera esta que, como los anuncios, no dice nada al que se va.

18

Filadelfia

MADRUGADA[20]

La luna está más alta entre las altas luces de las azoteas y de las torres —en una confusión de relojes encendidos—, relojes sin hora entre la niebla vaga; es más la hora en la luna que en los relojes.

Parece que, abandonada la ciudad alta, toda la ciudad se ha dormido y ha olvidado apagar las luces altas que la coronan de anuncios. Así el verdadero suelo es un sótano de sombra y el suelo es el cielo de la ciudad. Y las luces se encienden en este rincón alto y ahogado, en una correspondencia de cristales encendidos que presiona la bandera blanca, roja y azul también iluminada por dentro.

19

Diario

CAMPANAS[21]

De pronto, aquí y allí entre el rumor enorme de [*palabra ilegible*] de elevados, de autos y las sirenas del puerto. Las campanas ponen entre los árboles leves escalerillas de músi-

---

[20] Zenobia también habla del amanecer en Philadelphia el 23 de mayo y apunta con detalle el interés histórico y cultural de esta gran ciudad. Pasaron allí un día y medio.

[21] Este texto no tiene fecha ni lugar fácilmente identificables con respecto al itinerario del poeta. Sin embargo, pertenece sin duda alguna a los poemas de Nueva York de «América del Este», y tiene temas y elementos en común con varios poemas, como, por ejemplo, el 80, «Iglesias»; el 94, «Cementerio en Broadway»; el 111, «La luna», y el 154, «Puerto».

ca en que invitan a subir al cielo, a escalar el cielo defendido por los rascacielos. Como todas las iglesias tienen un jardinillo con sus arbustos o arbolillos, estas escalerillas parece que se apoyan en una flor, asustadas como una mariposa. Son leves e indefensas, y como a los pájaros nadie las molesta y pueden bien cantar esas breves coplas que se caen, como antes de llegar a los últimos pisos. Dan una sensación extraña, porque aquí suenan abajo, no arriba. No parecen los suyos cantos de ascensión, libres y eternos, sino cantigas de humildad, inocentes y terrenas. Parece más la voz de Cristo que ha bajado entre los hombres. Más bien que un cielo de estrellas, lo suyo es un suelo en flor de música. Los domingos por la tarde, cuando la ciudad está toda desierta y cerrada, se oyen un poco más y suben algo más altas. Pero siempre se enredan en los anuncios encendidos, con un verdadero afán armonioso. Pero, ¡qué difícil llegar aquí, no digo al cielo, pero ni siquiera a la luna!

20

Mar de retorno. Diario

14 de junio.

MARES, SOLES[22]

En el breve celeste de tu ojo
el mar, tan pequeñito, es tan inmenso
como el mar, todo en él —nubes, espumas,
sol, gaviotas—,
se repite, en idéntica belleza
a la luz que le entra (sube) de tu alma.

Por ambos mares vamos
los dos a ti y a mí y a España, a un tiempo mismo;
por ambos mares la hermosura eterna

---

[22] Este poema se relaciona con el grupo de cinco poemas, 168 al 172, fechados el 14 de junio, en la cuarta parte, «Mar de retorno». El acercamiento y reconciliación del mar con su amor es un paso importante y anticipa la transformación espiritual decisiva anunciada en el poema 191, «Todo» («¡Tú, mar, y tú, amor, míos, / cual la tierra y el cielo fueron antes!»).

me sorprende con nuevas armonías
cada hora de oro, o niebla, o sombra;
y miro a uno y otro, a un tiempo, sorprendido,
confundido en bellezas.

Y miro a uno y otro, y luego
no sé qué mar es el mar único;
y me parece el sol este solito
que tu ojo recoge;
y el sol este del cielo inmenso y puro,
el sol de tu alma.

21

Calzada de luna[23]

El anochecer achica el horizonte total hasta dejar el mar
del tamaño de la vida, apretado y duro, como mi corazón de
hoy para la noche. La luna, poco a poco, empieza a deslum-
brar el mar sólido, vagamente de oro primero, luego como
con flores de cristal, después en una insólita riqueza de cris-
talillos centelleantes, y entre los dos campos del azul partido
abre una ancha calzada de tesoros blancos y encendidos. ¡Ja-
más riqueza igual fascinó el ojo en su innumerable movil-
idad de luces y de colores exaltados! Y cuando pasa la espu-
ma el blancor pasa el límite del color y de la luz para hacer-
se música celeste. La calzada sobre el mar pequeño, que es
ahora la imagen exacta de la bola pequeña, es ancha y corta
e imita al breve caminar que lleva a su cercano fin ilusorio,
punto de partida para salir de él gratamente sobre tal camino
de hermosura, para salir solo, con todos los encantos de las
partidas encantados en esta invitación de luz pura, sólo para
partir, no importa dónde ni a qué, por la maravillosa magia

---

[23] Este texto tiene una relación muy estrecha e interesante con el poe-
ma 175, «Partida», fechado el 15 de junio («Esta portada / de camino que en-
ciende en ti la luna / con toda la belleza de sus siglos»).

del salir más bello y más sin sentido que prometiera la existencia más ansiosa.

22

TRAVESÍA[24]

El mar, como tú, amor, no es mas que una
lección sencilla —¡qué trastorno
blanco, gris, verde, tan inocentemente vario!—
que a nuestra desbordada fantasía
le da la realidad.
         Su cifra es otra,
como la del amor, de la creída;
—¡eterna variedad
de un sencillo espectáculo con límites
hermosos, que le van cogiendo el sitio
a la mentira que pensamos
tan fastuosamente bella,
quitándole hermosura;
que nos recoge el corazón al centro mismo
de un mundo nuevo ¿más pequeño
que el otro ¡ay! sin duda? pero lleno todo
—sólo hasta donde acaba—
de sentido profundo y verdadero!—

Como tú, amor, el mar de cada día
nos enseña a querer lo que creímos
que no era como era.
El más del mar ¡amor! es el encanto
de la verdad bastante
que uno mismo, uno solo, ha limitado.

---

[24] Aquí se elaboran temas centrales a la transformación espiritual del viajero y a la redefinición de su ser: la necesidad de controlar y superar «su desbordada fantasía» y de reconocer la verdad sobre la mentira; la constitución de «un mundo nuevo», «un nuevo arreglo del universo» conseguido en el poema 181, «Amanecer»; la compatibilidad y el significado del mar y del amor para el alma en su nuevo mundo, anunciado en el poema 191, «Todo».

23

CÁDIZ DESDE LA TORRE DE TAVIRA[25]
(AL AMANECER)

Nunca he visto ni he soñado tal amontonamiento de blancura. Se diría que vienen a dormir en esta isla todas las palomas del mundo y que aun duermen a la luna de la madrugada; o que *[espacio en blanco]* ha sido pintado por un pintor que no tuviese más que blanco de plata.

24

Sevilla, 23 de junio

REPIQUE[26]
CAMPANAS DESDE DENTRO

> Dentro y fuera, a un tiempo,
> En la puerta del patio de los
> «Naranjos»[27].

Desde fuera las campanas están en la Catedral. Desde dentro de la Catedral, están en el cielo, en el cielo de Sevilla, todo el oro hecho toda la luz (y basta), cuyas puertas naturales son las vidrieras a las que esa luz del cielo, que es toda y sólo oro, le funde los colores, y las eleva y las trae hasta dejarlas en su sitio, un lugar que no es tierra ya ni cielo aún,

---

[25] Este texto se relaciona claramente con los poemas 198 al 200 que captan las primeras impresiones de Cádiz y sus alrededores, a su regreso, al principio de la quinta parte, «España». De hecho, en el poema 200, se menciona la torre de Tavira de Cádiz.

[26] Este poema en prosa corresponde a la serie de tres poemas, 202 al 204, todos fechados el 22 o 23 de junio, inspirados por su breve visita a Sevilla, camino de Moguer. El diario de Zenobia confirma las fechas de esta visita, págs. 83-84.

[27] El antiguo patio de la Mezquita mayor de Sevilla, derribada en el siglo XV. Este hermoso patio se conservó, sin embargo, hasta 1618, con sus flamantes arcadas y su templete central, del que sólo queda en nuestros días la fuente, con taza visigótica y octogonal.

pero que tiene lo mejor de los dos, el recuerdo de una y la esperanza del otro; y allí las transfigura hasta hacerlas puertas de colores de recuerdo y de esperanza.

... Las campanas mismas repican ya sólo colores que son sonidos visibles. Es como el cántico glorioso de la Sevilla de todos los siglos que sale, deprisa y desnuda, de su carne más ardiente, la del verano; como el otoño del estío arrepentido de la primavera un punto, a todo el paraíso—¡qué bello el verdor que resta en la hoja seca!—, quemándose, a gusto, en las rosas del fuego.

Como la belleza de la vida, la de esta transfiguración es sólo color y luz, color salido del mundo y traspasado por luz del cielo. ¡Y qué eternidad de hermosura en ese arrepentimiento, hermoso porque es sólo de un instante!

25

EL OESTE[28]

Todas mis inclinaciones van al oeste, que se me representa, pues, desde aquí, como una línea de resplandores libres en una cárcel de sombras planas. Hablan de él con desprecio, pero con temor, como si fuera un enorme reptil anillado cuya cabeza pudiera llegar aquí, o una enorme nube contenida que pudiera aniquilar esto con una hora de malhumor, o ese mar que he oído ayer en teléfono que pudiese caerlos de espalda con una fuerte deprecación. Qué ridícula la Libertad iluminando al mundo cuando se piensa en el oeste natural y libre. El miedo lo distancia la distancia... Qué caras las de estas mujeres cuando oyendo el mar en el teléfono decían espantadas:

—¡El mar del Oeste!

---

[28] Me parece que este texto y los dos que siguen, por su carácter de reflexión irónica y por su sátira y caricatura, muestran una afinidad con la sexta parte del *Diario*, «Recuerdos de América del Este, escritos en España».

26

Inconciencia[29]

N.Y.

El gusto aquí no existe. Hay una mitad inconciente de cosas bellas, traídas al por mayor y otra mitad de cosas feas, traídas de igual modo. Naturalmente, toca aquí y allá algo de las dos cosas. En la mayoría de los casos se compensan ambas cosas y no llama la atención una ni otra. A veces, la casualidad pone más de lo feo y hay que huir. Se dice: esta persona tiene mal gusto. A veces la casualidad pone más de lo bello y se dice: esta persona tiene buen gusto. Mas no hay ni lo uno ni lo otro. Están fuera del gusto. Y no es extraño que alguien que hemos creído insoportable nos regale una ideal fantasía conmovedora o que aquella señorita rubia que pensamos ideal aparezca con un aparato de luz eléctrica que es un loro cuyo color —de óleo barnizado— es una superposición de todos los loros, con dos lamparillas de 100 bujías bajo cada ala y una de 200 en el pico, o con una gran libélula de celuloide, de cuerpo verde y alas azules, que se encienden, como esas pantorrillas eléctricas de escaparate, con luz eléctrica por dentro y mueve en la noche de un salón las alas encendidas. Estas joyas nuevas regaladas al amor van hoy a empezar su vida con nosotros. Están nuevas aún; sin sentido.

En otras partes, cuando una cosa es de mal gusto se sabe al menos que todo va a ser así; aquí todo es inconciente.

---

[29] Este texto se relaciona muy bien con varios recuerdos de Boston y Nueva York que ofrecen para el poeta tantos casos de mal gusto, como, por ejemplo, en el poema 221, «Banquete»; el 226, «Colony Club»; el 231, «¡Dulce Long Island...!»; el 234, «Cosmopolitan Club», y el 235, «Las viejas coquetas».

27

MILAGRO[30]

Diario

¡Aquí también! ¡Milagros, milagros, milagros! Todo el mundo colgado de astrosas baratijas del alma! Milagros para nada, milagros *siempre:* Que un cristo suda sangre. Pero ¿para qué? Que aparece un

Milagros

¡Milagros sin razón y sin ventaja! La Iglesia, escuela de escamoteo. Dios, prestidigitador universal.

---

[30] Esta sátira de la iglesia en los Estados Unidos tiene afinidad con el poema 240, «Un imitador de Billy Sunday», y el 242, «Deshora».

Apéndice III

Los 54 poemas en verso y prosa, reunidos aquí, inéditos en su mayor parte, fueron publicados, con introducción y notas, por Arturo del Villar con el título, «El alma viajera de Juan Ramón Jiménez», en *Cuadernos Hispanoamericanos*, núms. 541-542 (julio-agosto, 1995), págs. 9-54. Proceden de los archivos de Madrid y de Río Piedras, Puerto Rico, y constituyen la colección más numerosa y más interesante de poemas pertenecientes al *Diario*, pero excluidos de la primera edición y de ediciones sucesivas. La ordenación de estos poemas por Arturo del Villar y su colocación en las varias partes del *Diario* me parece bastante acertada. No obstante, hay textos asignados a la tercera parte, «América del Este», que, en mi opinión, pertenecen más bien a la sexta, «Recuerdos de América del Este», como se indicará en las notas.

Aunque en la primera edición del *Diario*, se conserva la ortografía académica, en los originales hay oscilaciones. Se respetará, aquí, siguiendo la costumbre, la peculiar ortografía del poeta en los textos donde aparece.

1

HACIA EL MAR

1

En tren,
21 de enero.

Pueblo del río

Las estrellas se van del escenario
del alba.

329

El día
ha corrido el telón.

Todo es ya, fuera,
una verdad de luz y oro,
pobre, y sencilla,
cantada por el río verde y rosa,
aún con ecos de luna.

(Como un recuerdo triste de algún sueño
malo, sigue la noche, allá en La Mancha,
la representación de su misterio,
igual que una tormenta
que dejamos atrás...[1])

... El sol
le da los buenos días
y le ofrece su pan caliente
al público ordinario de los árboles.

2

Idilios

Le ha dado un aletazo
negro a la margarita blanca...
El campo, valle
tan alegre, ayer, todo, como una sola luz inmensa,
qué raro, qué tristón
se te ha quedado, alma!

¿Qué fue? ¿quién fue? ¿qué quiso?
—Y se saltan, mirándolo, las lágrimas.—
... ¡Le ha dado un aletazo
negro a la margarita blanca!

---

[1] Se refiere al malestar del alma expresado en el poema 5, «La Mancha», de
la presente edición, fechado también el 21 de enero al amanecer, un poco an-
tes de la hora expresada aquí.

2
EN EL MAR

3

En el mar,
31 de enero.

Olvido[2]

Si no paso por ti, ¿tú, mar, qué eres,
sino agua redonda
limitada por alto cielo vano?
¡Olvido bajo olvido!

Al mirarte, te creo.
Sólo eres el fondo y el ornato
de mi pasar, de mi mirar, y luego
¡olvido bajo olvido!

Escenario vacío
(¡oh mar sin hombres, sin mujeres!)
ruina inmensa de nada,
desierto palacio abandonado; yermo
en domingo, isla
sin nadie...
No, ningún nombre
de abandono o descuido
te cuadra, porque todos son (¡oh agua
redonda
limitada por altos cielos vanos!)
Ningún nombre te cuadra,
mar.
Sólo este mismo nombre:
olvido... bajo olvido.

---

[2] Este poema no estaba inédito. Como nos informa Arturo del Villar en el artículo citado arriba (pág. 21), se publicó en el número 2 de los *Cuadernos de Zenobia y Juan Ramón* (Madrid, Los Libros de Fausto, 1988), pág. 13.

4

En el mar,
31 de enero.

Niños en el mar[3]

¡Los niños! ¡Qué descanso...
qué nido al sol de enero,
qué corazón de rosa,
qué amanecer!

Sus ojos
qué bien enredan con los míos
los pensamientos puros,
las verdades sencillas,
lo bueno de verdad.

¡Limpieza santa,
manantial infinito que enriqueces
todo (manando y concluyendo
en tu misma hermosura),
con la desnuda trasparencia
de las sonrisas inocentes!

Inocentes miradas,
los santos inocentes,
sin contajio y sin miedo,
al lado de las cosas malas
y sin verlas.

¡Qué paz,
los niños, qué reposo,
qué mar serena, qué aire tierno,
qué luz de estrella limpia,
qué dulce anochecer!

---

[3] Este poema expresa el apego del protagonista al mundo infantil, y está estrechamente relacionado con los poemas 52 y 188, del mismo título, «Niño en el mar».

5

Noche nunca[4]

(¡Mi voluntad tardía!)
¿No te vi,
noche, más que tu caballera?

Tu ancha espalda
no pudo congregarme ya un instante
la masa cristalina de tu gloria
blanca.

Blanca (como ruinas de la luna)
la rompía mi sueño repetido
¿al que tú tristemente
volviste grandes tus cansados ojos
para decirme adiós desde la aurora?

Ahora que ya no eres
más que ultrafosa, soleada cáscara
de tu honda y clara sombra fiel ¡qué inútil
mi despertar completo, noche nunca!

6

5 de febrero.

Más[5]

(Cita de Platón, según
Marco Aurelio)

Todo es menos

El mar, como tú, amor, no es más que una lección senci-
lla —¡qué trastorno blanco, vende, gris, tan inocentemente

---

[4] Como observa Del Villar, este poema es variante del número 32 de la se-
gunda parte.
[5] Este poema es muy interesante y muy difícil de situar. Por un lado, su fecha
y su sentimiento lo acercan al poema 39, «Menos», de la segunda parte, y por
otro, es una variante en prosa del poema 22 en verso, incluido en el Apéndi-
ce II. Véase la nota 24 del Apéndice II, donde se señala su afinidad con el pro-
ceso de transformación espiritual que caracteriza los poemas de la cuarta parte.

vario!— que da a la desbordada fantasía nuestra la realidad. Su cifra es otra, como la del amor, de la que creíamos; eterna variedad de un sencillo espectáculo con límites, que le va cojiendo el sitio a la mentira que pensamos tan bella, que le va quitando hermosura, que nos recoje el corazón al centro mismo de un mundo nuevo, más pequeño que el otro, sin duda, pero lleno todo —solo hasta donde él acaba— de sentido verdadero.

Como tú, amor, el mar de todos los días nos enseña a querer lo que nosotros creímos que no era como era. —Nos parecía aquello más, mas era menos.— El *más* del mar ¡amor! es el encanto de la verdad que uno mismo y solo ha limitado.

7

Por este mar tan grande y tan abierto,
a una islita tan ciega y tan pequeña,
oasis diminuto en mar de rosa.

¡Amor, puerto cerrado
oculto entre las vueltas de la flor,
imán sin fin del alma y de la carne,
bajo las sábanas
del alba!

¡Sí, pero anclado yo en la islita rubia y rosa,
te veo, mar inmenso, en lo infinito!

8

¡Qué mudanza
de lo que un punto nos pareció eterno,
y sólo con el cambio
del sol al aguacero!

¡Cuán lejos de ahora mismo!
¡Qué sin retén el hierro

que, hace un instante, era
imán, sin fin, del pensamiento!

—De la pared sonora
se cae, frío, en la laguna, el eco,
como un golpe de plomo,
aplastado, convexo.—

¡Cuán lejos de ahora mismo
...y cuán lejos de aquello,
de aquello
que era aquello... sin esto!

9

Pompa

Dilataba yo, triste,
la esfera de mi vida, inmensamente, hasta
yo no sé qué sinfin de estremas
e ilimitadas ignorancias...

—Era como una pompa
de jabón en un día, en una noche
de primavera májica,
con reflejos de estrellas,
en su frajilidad blanca de agua.—

Subía de la vida
al cielo, con el ansia
y el miedo del que sabe
que ya nada le falta
a su ilusión sublime
para caerse en sus alas.

... Se me rompió, de pronto,
mi dilatada alma.

Y no quedó de mí, yerto y oscuro,
ni mi vida... ni nada[6].

10

En el mar,
7 de febrero.

Mar ideal[7]

Cierro los ojos triste
a este mar falso, y sigo
viendo dentro aquel mar tan verdadero
de los libros aquellos, mar,
de los cuadros aquellos, mar,
de los cantos aquellos, mar,
de los sueños aquellos, mar.

(¡Aquel mar de colores grande y solo,
tan lleno de bellezas y peligros!)

Y... ¡mar pequeño, pobre
mar sin canto,
mar sin libro,
sin cuadro,
sin sueño;
con toda tu alma dentro de tu cuerpo,
mar limitado en ti,
mar sin ti mismo, mar, mar sin mí mismo!

---

[6] Esta fantasía de subir «de la vida al cielo» con «ansia» y «miedo» es una expresión de los «males infantiles» (identificados en el poema 38, «Sol en el camarote»), que el protagonista tiene que superar.

[7] En la edición de Losada de 1972, se incluye este poema sin título y sin los dos versos entre paréntesis en el medio. Véase el poema 3 y la nota 1 del Apéndice I.

11

Puerto[8]

Los rascacielos de innumerables ventanas surjen, como en esas alegorías en que los ánjeles bajan un castillo, una torre o una ciudad, cual bajados de un cielo vagamente verde —su de ahora mismo— en una indecisa y sucia vaguedad en que el cielo se une con el suelo en corona de vaguedad. Y cual trayéndola más cerca cada vez —a medida que nosotros, en nuestro barco, llegamos— barcos negros, que dora el sol, limpios y dibujados en la cercanía.

Un momento entre ello y nosotros un raudo biplano, tan alto que da sobre las fachadas y que el sol baja. Más cerca, más cerca. Ya tan cerca que no vemos más que los barcos en fila en los muelles como bebiendo en un abrevadero.

3
AMÉRICA DEL NORESTE

12

Lunes, 13 de marzo.

Sin prisa y sin cansancio[9]

¡Qué angustia deprimente esta de hacer las cosas aprisa, de no poder hacerlas despacio! Lo último que yo sería en el mundo sería turista: ¡El turismo! Perder la vida pequeña de uno y quedarse sin entrar en la grande de los demás, suma de las pequeñas que se están sintiendo bien. Hoy: el espectáculo de la primavera nevada, al mediodía, de un lado a otro, con la lengua fuera, sin entrar, sin poder entrar en el alma de

---

[8] Este texto es casi una variante del poema 3, «Puerto», incluido en el Apéndice II. Véase la nota 3 que le corresponde.

[9] Arturo del Villar nos recuerda que esta frase «alude a los versos de Goethe que Juan Ramón adaptó como lema para varios de sus libros», «El alma viajera de Juan Ramón Jiménez», *CH*, pág. 22.

las cosas, la casa de Longfellow[10], a la caída de la tarde, llena
de colores.

13

New York

¡Toda la tarde quitando papel de seda y tirándolo! ¿Hay
nada que complique la vida como el papel de seda, una cosa
tan abundante, ¡tan barata! y que no sirve para nada? Cami-
sa cursi para el pudor aprendido de un paquete de medias he-
cho por un tendero. ¡Me indignan las fábricas de esta cosa
vana que se hace para tirarse, que no tiene fin alguno! ¡Oh
qué blandura colorada, blanca, rosa, celeste, verde, y dulzo-
na y tan sosa y tan cursimente inocente, qué cosa de retardo,
de trabapiés, de mentira, de merenguería! La nueva concien-
cia de América, me dice alguien —¿yo?— a mi lado. ¡Papel
de seda! ¡Fuera! ¡A la basura!

14

Hotel Van Rensselaer[11]

Miss Conciencia[12]

La primavera dentro; pero no, esta vez, románticamente,
dentro del alma (en el corazón), dentro de la alcoba. La *gri-
pe*[13] del amor achica el mundo, lo retrae hasta cuatro me-
tros alrededor del lecho y, entonces, el sol matinal en los

---

[10] Véase la nota 277. La fecha y la referencia a la casa de Longfellow aquí
indican que este texto fue escrito durante el viaje de Juan Ramón y Zenobia
a Boston.

[11] El hotel donde Juan Ramón y Zenobia se hospedaron al regreso de su
viaje a Boston. Véase la nota 43.

[12] Véase la nota 4, Apéndice I.

[13] Zenobia anota en su diario el 12 de marzo: «La gripe me retiene en nues-
tras habitaciones, y Juan Ramón se queda encerrado también "por simpa-
tía"», pág. 40.

cristales de las ventanas es como el sol de las otras veces, de los días infinitos en el cristal del horizonte grande. El bienestar, la paz, la alegría se fundamentan en las cosas próximas que se hacen, como los perros, leales: el lecho blanco, el *[espacio en blanco]* gris claro con florecillas rosas, la pared verdemar, las cortinas de muselina impalpable, los libros —como siempre— y, en fin, cual una ilusión lejana, los tulipanes amarillos de la ventana de la casa color roja de chocolate de enfrente. ¡Qué bien! ¡Bendita enfermedad leve que permite, en New York, estarse ¡un día entero! en casa, y un día de fines de marzo en que el poco sol que llega entre las casas inmensas y, a través de doscientos cristales que coinciden contra el cielo, habla de la gloria verdadera, esto es del cielo diario de otras partes. Sí. La alcoba es hoy como un jardín, con arbustos llenos de florecillas y de rubios brotes tiernos, con finos pajarillos alegres —no esos gorriones negros de la nieve ordinaria— con agua corriente —qué dulce hoy, el agua del baño, de este cuarto de baño espléndido por el que anda el aire entre los jeranios soleados a pesar de esa casa de la 5.ª Avenida—, con músicas no tocadas en cada rincón íntimo. ¡Bendita *gripe* que has hecho sentir la entrada en la alcoba —¡qué más da!— de la primavera!

15

Notas

1

¡Qué tristes, qué bajo el corazón, estas banderas de hotel, grandes, sucias, que no tremolan en el cielo! La nieve las carga y las abate, cerradas y duras. Entre su nieve, las estrellas intentan salvarse en un pedazo de azul. Por otros lados, la sangre se monta sobre la nieve. Lucha baja y para nada. Son banderas —en su quinto piso— en donde lucha la sangre y la estrella en la muerte.

y 2

Ninguna ciudad ha puesto tanta distancia entre el animal (hombre) y el vejetal (árbol).

16

29 de marzo.

Sin hora
(De un concierto de Paderewski, Casals y la Sinfónica[14].)

Toda manifestación ideal y espiritual es aquí aislada, sin hilación ni consecuencia. No es posible engarzar ninguna emoción en el bello ornato de un aderezo interior complicado y estenso. Nada responde *antes* ni *luego:* ni la hora, que aquí nunca existe, porque cada uno toma, para lo suyo, la suya, y no hay horas comunes que determinen el horario ideal ni aspectos armoniosos en que el alma prolongue su deseo despertado tan pronto, ni posibilidades aventureras que ni tienen marco, ni más que caminos de oro; ni bienestar de una paz en que, como en un lago, se difunda la emoción propia en un manso ondear hasta lejanas villas conocidas, de esas cuyo fin cercano es amado como si fuera infinito y en las que el corazón encuentra la plena alegría de su mejor derramamiento. Además, la cantidad de belleza por series es tal, que las cosas mejores están aquí como están las altas casas, apretadas en filas sin término y mareantes, y no tienen, en sus inmensos intereses, el del tiempo, y se confunden, se ilimitan, descendiendo a un nivel igual, como descienden los mismos rascacielos. Viven siempre en una azotea ideal, atrofia el alma, porque la belleza es más impresión que conse-

---

[14] Zenobia registra en su diario el 29 de marzo este interesante comentario: «Despachamos nuestro abultado correo y oímos a Paderewski y Casals con la Filarmónica. Público entusiasmadísimo acoge con gran efusión a ambos. Es evidente que Casals desde el primer momento se ha ganado aquí todas las simpatías. Paderewski se ve obligado a tocar dos encores y la gente se vuelve loca con él», pág. 46.

cuenca. Y aquí no se vive en una altura ideal, no; pero se está en lo feo a su nivel, a un nivel sencillo y fácil. Por eso mucha jente se va a otra parte a buscar emociones nuevas, sin pensar que no hay nada mejor que lo bueno y que es el alma la que únicamente puede poner un marco a la primavera.

17

Rosa blanca[15]

Ha tornado el recuerdo
con la primavera.

La negra la llevaba —en el subway—,
blanca, en su pobre mano,
blanca como la luna llena.
Nunca vi en una rosa blanca
más luz ni más pureza.
(Entredormían todos —¿la miraban?—
con la caída soñolencia
que da el hastío, el vino
y la miseria,
en la pesada hora de sol vivo
recién llegado con la primavera.)

Era la rosa, en el estrépito
negro y caliente, la conciencia
—¡oh rosa blanca
en la mano negra!—
del día, intacta, delicada,
inocente, serena,
pura;
la conciencia
eterna, como el alba,
de la belleza.

---

[15] Este poema, como observa Arturo del Villar, «describe en verso lo mismo que cuenta en prosa el número 89 de la primera edición, "La negra y la rosa"», «El alma viajera», *CH*, pág. 22.

18

Ratan Devi [16]

El escenario vacío parece la sala, y el público la farsa... Pero, ¿estaba ahí? Está. Y frente a ese público de carnaval, grotesco y maleducado, la pobre mujer de verde y blanco parece el hallazgo de la verdad. Como un perrillo en un cojín, se diría que busca un centro último antes de echarse. Al fin, se sienta. Y comienza, igual que un barco que entrara en agua, a balancearse. Sí, es un breve navío, y la tambora el mástil que lo lleva, con velamen de música, a la inmensidad. No parece que la mujer haga sonar la tambora con su mano, sino que le suplica que cante, y que ella obedece, dócil, sola, sujestionada.

*

¿Nace por vez primera el murmullo? Es un balanceo que viene de lo más lejos del alma, del recuerdo presente, le parecerá alto en su alma. Mas nosotros lo oímos tan lejos como si sonara en el lugar mismo de su recuerdo. Cada breve canción crea y levanta el mundo. Es como el parto de un mundo igual que el mundo. ¡Qué trabajo sacarse de las entrañas la noche, la primavera, el sol, el amor, y dárnoslos vivos! Y tras de cada canción, la mujer verde y blanca descansa, sudosa y recojida, como después de un parto.

*

Tagore dice, en el programa, de ella:
«Ni las tonadas ni la medida se modificaron en lo más mínimo para hacerlas más sencillas, para amoldarlas a la educa-

---

[16] Cantante india. Juan Ramón y Zenobia asistieron a un concierto dado por ella el 13 de abril en el Princess Theater. Ratan Devi y su marido, el Dr. Coomaraswamy, aparecen en el poema 219, «National Arts Club», de la sexta parte. Véase la nota 239. Este hecho más el carácter satírico y caricaturesco al principio y al final de este texto me inclinan a situarlo al final del *Diario*, en «Recuerdos de América del Este, escritos en España».

ción europea de la cantante... la música era inmaculadamente india... no había señal alguna de esfuerzo en la hermosa voz.

»Algunas veces el sentido de un poema se hace comprender mejor en una traducción, no necesariamente porque sea más hermosa que el orijinal, pero como en su nuevo engarce el poema ha de pasar por una prueba, brilla más claramente si sale de ella triunfante. Así me pareció que al cantar Ratan Devi nuestras canciones ganaron algo en sentimiento y verdad. "No da énfasis a los goces sociales de los nombres." Escuchándola sentí, más claramente que nunca, que nuestra música es la música de la emoción cósmica. No trata principalmente del drama de las vicisitudes de la vida humana. En todas nuestras fiestas el objeto de nuestra música me parece ser el de traer al corazón de la multitud el sentido de la soledad y de la inmensidad que nos rodea por todas partes. Nunca es su función el proveer combustible para la llama de la alegría, templarla y añadirle una cualidad de profundidad y de deshacimiento. Nuestros *ragnis* de la primavera y de las lluvias, de la medianoche y del alba, tienen el elemento profundamente patético de una intimidad que todo lo invade a pesar de la distancia inmensa de la Naturaleza.

»Ratan Davi cantó un *alap* en Kanhra y por el momento olvidé que estaba en un salón londinense. Mi mente se transportó a la magnificencia de una noche oriental, con su oscuridad trasparente, pero insondable, como los ojos de una doncella india, y me parecía estar de pie, solo en la profundidad de un silencio y de sus estrellas.»

*

... Ahora, de rojo toda, parece que se entra en su propio corazón y allí se acurruca, aislada, en él, del mundo, como en una choza de sangre, de llama, de pasión, de sentimiento. Y palpitando en él, le da, volando en su asiento, la bienvenida a abril, saltona como un cabritillo, por su alma. O es de noche, y suena un inmenso y solo mar de sangre caliente, que tuviera en sí el lamento oscuro de todo lo humano ignoto. Nunca he oído la vida más muerta ni la muerte más viva.

El mástil de la tambora, en esta segunda navegación trájica, vacila, volviendo siempre a sí mismo como el de un navío a las mismas estrellas siempre.

*

Ratan Devi coje y duerme la tambora como a un niño; mece la canción con su cuerpo y la demuestra con la mano izquierda desentendidamente, como en sueños. Es como un movimiento sensual de la mano fuera de la voluntad. Se guarda la mujer toda en su sueño y no deja fuera de su orbe de misterio sino el jesto, segura de que por esta desnudez nadie llegará a la luz de su centro. Nada le importa nada y se dijera que en vez de estar frente a nosotros, estuviera frente al Cielo. Y casi no habla. Vibra. Cual si su lengua fuese un diapasón y la boca —y el corazón— una dulce caja de resonancia.

*

Al salir voy a saludar a Ratan Devi y a su Dr.[17], que toman helados con Agripina, la Abuela de las Ninfas —la del diamante lágrima en el ojo verde—. El Pendón de la Cuaresma y la Polilla del Cielo —esa del diablo de esparadrapo negro en la espalda cruda—. Y le ruego que me diga dónde puedo hallar las canciones persas e indias que acaba de cantar. Entonces me ofrece la última línea del programa, que dice: «The numbers following title of song indicate the location of song in the Book of Words»[18].

Y se va del brazo de la mujer de Rubens, pasada por siglos, sin desalojar por ello menos aire del espacio, y que cubre lijeramente su opulencia chocha con una túnica de terciopelo

---

[17] Véase la nota 240.

[18] «Los números a continuación de los títulos de las canciones indican la ubicación de las canciones en el Libro de La Palabra.» Para mayor información sobre estas canciones cantadas por Ratan Devi, véase el interesantísimo libro *Thirty Songs from the Punjab and Kashmir* (Londres, Old Bourne Press, 1913), presentado por A. K. Coomaraswamy, con un prólogo de Rabindranath Tagore.

344

más amarillo con la niebla rosa en que se envuelve el rodete blanquirrubio.

Y el indio compañero de Francis Thompson[19], las manos entre las piernas, se reía, doblado, como un niño.

19

19 de abril.

Alta noche

La luna me ha traído a la alcoba de la novia de H. Heine[20]. La noche emana un perfume de primavera, y en éste de la vieja N. Y. se siente el regazo del pasado. Suena un violín por la calle. La noche de *[espacio en blanco]* es igual en todas las partes del mundo.

20

New York

1

La ciudad parece un marimacho grandote, con las botas sucias[21].

y 2

Esta tarde, en el tranvía Harvard, iba, borracho y lleno de nieve, Poe[22], ya viejo.

---

[19] Véase la nota 35.

[20] Henrich Heine (1797-1856), poeta romántico alemán. Uno de los más importantes líricos de la lengua alemana. Destaca sobre todo su *Libro de los cantares*, y, como prosista, se distinguió con *Cuadros de viaje*.

[21] Esta frase nos recuerda el comienzo del poema 116, «¡Viva la primavera!», de la tercera parte: «New York, el marimacho de las uñas sucias, despierta.»

[22] Véase la nota 53.

N. Y.
[21 de abril.]

La luna de Semana Santa

Está ya llena, y triste. Todas estas noches la he venido viendo; anteayer sobre Woolworth, ayer en Broadway, esta noche aquí en la 5.ª Avenida. Amarilla, la vela la niebla y tiene un cerco grande. Está bien lejos. Me parece que tendremos que andar toda la Quinta Avenida para llegar a ella, y estoy cansado.

La luna había ya perdido sentido para mí y en New York ha vuelto a cobrarlo. Parece como si su recinto blanco fuera el mismo de todas las noches.

Sí, muy bella, esta luna de Viernes Santo, llena, amarilla y triste. Pero me parece que para llegar a ella tendremos que andar toda la 5.ª Avenida y, la verdad, estoy cansado... Quedémonos en la tierra[23].

22

New York
(Vida interior)

Aquí estoy. ¿Me estaba yo esperando? No sé por dónde andaba... Creía, loco, que venía del mundo[24].

23

El árbol tranquilo [25]

Está en la primera casa de la Quinta Avenida, en un sitio en que la iluminación artificial disminuye y se sale a la noche azul y fresca en la que se ven las estrellas claras entre algún

---

[23] Este texto ilumina muy bien la breve y misteriosa conversación del poema 233, en «Recuerdos de América del Este». Véase la nota 256.

[24] Este fragmento repite exactamente las primeras frases del texto 8, «Vida interior», del Apéndice II.

[25] Se parece mucho al poema 109, del mismo título.

que otro anuncio sobre el cielo. Abril ha besado al árbol en cada rama y el beso se le ha encendido en cada punto como un erecto brote de oro. Parece el árbol así brotado como un candelabro de luces tranquilas de aceite —como esas que alumbran en las recónditas capillas de las iglesias— que velaran este regazo de la ciudad.

Junto a él tornan a mi alma, como por arte de majia, todas las lejanas emociones de jardines nocturnos de otros países y otros tiempos, todo cuanto es lo nocturno de flor, de yerba, de fuente y brisa. Y me vienen versos míos que ya tenía hace tiempo olvidados:

> Qué triste es amarlo todo
> sin saber lo que se ama...

Pasan junto a él y a mí los ómnibus con el techo lleno de amantes que van a darse besos junto al río, un poco más cerca de las estrellas; pero el árbol no se entera y parece que entre él y éstos hay colores, olores y rumores de todos sus años, de todos sus inviernos, o un cerrado sueño indiferente. Entre sus luces —digo, sus flores— mis ojos suben en deleitable juego de azul, a las estrellas, en esa ascensión aguda y dulcemente triste y sin razón.

24

New York.

Interior

MISS C.[26]

Al entrar el primer día, en una casa, dice uno: ¡Qué bien! Muebles fuertes, serios muchas veces, colores neutros, cortinas dobles, anchura, altura, holgura, maderas buenas, hierro, libros, flores. Al quinto día ya no parecen tan bien. Al décimo parecen mal. Y se da uno cuenta de que las estancias son como esas que ponen de noche en los escaparates. Son estancias bellas, por metros de belleza y bienestar traídos de la

---

[26] «Miss Conciencia.» Véase la nota 12 de este apéndice.

tienda, en donde el dueño no está. No le sienta ni la belleza ni el bienestar porque se ve que el dueño está en esa casa como un visitante que no ve, fuera, desligado de ella, que mañana un sofá nuevo desterrará de la estancia y del recuerdo a este otro. Se siente que uno puede enseñar la casa al dueño como si fuera más de uno que de él. Sí. Todo está demasiado bien. Y eso, naturalmente, no es posible ni así se puede vivir. Cuadros bellos que el dueño tiene que ver su firma para contestar, sedas que no se acarician, luces que no se combinan, ni se alzan ni se bajan con la hora ni con el alma, fuegos que caliente el cuerpo solo y que no se abren a la naturaleza —¡el fuego, la única salida al mundo en la cerrazón del invierno!—, pianos que se abren para sonar a Beethoven —¡ah, si, ya, Beethoven!— entre Gounod y Delibes.

25

Cosmopolitismo

El cosmopolitismo es absolutamente incoloro, y es como si todo se fundiera en aquella caldera inmensa para salir color de hierro.

Alguien me dice:

—Es la monotonía que da el único interés de ganar dinero.

—Es posible.

Y debe ser así, porque huele a metal. Toda la ciudad hecha como en una fundición: casas con molde.

26

Lecturas[27]

> FROST[28]: ... amable
> señora, cuya ancianidad
> estaba aún sobre los
> soportes de la primavera.

Se discutía, aquel martes último, en la «Poetry Society», si el amor entraba por mucho o por poco en la poesía actual de América. Casi todos opinaban que era un muerto de las poesías semiolvidadas de los poetas de Nueva Inglaterra. Una se levantó entonces y, después de recitar los versos de Frost que anteceden, llena de abierta y embriagada emoción, dijo que le parecía uno de los más bellos poemas de amor que había jamás leído.

Yo asentí. La viejecita tenía razón.

27

Notas

1

Jardín de las cascadas del Vanderbilt[29].

En el piso 19. Como una tienda de campaña china, persa... ¡qué sé yo! Luces granas, verdes, violetas. Señoras desnu-

---

[27] Me parece que este texto pertenece más bien a la sexta parte, «Recuerdos de América del Este», donde se concentran todas estas evocaciones de los centros culturales y sociales de Nueva York. Véanse los poemas 219, «National Arts Club»; el 226, «Colony Club»; el 230, «Author's Club»; y el 234, «Cosmopolitan Club», con los cuales la «Poetry Society» aquí tiene mucho en común.

[28] Robert Frost (1874-1963), poeta de Nueva Inglaterra. Es uno de los poetas norteamericanos más importantes y populares del siglo XX. Juan Ramón le admiraba mucho. Reconoce su valor y comenta sus poemas, sobre todo, su *North of Boston* (1914) varias veces en *El modernismo*.

[29] Hotel Vanderbilt. Véase la nota 80.

das... digo vestidas hasta el alma. En derredor, por las ventanas, dulcemente azul, N. Y. y los puentes y Brooklin, en la última luz de la tarde. En el escenario la cascada de luz verde. En una breve isla central como un alarde agudo de elegancias, el primer violinista de la orquesta, de rojo y verde, haciendo... cosas.

y 2

¿Fuerte? No. Éste no es un pueblo fuerte, ni un pueblo heroico. Es un pueblo numeroso que cree que es honrado.

28

& Co.[30]

... Bueno. De acuerdo. Y van a tomar los dos un cuartito de un metro cuadrado —que aquí llaman oficina— sin escalera, con ascensor, entre el purgatorio y el infierno. Ponen en la puerta, con letras negro y oro: Fulano, Mengano & Cº. Se quitan las americanas y se ponen a trabajar. Esto es, se sientan en unas sillas, que es lo único que hay en la oficina, escriben cartas, mascan goma y hablan por teléfono. A los quince días, se disgustan y cada uno busca otro & Cº en otra oficina por el estilo, por otros quince días... & Cº.

29

New York

Nunca he comprendido como ahora el perjuicio de la cantidad.

Hay tanto de todo que ni lo bello parece tan bello ni lo feo tan feo.

---

[30] Véase la nota 63.

30

El mal ejemplo

Si es verdad que no hay más que una cosa peor que el orgullo y es la humildad, no hay más que una peor que los vicios personales y son las virtudes colectivas. Las virtudes colectivas son las encubridoras del vicio personal, es decir, del mal ejemplo, es decir, del buen ejemplo, puesto que es un mal ejemplo que puede curar. El vicio personal puede ser así odiado; y si el ejemplo sirve de algo, servir de ejemplo.

Aquí en los Estados Unidos, no se cuida el vicio personal en sí mismo sino por lo que tiene de mal ejemplo, y porque puede ser colectivo; y nunca la imajen del pantano en flor ha sido más justa y con su moraleja —moravieja. Sí. Esto tiene en este aspecto la antipatía del apólogo. Sí, eso es: una gran fábula que podía haber compuesto un elefante con personajes humanos. No sé lo que le sucederá a los elefantillos.

Yo nunca he aprendido nada con el apólogo de la escuela ni con lo que se llama buen ejemplo. Para que las cosas tengan eficacia ¿no lo dice Platón? es preciso que uno mismo las encuentre. Así pues, yo le digo a los Estados Unidos de Norte América: «¡Viva el mal ejemplo, el vicio personal, puente de salvación! ¡Mueran las virtudes colectivas, mar podrido como un pantano!»

31

20 de mayo.

Washington

He nacido dos veces, una de mi madre. Otra de mí mismo. ¡Qué lucha, qué oscuridad, qué escribir, hasta haber podido, ya nacido, nacer otra vez y de mí mismo! Ya soy yo mi matriz y mi sepulcro. Nada me liga a nada. Todo me liga a todo. ¡Qué desligado estoy, de parte alguna soy y contra todas estoy! ¡Qué gusto el de poder hablar bien de todo lo que no es de uno, por condescendencia! ¡Qué gusto poder hablar mal de todo lo que no es de uno, y por odio sin razón, por capricho! He cortado el cordón de mi memoria del ombligo del pasado[31].

32

Miss Rápida[32]

—¡Oh, qué casa tan agradable, qué casa ¿no? para vivir en ella! ¡Qué gusto de casita! ¡Con esa puerta y esas ventanas! ¡Qué bien estar ahí, echada en la colina!

—Si es un anuncio de leche...

—Oh, el mar. Míralo con la luna, ¡qué hermoso!

—Pero si es una serie de rieles por los que ahora el reflector...

—Es la estatua de... no recuerdo. Fue un médico famoso que descubrió...

—¡Si es la estatua de Juana de Arco...!

Miss Rápida tiene una imajinación peregrina. Le he recomendado que escriba una guía de «Primeras impresiones» para los alemanes... ahora; para los que sean, luego.

33

New York postal

En las librerías, en los hoteles, en las estaciones, en las calles, un Nueva York en tarjetas postales se ofrece, todo lleno de ricos colores limpios, sin miedo a la verdad, digo a la mentira. Se dijera un N. Y. pintado con óleo y lavado delicadamente, en el amanecer de un abril único, por una esponja cuidadosa. Así lo había yo copiado en el fácil espejo de la imajinación lírica: casas inmensas de mármol blanco, atroces

---

[31] Me parece que esta reflexión de nacer dos veces, de «ya nacido, nacer otra vez y de mí mismo», capta exactamente la lucha de la personalidad poética por independizarse de su pasado.

[32] Zenobia. Véase el poema 144, «Nota a Miss Rápida», de esta edición y el poema 15, «Miss Rápida», del Apéndice II.

resplandores—de mal gusto, pero con su belleza— de oro vivo en las altas cornisas, limpias orillas de aguas complicadas, avenidas de parques y palacios... Me he guardado aquella joya, como un diamante inútil, en la caja del olvido. No sé si el sueño era mejor o peor que la realidad. A veces me parece más bello. A veces parece más bella la verdad en su fealdad misma como el descubrimiento de una ignorada fuerza humana que tiene su hermosura en sus defectos propios. Así, nunca he sentido el arrepentimiento de ahora por haber enviado a través del mar estas N. Y. de colorines que venden en la N. Y. grande, sucia, negra y huracanada. El *todo es siempre menos* podría convertirse aquí en *todo es de otro modo*.

Y cada postal que he mandado desde aquí me hace sentir mi castigo como si fuera mi propia fantasía la que va atravesando mares y tierras en tan breves cuadros, franqueada con dos centavos y sellada suciamente con el matasellos de una de estas groseras manos de oficina astrosa.

34

¡Gloria!

Yo pensaba
en mí como en la pena sola,
estasiado por ti del todo, tú
que no eras nada: tierra y muerte.

Yo pensaba
en ti como en la sola vida,
olvidado de mí del todo, yo
que lo era todo: vida y gloria.

Por ti fui a mí, de ti a mí vine,
como un resucitado,
como un trasfigurado. Gloria y vida[33].

---

[33] Hermosa expresión del ser resucitado, gracias a su amor. La alegría y el triunfo aquí sitúan este poema, para mí, hacia el final de la cuarta o quinta parte del *Diario*.

35

Filadelfia[34]

Donde tú, alma mía, entras,
todo se limpia y se ordena
como la noche se estrella
cuando pasa la tormenta;
cual si la brisa anduviera
entre tus cosas ya hechas,
en el centro tú blanqueas
igual que la luna llena
por las estrellas compuestas.

¡Qué estancia tan grande y llena!
¡despertar de la inocencia!
o tan vana y tan pequeña
como el dormirse la pena.
Sí; las paredes enredan
sus rosas, jardines hechas...
Tú en madres las cosas truecas
y hermanas, y entre ellas reinas
por la virtud verdadera
de tu soledad fraterna.

¡Qué paz! Como en una aldea,
de noche, la casa abierta,
donde el sueño, hecho azucena
por la luna, se[35]
entre las rosas de afuera...

---

[34] Recordamos que Juan Ramón y Zenobia visitaron Philadelphia entre el 22 y 24 de mayo, de regreso de Washington D.C. a Nueva York.

[35] Arturo del Villar nos informa que «en el manuscrito figura ahí (cobijara), tras un blanco, en letras pequeñas y entre paréntesis: deseaba buscar un sinónimo que mantuviera la rima en *e-a* de todos los versos», «El alma viajera», *CH*, pág. 45.

36

¡Cuánto más mío era
todo[36], antes, cuando aún no era del todo
mío!

¡Y, ahora, me parece
todo de otro, de otro
que quizás lo creerá mío del todo!

Desierto, mar, palabras conseguidas
en los sujetos nuestros,
hermanas del amor, nombres de nada,
pinturas de un color solo
…¡y qué tristes!

37

Antes, que no tenía el amor, anhelaba
tener el amor, pero no tenerlo.
Ahora, que tengo el amor, quiero
no tener el amor, pero tenerlo[37].

38

Epigrama

No quiere la que guarda
mi lira, musa hermana
de la verdad y de la primavera,

---

[36] Este esfuerzo de precisar el significado de «todo» recuerda la lucha del viajero por entenderse a sí mismo y por entender el mundo en la cuarta parte, «Mar de retorno», atrapado entre el mundo semántico del niño y el del adulto. Véanse los poemas 170, «Convexidades», que expresa el dilema, y el 191, «Todo», que anuncia su resolución.
[37] Para mí, este poema capta, en uno de sus registros, el dilema de amor del protagonista, atascado en su camino entre la niñez y la madurez.

la jema rica para su garganta
de trigo tierno,
sino el collar de besos y de llantos.

39[38]

Y esa otra noche vamos los dos
a donde —de mañana— ha muerto
su voz, para mí, en el abierto mar
de la noche constelada.

Aún la estrella inmaculada puede
decirme en dónde estamos con tu
voz...

¡Anda, vamos, dijo Miranda[39], va-
mos desde este azul artificial
al oro real de lo inmortal!

4
MAR DE VUELTA

40

Marea

Como una enorme ola retenida por la luna, mientras la
vida jira fatalmente, me quedo absorto ante ti, vueltos los
ojos negros a tu blanca maravilla celeste.
¡Parecías, desde este antro plutónico de mi alma, tan leve,
tan suave, tan ofélica! Yo me creía un invencible mar. Mas tú

---

[38] Como señala Arturo del Villar en la pág. 23 de «El alma viajera», este poe-
ma está relacionado con el 147, «A Miranda, en el estadio». De hecho, estos diez
versos ofrecen una variación de los once últimos versos del poema 147.
[39] Miranda es la hermosa hija del mago Próspero en la obra de Shakespea-
re, *The Tempest*. Véanse las notas 132 y 133.

haces retorcerse mis entrañas de líquido fuego, impasible entre las claras estrellas que te nimban.

Y mi corazón, mujer sin nombre, luna sola de mi vida, se marcha hacia ti —¿por dónde, cómo?— inesplicablemente, involuntariamente, perdido sin remedio[40].

41

11 de junio.

Cielos[41]

Primero un cielo bajo y andrajoso de tendidos nubarrones pardos, bordeados de luz, detrás un cielo azul liso, orillado de borreguitos blancos. Detrás el cielo sin color, tal vez amarillo, tal vez verde, tal vez malva, donde se mueve el sol de cristal que agujerea el cielo como un ascua en un papel de seda.

42

Arco iris en el mar[42]

—¡Ay, qué colores! ¡Nunca he visto colores más bonitos!— dice.

Jamás el viento ciego de un domingo por la tarde ha sentido tal pena de no ver, bajo la ceja rubia del arco iris, la despegada alegría del ocaso tras la lluvia. Vibración multicolor de una primavera lejana de olores, colores y música, de la que sólo llegará a nosotros la imajen en un supremo adelanto que se muriera de su propio esfuerzo...

—¡Ya! —dice—. Venid. ¡Los niños! ¡Las mujeres!

—¡Se apagó! —dice batiendo palmas.

---

[40] Esta atracción fatal hacia la luna entre las claras estrellas aparece con toda su intensidad en el poema 175, «Partida».

[41] Es interesante comparar este texto con los poemas 158, «Mar de pintor»; 162, «Al fresco», y 165, «Mar de pintor».Véase la nota 150.

[42] Este poema tiene cierta relación con la hermosa descripción del arco iris y su misterio en el poema 179, «Iris de la tarde», fechado el 16 de junio.

Soledad infinita. ¡Se apagó! ¡Qué pobre el oriente! Luego, todos miramos absortos.

43

Movimiento de mares, sonrisa de mujer

Mañana en el mar. Mundo dorado. He aquí unidos la sonrisa de la mujer y el movimiento de las grandes aguas, como en el recuerdo infantil de Leonardo de Vinci (Walter Pater)[43]. Se sabe hasta el fondo de lo conocido, de dónde son los dos. Pero en el sinfín de lo desconocido, ¿quién sabe de dónde los dos vienen? Total.

Esta sonrisa de esta mujer es española por su orijen, hija, flor de sonrisas de padres españoles; luz, color, contajio, sentimiento españoles. En España, madrileña. En el mar, española (andaluza, castellana, catalana, levantina, estremeña, vasca). En el mar mismo, más allá, española de la tierra y del mar. Luego, europea. Y así, a medida que nos alejamos de su orijen, la sonrisa va siendo el mundo, hasta quedar enmedio del mar solo, sola con el movimiento del mar. Si el barco se fuese a hundir, cerca de la muerte la sonrisa sería sólo humana. Cuando el poniente, como una cerca transitable de luz, hace evidente la separación de dos mundos, la posibilidad, la seguridad del tránsito ideal, esta sonrisa es ya mayor que el mundo conocido. Es total.

En lo total mío la recojo yo. Y lo que me sonríe en ella es el todo, lo interno, lo eterno, más allá de lo sensual, sólo en sí, como última espresión de algo que un día, en un mundo, era ya de otro. Así, debió recojerla Leonardo niño, como el movimiento de las aguas grandes, como una luz ideal en el cuerpo ya con frutos pasajeros que él aún no veía, espresión

---

[43] Walter Pater (1839-1894), el crítico inglés más importante de la Época Victoriana, quien se dio a conocer con sus estudios sobre *El Renacimiento*. Tiene un breve ensayo célebre sobre «La Gioconda» (o «Monna Lisa»), cuya sonrisa es el tema de Juan Ramón en este texto. La mención aquí del «recuerdo infantil de Leonardo da Vinci» y «Leonardo niño» revela que el poeta conoció bien este ensayo de Pater.

última vista desde el todo de la inocencia sentidora de belleza, fin del mundo.

44

Sensaciones agradables[44]

(Mar de retorno)

¡Estábamos aquí, parados, desde anoche! ¿Estábamos aquí? ¡Mire usted, mire usted! Un barco italiano, otro belga, y ese inglés. Pasa un frío suave por el corazón. ¡La bandera española!

45

19 de junio.

Llegando[45]

¡Qué hermosamente vamos
porque vamos, España, porque la que vaga
es el alma, en el mar tranquilo
que la proximidad encanta
de suavidades nuevas
que ya no son color, ni luz, ni mito,
sino virtud de ungüento y oro
de hondas deidades, manos únicas!

¡Y cómo huele todo a nidos abrigados
de sol de primavera entre las flores!
¡cómo, en la brisa, manos alargadas
inmensa y vivamente,

---

[44] Estas sensaciones al llegar de regreso a España contrastan expresivamente con las «Sensaciones desagradables» del poema 42, en su viaje de ida.

[45] Este poema participa perfectamente en el clima emocional de los últimos poemas, 191 al 197, de «Mar de retorno», todos fechados el 19 o 20 de junio. La sensación de alegría y bienestar responde al triunfo de quien ha realizado con éxito el tránsito de España a América, y de la niñez a la madurez. Véanse las notas 200 a 211.

hecha razón su fuerza y fuerza su ternura,
se disputan el apretado y largo enredo
de nuestros brazos!
¡Y cómo el sol y el agua
son ya cielo caído
puesto al alma por Dios, para este dulce tránsito
de la nada a la patria!

    ¡No importan ya las horas
de la vida o la muerte,
pues que hemos llegado
al adelante blanco de tus alas, alma, patria,
pues que estamos ya, alegres,
entre las mariposas ideales
de los cercanos pensamientos buenos
que se ven ya, encendidos,
en los jardines de una costa sacra,
pues que estamos ya, España, bien echados
en la carne caliente de tus pechos!

5

ESPAÑA

46

Mar ideal[46]

Me fui a la borda
oscura y fría de aquella luz con risas y palabras
a llorar solo, con la luna

---

[46] Un momento sombrío, al principio, provocado por el recuerdo de lo que el viajero ha tenido que sacrificar (la luna y las estrellas —sus obsesiones infantiles—) para poder entrar en un nuevo mundo de amor y madurez. Me parece muy posible que el «tú» de este poema es el niño, el desdoblamiento del yo poético, del cual el poeta ha tenido que despedirse en el poema 188, «Niño en el mar», donde el niño estaba también «serio, callado, quieto». Notamos aquí que la tristeza nocturna bajo la luna y las estrellas cede al final a «la fuerza de la aurora», cuando el protagonista adulto recobra fuerzas, con agradecimiento, al sol de un nuevo día.

en la frente, y las estrellas
en mis lágrimas.

Yo no sé qué tiempo
pasó, ni qué hora era ya.

De pronto
volví los ojos, y tú estabas
serio, callado, quieto, allí conmigo.
Se entró en mi corazón el mar y mi oleada
alta, sola e inmensa
te dio las gracias torpemente con mi vida náufraga
en su sombra de luces infinitas.

No te vi ya.

Hoy, en la costa
con sol, te grito: ¡Gracias! con la fuerza
de la aurora en el pecho.

47

Moguer,
27 de junio.

Azotea

El crepúsculo
nos va, lento y pacífico, calando.

De la azotea —blanca, rosa, malva—
miramos, juntos, el pasado
y el porvenir; el mundo
que hemos dejado y al que vamos.

En el poniente, májico arco-iris
que sobre el río azul se va quemando,
parecen venas de mi corazón
los trasparentes árboles del campo.

Todo es, inmenso y vivo,
para nosotros solos,

como un profuso ocaso
que, sobre la indolencia de los otros,
se quema, arriba, inadvertido y trájico.

Y 6
RECUERDOS DE AMÉRICA DEL NORESTE
ESCRITOS EN ESPAÑA

48

Estoy pensando en lo bello que estará estos días fríos el paisaje aquel que vimos nevado desde la casita de campo de Nancy[47], la muchacha que me dio un abrigo de pieles para ir en el trineo, en el calor fragante de toda aquella jente buena, dulce, efusiva, cuyo recuerdo, entre la profusión de los árboles, parece una hora de sol de abril.

El abrigo me daba el calor dulce de toda aquella jente que recuerdan la ternura de Frost,[48] el poeta de Boston.

49

A Thompson[49]

1

¿Has visto, di, si las estrellas tienen, de verdad, espinas?

y 2

Ahora sí que me parece tuya tu poesía, cazador del cielo. Ahora sí que ves cómo hace Dios el copo de nieve...

---

[47] Véase el poema 97, «A Nancy», en la tercera parte del *Diario* y la nota 64 que le corresponde.

[48] Véase la nota 28 de este apéndice.

[49] Francis Thompson (1859-1907), poeta inglés. Véase la nota 35 que corresponde al poema 69, «De Boston a New York», en «América del Este».

50

Chic

Lo chic parece ser la mejor única punta que afila N. Y., o que quiere afilar. En ningún sitio he visto más preocupación de esa caricatura de lo distinguido, que convierte a las mujeres en insectos o en orquídeas, alejándolas de su natural propensión a la rosa. Espero que, aquí donde a todo se le levanta, al punto, un templo, habrá uno —y de piedra y hierro, con cúpula— a lo chic, con sus controversias y sus tés, como la Ciencia Cristiana, y sus sacerdotisas sin matrimonio.

Lo chic es la sensualidad de lo distinguido. Y una ciudad que está ahora sobre tierra parece que está sobre alfileres. —¿Sensualidad?— Claro. Lo chic es la sensualidad del vicio de lo distinguido.

51

Miss Celeste

1

¿Amy Lowell?[50] la violenta señorita de Boston, de la familia de los que le hablaban a Dios[51]. ¡Ah, le gusta tanto el adjetivo rebuscado! A esta Miss Lowell le gusta el adjetivo distinguido como le gusta el rosa eterno y el celeste infinito para sus trajes de domingo. Elegancia celestial y anjelical... distinguida.

Miss Celeste y yo, hemos leído esta poesía de cuando se le da un golpe, ha de ser, ha de ser un golpe «distinguido», antiguo, «demodé»...

---

[50] Véase la nota 39 que también corresponde al poema 69, «De Boston a New York».
[51] Véase la nota 243 que corresponde al poema 224 de «Recuerdos de América del Este».

Moda celeste, anjelical. Toilette para una soirée del cielo, celeste cielo, rosa valle...

y 2
Miss Rosa
(hermana de Miss Celeste)

Rosa toda. Todo. El traje y la carne.
Cuando se está vistiendo parece que se está desnudando.
Cuando se está desnudando parece que se está vistiendo.

52

NUEVA York, como Madrid, o como Zaragoza, está llena de leones. Leones en las Bibliotecas públicas, en los Museos, en cualquier casa de cualquier calle, a veces en parejas y a veces solos. Son unos leones mansos, circunspectos, con caras de pastel o de filólogo, adormilados, conspicuos, sabios. Están como representando una farsa de valentías, con la consecuencia de su vacuidad, como esos señores del Ateneo de Madrid que dicen sí o no, en una farsa de conocimiento. Dan la sensación de que dentro no tienen nada, como las imájenes de santos de los pueblos.

Los escultores que los han hecho en el estudio, naturalmente, han tenido en cuenta, por aquello de los dos ojos, la nariz y la boca, y las orejas, sobre todo —cuando yo era niño, siempre que quería pintar un burro me salía el maestro de escuela de mi pueblo, o Don José, el cura[52]—, más a amigos que a leones, y sus caras son como retratos de las personas que vemos en efijie marmórea o broncínea por doquiera. Cada Lincoln —grande Lincoln, mi palpitar—o cada Washington tiene su león correspondiente en cualquier pórtico. Son leones que van para hombres, o mejor, personas que *casi, casi* van para leones.

---

[52] Véase el retrato de este cura malhumorado y blasfemo en el capítulo XXIV de *Platero y yo.*

53

Walt Whitman[53]

Una triste cosa: Whitman escribió toda la vida con el corazón puesto en el pecho del pueblo. Pero el pueblo lo ignora en absoluto. Y las clases elevadas lo detestan. Whitman fue él solo el pueblo —en los Estados Unidos no hay «pueblo»— de su país. Desde lejos ha simbolizado una cosa que allí no simbolizaba porque esa cosa no existía. Por eso, caso curioso, el «pueblo equivalente» de los E.U. no lo reconoció ni lo estimó, ni, claro está, la burguesía. Sí los espíritus superiores. Pero pasado el tiempo se puede construir sobre W. —y esto es lo que empiezan a hacer las nuevas jeneraciones de América— como sobre un pueblo pasado y vivo.

Y W. llevó al pueblo, en sí solo, desde la inocencia hasta la democracia.

y 54

N. Y.

—¿Por qué no se queda usted aquí?
—Porque soy poeta y esto lo puedo contar, pero no cantar.

---

[53] Véase la nota 253 (poema 232) de «Recuerdos de América del Este» de la presente edición.

Colección Letras Hispánicas

ÚLTIMOS TÍTULOS PUBLICADOS

505 *La vida perra de Juanita Narboni*, ÁNGEL VÁZQUEZ.
    Edición de Virginia Trueba.
506 *Bajorrelieve. Itinerario para náufragos*, DIEGO JESÚS JIMÉNEZ.
    Edición de Juan José Lanz.
507 *Félix Vargas. Superrealismo*, AZORÍN.
    Edición de Domingo Ródenas.
508 *Obra poética*, BALTASAR DEL ALCÁZAR.
    Edición de Valentín Núñez Rivera.
509 *Lo prohibido*, BENITO PÉREZ GALDÓS.
    Edición de James Whiston.
510 *Poesía española reciente (1980-2000)*.
    Edición de Juan Cano Ballesta.
511 *Hijo de ladrón*, MANUEL ROJAS.
    Edición de Raúl Silva-Cáceres.
512 *Una educación sentimental. Praga*, MANUEL VÁZQUEZ
    MONTALBÁN.
    Edición de Manuel Rico.
513 *El amigo Manso*, BENITO PÉREZ GALDÓS.
    Edición de Francisco Caudet.
514 *Las cuatro comedias. (Eufemia. Armelina. Los engañados. Medora)*,
    LOPE DE RUEDA.
    Edición de Alfredo Hermenegildo.
515 *Don Catrín de la Fachenda. Noches tristes y día alegre*, JOSÉ JOAQUÍN
    FERNÁNDEZ DE LIZARDI.
    Edición de Rocío Oviedo y Almudena Mejías.
517 *La noche de los asesinos*, JOSÉ TRIANA.
    Edición de Daniel Meyran.

DE PRÓXIMA APARICIÓN

Anotaciones a la poesía de Garcilaso, FERNANDO DE HERRERA.
    Edición de José María Reyes e Inoria Pepe.